Edition KWV

Die „Edition KWV" beinhaltet hochwertige Werke aus dem Bereich der Wirtschaftswissenschaften. Alle Werke in der Reihe erschienen ursprünglich im Kölner Wissenschaftsverlag, dessen Programm Springer Gabler 2018 übernommen hat.

Weitere Bände in der Reihe http://www.springer.com/series/16033

Giorgi Doborjginidze

Analyse der Entwicklung intermodaler Logistik-Netzwerke in mittel- und osteuropäischen Ländern

 Springer Gabler

Giorgi Doborjginidze
Wiesbaden, Deutschland

Bis 2018 erschien der Titel im Kölner Wissenschaftsverlag, Köln
Dissertation TU Berlin, 2005

Edition KWV
ISBN 978-3-658-24045-5   ISBN 978-3-658-24046-2   (eBook)
https://doi.org/10.1007/978-3-658-24046-2

Die Deutsche Nationalbibliothek verzeichnet diese Publikation in der Deutschen Nationalbibliografie; detail-
lierte bibliografische Daten sind im Internet über http://dnb.d-nb.de abrufbar.

Springer Gabler
© Springer Fachmedien Wiesbaden GmbH, ein Teil von Springer Nature 2005, Nachdruck 2019
Ursprünglich erschienen bei Kölner Wissenschaftsverlag, Köln, 2005

Springer Gabler ist ein Imprint der eingetragenen Gesellschaft Springer Fachmedien Wiesbaden GmbH und ist
ein Teil von Springer Nature
Die Anschrift der Gesellschaft ist: Abraham-Lincoln-Str. 46, 65189 Wiesbaden, Germany

Danksagung

Die vorliegende Dissertation wäre nicht zustande gekommen, wenn ich nicht breite Unterstützung und Hilfe gehabt hätte.

Als erstes möchte ich mich bei meinem Mentor und Betreuer dieser Arbeit Herrn Prof. Dr. habil Jürgen Siegmann bedanken, der mir während der Entstehung dieser Arbeit in vielen ergiebigen Diskussionen mit konstruktiver Kritik, Anregungen und Rat zur Seite stand.

Ein weiterer besonderer Dank geht an Herrn Prof. Dr. Baumgarten für das Interesse an der Arbeit, die schnelle und kritische Durchsicht, sowie die Übernahme des Koreferats.

Herrn Prof. Horst Linde danke ich für die Übernahme des Vorsitzes im Promotionsausschuss und für die Leitung der wissenschaftlichen Aussprache.

Für hilfreiche Diskussionen, Verbesserungsvorschläge und sorgfältiges Lesen dieser Arbeit danke ich ferner Herrn Dr. Philipe Tufingki.

Die finanzielle Unterstützung durch die Technische Universität Berlin in Form eines Promotionsstipendiums nach dem Gesetz zur Förderung des wissenschaftlichen und künstlerischen Nachwuchses war ein essentieller Bestanteil während der Promotionszeit. Hierfür ein besonderer Dank.

Nicht zuletzt gilt mein Dank meinen Kollegen bei der SCI Verkehr GmbH, die durch ihre Hilfsbereitschaft und Zusammenarbeit viel zum Gelingen dieser Arbeit beigetragen haben.

Natürlich gilt der abschließende Dank meiner Familie und besonders meiner Mutter und meiner Frau, die immer an mich geglaubt haben und mich immer unterstützt haben. Sie haben mich mit ihrem Optimismus immer wieder auf den richtigen Weg gebracht. Meinem verstorbenen Vater Prof. Dr. Leri Doborjginidze widme ich diese Arbeit.

Gorgi Doborjginidze

Geleitwort

Die Erweiterung der Europäischen Union nach Osten hat zu einer grundlegenden Umstrukturierung der dortigen Wirtschaft geführt. Neue Produktionsstrukturen haben in Volumen, Relationen und den Qualitätsanforderungen völlig neue Transportbedingungen zur Folge. Im erweiterten Europa stellt sich daher die Frage nach den künftigen Perspektiven des osteuropäischen Verkehrssystems aktueller denn je. Als Folge der Internationalisierung der Märkte werden europaweite Wertschöpfungsketten entstehen, die den Aufbau und die Optimierung globaler Netzwerke bedingen. Das logistische Denken in diesen Netzen sowie eine entsprechende Strukturierung der Güterströme und kommunikativen Verflechtungen ist damit eine zentrale Frage der osteuropäischen Verkehrswirtschaft. Nach den neuesten Prognosen ist auch in Zukunft mit einer überproportional steigenden Verkehrsnachfrage in Osteuropa zu rechnen. Die große Herausforderung für die osteuropäische Verkehrswirtschaft ist somit, die zukunftsorientierte Gestaltung der Verkehrssysteme zu gewährleisten und neue Konzepte der Logistik- und Transportorganisation zu entwickeln. Vor allem durch die Vernetzung der Verkehrsträger und die Bildung intermodaler Transportketten ist eine Steigerung der Leistungsfähigkeit der Systeme zu erhoffen.

Giorgi Doborjginidze gibt mit der vorliegenden Arbeit der osteuropäischen Verkehrswirtschaft einen neuen Impuls. Er analysiert in seiner Arbeit mögliche Lösungen für die zukunftsorientierten Probleme der osteuropäischen Verkehrswirtschaft. Dabei ordnet der Verfasser seine Überlegungen in den übergeordneten Kontext intermodaler Logistiknetzwerke ein. Seine verkehrswissenschaftlichen Erkenntnisse liefern Erklä-rungen für in der Praxis zu beobachtende Gestaltungsinstrumente bei der Systembildung logistischer Knoten. Umsetzungsnah und trotzdem wissenschaftlich fundiert gelangt er von der Identifikation der logistisch relevanten Anforderungen der verladenden Wirtschaft über strukturelle Ausgestaltung der Logistiknetze bis zur Herausarbeitung logistischer Leitbilder der Netzwerkbeteiligten.

Das vorliegende Werk behandelt sowohl grundlegende theoretische Logistikkonzepte als auch deren praktische Umsetzung in konkrete Logistiksysteme. Trotz ihrer Konzentration auf Osteuropa werden wertvolle Erkenntnisse auch für andere, sich stark verändernde Logistikwelten gewonnen. Die Arbeit verdient deshalb eine breite Aufnahme in Wissenschaft und Praxis.

Berlin, im August 2005   Prof. Dr.-Ing. habil. Jürgen Siegmann

Inhaltsverzeichnis

Verzeichnis der Abbildungen und Tabellen

Abkürzungsverzeichnis

BIP	Bruttoinlandsprodukt
bzw.	beziehungsweise
CLM	Council of Logistics Management
DAB	Digital Audio Broadcast
DFÜ	Datenübertragung
DI	Direktinvestition
EBRD	European Bank for Reconstruction and Development
ECMT	European Conference of Ministers of Transport
EDIFACT	Electronic Data Interchange for Administration, Commerce und Transport
EU	Europäische Union
et al.	und andere
etc.	et cetera (und so weiter)
FCD	Floating Car Data System
ggf.	Gegebenenfalls
GSM	Global System for Mobile Communication
GPS	Global Positioning System
GVZ	Güterverkehrszentrum
Hrsg.	Herausgeber
Jg.	Jahrgang
S.	Seite (n)
u. a.	Unter anderem
IATA	International Air Transport Association
i. d. R.	in der Regel
KEP	der Kurier-, Express- und Paketdienst
KV	kombinierter Verkehr
LKW	Lastkraftwagen
Mio.	Millionen

MOEL	mittel- und osteuropäische Länder
MOE	Mittel- und Osteuropa
Mrd.	Milliarden
MTO	Multimodal Transport Operators
RDS	Radio Data System
Sog.	Sogenannt
TEN	Transeuropäische Netze
TGG	Transportgewerbegebiete
TINA	Transport Infrastructure Needs Assessment
Tkm.	Tonnenkilometer
TMC	Traffic Message Channel Systems
TRACECA	Transport Corridor Europe-Caucasus-Asia
TUL	Transport, Umschlag und Lagern
u. ä	und ähnliche(s)
vgl.	vergleiche
V. H.	vom Hundert
z. B.	zum Beispiel

1 Einleitung

Angesichts der zunehmenden Globalisierung der Wirtschaft wird die nachhaltige Mobilität von Personen und Gütern als ein entscheidender Standortfaktor im weltweiten Wettbewerb der Wirtschaftregionen gewertet. Verkehr und Mobilität sind nicht nur zentrale Wirtschaftsfaktoren und Wachstumsträger, sie stellen zugleich eine wesentliche Voraussetzung für die soziale und kulturelle Entwicklungsfähigkeit der modernen Gesellschaften dar.

Internationale Arbeitsteilung der Wirtschaft erzeugt einen neutralen Integrations- und Koordinationsbedarf, der sich in wachsender Nachfrage nach logistischen Systemlösungen äußert. Nachdem sich die Logistik in Unternehmungen erfolgreich als ein operativer Funktionsbereich etablieren konnte, verlagert sich das logistische Aufgabenspektrum heute immer mehr auf die flussorientierte Koordinierung und Gestaltung der einzelnen Leistungen, die zu einer funktions- und unternehmensübergreifenden, in vielen Fällen auch grenzüberschreitenden Prozesskette zusammengefasst werden müssen. Der Begriff der Logistik wird heute mehr denn je mit einem Gestaltungsanspruch verbunden, der von der isolierten Betrachtung einzelner Funktionen und Leistungen dazu übergeht, in Systemzusammenhängen zu denken, zu planen und zu handeln.

Seit geraumer Zeit wird eine zunehmende Vernetzung zwischen Unternehmen intensiv diskutiert. Eine enge Zusammenarbeit der Unternehmungen in der verladenden Wirtschaft setzt eine anforderungsgerechte Gestaltung des Logistiksystems voraus, um verteilt erstellte Wertschöpfungsleistungen effizient zu verknüpfen. Die unternehmensübergreifende Koordination der Material- und Waren- sowie der dazugehörigen Informationsflüsse innerhalb der Wertschöpfungskette stellt eine weitere Aufgabe der Logistik dar.

Im Gange des Globalisierungsprozesses und der wachsenden Verbreitung der Internettechnologie entstehen weltweite Wertschöpfungsketten, die den Aufbau und die Optimierung globaler Logistiknetzwerke bedingen. Dabei kann die logistische Leistungstiefe vom Erbringen der physischen Transportleistung bis zur Übernahme komplexer Prozesse und der Steuerung von Logistiknetzwerken reichen.

Die in den letzten Jahren in der Verkehrswirtschaft aufgetretenen Veränderungen, die die wirtschaftlichen und organisatorischen Voraussetzungen dafür geschaffen haben, dass ein globales Netz zu denselben oder sogar geringeren Kosten als ein lokales Netz funktionieren kann, werden von Historikern als eine Revolution beschrieben[1]. Die heutigen Wirtschaftsbeziehungen im sogenannten "global village" nicht nur virtuell, sondern real, erlauben, Waren physisch zwischen weit voneinander entfernten Knoten eines Netzes auszutauschen. Diese wirtschaftlichen Voraussetzungen erleichtern die Delokalisierungsprozesse der Unternehmen. Es ist problemlos möglich, Gruppen von

---

[1] Vgl. *Landes* (1999)

© Springer Fachmedien Wiesbaden GmbH, ein Teil von Springer Nature 2005
G. Doborjginidze, *Analyse der Entwicklung intermodaler Logistik-Netzwerke in mittel- und osteuropäischen Ländern*, Edition KWV, https://doi.org/10.1007/978-3-658-24046-2_1

Subzulieferern zu wechseln, Anlagen oder Teile des Produktionszyklus ohne allzugroße Transportkosten um tausende von Kilometern zu versetzen oder zumindest den größten Teil der Belastung durch Transportkosten durch geringere Arbeits- oder Materialkosten wieder auszugleichen.

Im Zuge der Osterweiterung der Europäischen Union ist die Frage nach den künftigen Perspektiven der mittel- und osteuropäischen Verkehrs- und Logistiksysteme aktueller denn je. Als Folge der fortschreitenden EU-Osterweiterung sollen künftig europaweite Wertschöpfungsketten entstehen, die den Aufbau und die Optimierung globaler Logistiknetzwerke bedingen. Das Denken in logistischen Netzen sowie entsprechende Strukturierung der physischen Güterströme und kommunikativen Verflechtungen gewinnt damit in den mittel- und osteuropäischen Ländern immer mehr an Bedeutung.

1.1 Problemstellung

Die europaweite Produktion logistischer Dienstleistungen setzt europäische Logistiknetze zur Übermittlung von Informationen und Gütern voraus, die vom Logistikunternehmen mit einem Know-how erstellt, durch Unternehmensakquisition erworben oder in Kooperation mit anderen Logistikunternehmen aufgebaut werden müssen. Doch nicht nur Wettbewerb zwischen Logistikunternehmen wird intensiver, sondern auch der Wettbewerb der Regionen und Standorte um die Ansiedlung von Unternehmen.

Fortschreitende Internationalisierung und Globalisierung der europäischen Wirtschaft führen potentiell zu größeren Märkten, niedrigen Kosten und unternehmensexternen Umstrukturierungen in Richtung der Standortverlagerung, des Produktionsverbunds und der Kooperation in europaweiten Logistiknetzwerken.

Die Markt- und Kostenpotentiale des mittel- und osteuropäischen Marktes bedeuten jedoch nicht automatisch Marktwachstum oder Kostensenkung, sie müssen durch integrierte Strategien erschlossen werden. Einen wesentlichen Beitrag zur Realisierung von Markt- und Kostenvorteilen hat die Entwicklung innovativer Logistikkonzepte zu leisten. Denn eine stärkere Ausnutzung von Vorteilen einer Arbeitsteilung der Wirtschaft in europaweiten Produktionsnetzwerken stellt den mittel- und osteuropäischen Ländern (MOEL) höhere Anforderungen an die logistischen Problemlösungen.

Nur ein effizientes Verkehrssystem und neue Konzepte der Logistik- und Transport-organisation können die Voraussetzung dafür schaffen, dass die MOE-Länder in der Lage sind, den künftigen europäischen und weltweiten Herausforderungen gerecht zu werden. Im Zuge der EU-Osterweiterung gewinnen transnationale und erweiterte Logistikleistungen eine zentrale Rolle bei der Steuerung grenzüberschreitender Produktionsnetzwerke.

Folgt man den neusten Prognosen, so ist auch in Zukunft mit einer ungebrochenen und überproportional steigenden Verkehrsnachfrage in MOEL zu rechnen. Die große Herausforderung des mittel- und osteuropäischen Verkehrs lautet somit die zukunftsorientierte Gestaltung der Verkehrssysteme zu gewährleisten. Vor allem von der Vernetzung der Verkehrsträger und von der Bildung intermodaler Transportketten sind wichtige Impulse für die Steigerung der Leistungsfähigkeit in diesem Bereich zu erhoffen.

1.2   Zielsetzung

Lösungsanalysen der zukunftsorientierten Probleme der Verkehrswirtschaft verlangen eine Beschäftigung mit den logistischen Entwicklungen in der produzierenden und handeltreibenden Wirtschaft. Logistik ist ein wesentliches Element der Veränderung von Angebotspotentialen auf Güterverkehrsmärkten. Diese logistischen Entwicklungen müssen erkannt werden und die erheblichen Rückwirkungen auf den Transportsektor sowohl strategisch als auch operativ betrachtet werden.

Der Zusammenbruch der sozialistischen Planwirtschaften der MOE-Staaten und die laufenden Transformationsprozesse zur Umstrukturierung von wirtschaftlichen Systemen, verbunden mit einem Sprung in neue Produktions- und Logistiksysteme mit möglichen strategischen Auswirkungen auf die Verkehrswirtschaft, haben die Wissenschaft und Forschung recht unvorbereitet getroffen.

Die vorliegende Dissertation soll einen Beitrag zur Schließung dieser wissenschaftlichen Lücke leisten und zu praktisch verwertbaren Erkenntnissen führen. Die Untersuchung folgt dem anwendungsorientierten Forschungsansatz und verbindet ein theoretisches Ziel mit einem pragmatischen Wissenschaftsziel. Beide Zielrichtungen sind im Rahmen einer wissenschaftlichen Untersuchung zu verfolgen, da die Verfolgung eines theoretischen Wissenschaftszieles eine Vorstufe bzw. eine Voraussetzung für die Generierung von pragmatischem Wissen darstellt[2].

Das **theoretische Wissenschaftsziel** der vorliegenden Arbeit besteht in der Erarbeitung eines Konzeptes intermodaler Logistiknetzwerke in MOEL. Dieses Konzept beruht auf einem Bezugsrahmen, in den wesentliche theoretische Erkenntnisse der Logistikforschung und Analyse von Logistiknetzwerken einfließen.

Hilfestellungen bei Problemen in der Praxis geben zu können verfolgt die Arbeit mit dem **pragmatischen Wissenschaftsziel**: die Analyse mittel- und osteuropäischer Verkehrswirtschaft, die Systemveränderungen in der Industrie und im Handel, und die Entwicklung konkreter Handlungs- und Gestaltungsempfehlungen zum Aufbau der intermodalen Logistiknetze in MOE.

---

[2] Vgl. *Thommen* (1989)

2 Theoretische Ansätze zur Erklärung des Logistikgegenstandes

2.1 Historische Entwicklung des Logistik-Begriffs

Der Logistikbegriff ist in der militärischen Welt ein sehr altes und seit langem benutztes Wort. Der Wortstamm ist griechisch: Logos - das schöpferische Wort Gottes. Goethe[3] beispielsweise übersetzt den Begriff am Anfang des Johannes-Evangeliums mit: Wort, Sinn, Kraft, Tat - Martin Luther mit „Wort".

Militärisch ist Logistik die Planung des Nachschubs, der Ver- und Entsorgung der Streitkräfte im Feld[4]. Antonie-Henri Baron de Jomini[5] (Schweizer General in der französischen und russischen Armee; 1779-1869) definiert die Logistik als Kunst und angewandte Wissenschaft der Planung und Führung von Truppenbewegungen, Bau von Befestigungen und Quartieren und für das Nachschubwesen[6]. Mit der Logistik wurden im Altertum, im Mittelalter und in der Neuzeit herausragende Ereignisse bewältigt, wobei der militärischen Führung jeweils die Gestaltung der Nachschubsstrukturen, materielle Versorgung, Materialverwaltung, Materiallenkung und der Abtransport der Verwundeten und Kranken oblag. Hervorragende Leistungen sind aus der Geschichte bekannt: von Alexanders Perserkriegen, dem Feldzug Hannibals nach Italien, den Eroberungen Caesars in Gallien bis zu modernen Ereignissen wie der Invasion in der Normandie, der Berliner Luftbrücke, und dem Abzug der russischen Streitkräfte aus Deutschland[7].

Im zivilen Bereich wanderten Warenströme bereits in der Antike durch Länder und Kontinente. Logistische Handelsverbindungen dienten der Versorgung und dem Informationsaustausch der alten Reiche und Metropolen. Der Handel war immer die Grundlage von Zivilisationen. Auf den Handelswegen wurden neben Waren auch Nachrichten und Technologien transportiert.

Die Handelswege folgten zunächst den militärischen Straßen über Land; die Kaufleute suchten Beschaffungs- und Absatzgebiete. Beispiele bekannter Handelswege und Linienverkehre sind die legendäre Seidenstraße[8], die China mit Konstantinopel und Westeuropa verband - Heutzutage die so genannte „Neue Seidestraße", die im Rahmen der EU als TRACECA-Programm (Transport Corridor Europe-Caucasus-Asia) entwickelt wurde, oder die deutsche Salzstraße, die die Metropolen der Ostsee von Lüneburg über Lübeck mit Salz versorgte. Handelswege folgten auch den Pilgerpfaden - etwa über die Alpen. Als Beispiel kann die „Via Mala" entlang des Splügenpasses genannt werden. Schifffahrtswege folgten den Flüssen und Küsten, bis mutige Seefahrer - sie gründeten ihren Erfolg auch auf Innovationen im Schiffsbau, der

---

[3] Vgl. *Goethe* (Faust I)

[4] Vgl. *Sammerloggen* (1988, S. 6); *Ihde* (2001, S. 22-24)

[5] Vgl. *Jomini* (1881); *Ihde* (2001)

[6] Vgl. *Broggi* (1990, S.216)

[7] Vgl. *Engelsleben/Niebuert* (1997, S.22)

[8] Vgl. *Schewardnadse* (1999, S. 7-15)

© Springer Fachmedien Wiesbaden GmbH, ein Teil von Springer Nature 2005
G. Doborjginidze, *Analyse der Entwicklung intermodaler Logistik-Netzwerke in mittel- und osteuropäischen Ländern*, Edition KWV, https://doi.org/10.1007/978-3-658-24046-2_2

Navigation und der Kartographie - Umfahrungen der Kontinente oder Direktverbindungen entdeckten. Beispiele sind Christoph Columbus, der 1492 Amerika (westliche Inseln) erreichte, Bartolomäus Diaz/Vasco da Gama, die 1486/1497 die Umfahrung des „Kaps der Guten Hoffnung" und den Weg nach Indien fanden, oder Fernando de Magellan, der 1514 die Umfahrung des Südamerikanischen Kontinents wagte und die Gewürzinseln (Molukken) erreichte. Bekannte Kaufleute - wie die Fugger in Augsburg oder die Medici in Florenz - unterhielten europaweite Netzwerke von Handelswegen und Niederlassungen/Faktoreien[9]. Englische und Niederländische „Ostindienfahrer" der Handelskompanien brachten im Linienverkehr vor allem begehrte Gewürze nach Europa.

Interessant erscheint hierbei die Betrachtung der historischen Veränderungen der Raum-Zeit-Struktur: Das antike Rom umfasste bei einem Halbmesser von 2.400m eine Stadtfläche von 18 Quadratkilometern, das ist ein Areal, das für den Fußgänger in etwa einer halben Stunde in seiner vollen Ausdehnung zu erschließen war[10]. Eine derartige raum-zeitliche Struktur von Städten wurde dann für zwei Jahrtausende beibehalten. Erst als unsere modernen Verkehrsmittel in der gleichen Zeitdauer von 30 Minuten auch zehnfach größere Entfernungen bewältigen konnten, stieg die flächenmäßige Ausdehnung der Städte, die u. a. von der Ortsveränderungszeit geprägt wurde. Stets war ein solches Raum-Zeit-Verhalten der Stadtbürger zu beobachten. Mit der Zunahme der Reisegeschwindigkeit trat auch eine Erweiterung des möglichen zu erschließenden Raumes ein, bzw. die Zeitentfernung änderte sich, über die Fahrten mit Verkehrsmitteln akzeptabel wurden, die Reise- oder Fußwegzeit insgesamt blieb aber über längere Perioden relativ konstant. Es entstanden feste Relationen zwischen räumlichen und zeitlichen städtischen Strukturen. Im Ergebnis bildeten sich Beziehungen zwischen den Mitgliedern der Gesellschaft und Ortsveränderungs-gewohnheiten heraus.

Der Ausbau der Verkehrswege und die Einführung moderner Verkehrsmittel - wie Dampfmaschine oder Eisenbahnen - im 19. Jahrhundert eröffneten berechenbare und sichere Verbindungen. Die Schaffung verkürzter Handelswege - etwa der Suez-Kanal (1869) oder der Panama-Kanal (1914 fertiggestellt - seit Januar 2000 unter der Verwaltung Panamas) und der Ausbau deutscher oder europäischer Wasserstraßennetze - bedeuten die Einführung des Faktors „Zeit" in den Waren- und Personenverkehr[11]. Eine neuerliche Beschleunigung des Warenaustausches wurde mit dem Straßengüterverkehr und der Luftfahrt möglich.
Erst nach dem zweiten Weltkrieg stellt Morgenstern[12] die Frage nach Ähnlichkeit zwischen „military logistics" und „logistical problems in business"; an der US-Universität in Stanford wird Logistik 1956 Lehrfach. In Deutschland wird der Begriff zuerst absatzorientiert für Probleme der physischen Distribution übernommen[13]. Später

---

[9] Als Beispiel hierfür kann Fondaco die Tedesci in Venedig genannt werden.

[10] Vgl. *Kapoun* (1983)

[11] Vgl. *Sammerloggen* (1988, S. 7)

[12] Vgl. *Morgenstern* (1955)

[13] Vgl. *Engelsleben/Niebuert* (1997); *Stabenau* (2000, S.127); *Kortschak* (2001, S. 659)

erfolgt die Erweiterung der begrifflichen Inhalte auf den Produktions- und Beschaffungsbereich unter Einfluss systemorientierter und ökologischer Ansätze, um verantwortungsbewusst mit den Ressourcen umzugehen und Materialbewegungen in geschlossenen, ökologisch vertretbaren Stoffkreisläufen zu halten.

Erste deutsche Abhandlungen erscheinen ab 1970. Im Jahr 1974 erscheint der Logistik-Begriff auf dem 1. Deutschen Materialfluss-Kongress.

2.2   Begriffsinhalte

Angesichts der uneinheitlichen Verwendung des Logistik-Begriffs in der Literatur und Praxis muss zunächst eine begriffliche Klärung vorgenommen werden, um das Wesen und die Bedeutung der Logistik klarer herausarbeiten zu können.

Der Begriff der „Logistik" hat sich in der letzten Jahrzehnten vorrangig in der Unternehmenspraxis entwickelt[14], und seine Inhalte und Veränderungen sind das Ergebnis der praktischen Notwendigkeit, die Unternehmen auf Markterfordernisse auszurichten. Zunehmende Ansprüche an den Service, die Zuverlässigkeit, die Pünktlichkeit oder die Flexibilität haben der Logistik als Support-Funktion einen hohen Stellenwert zugewiesen.

Es ist seit geraumer Zeit eine Verlagerung des Wettbewerbs zwischen den Unternehmen von der Primärleistungs- auf die Sekundärleistungsebene zu beobachten. Reichte es also vor Jahren, ein gutes Produkt auf dem Markt anzubieten, so entscheidet bereits heute der die Sachleistungsproduktion unterstützende Logistikservice (z. B. hohe Lieferzuverlässigkeit und -flexibilität sowie kurze Lieferzeit) über die Kaufentscheidung der Kunden. Der von den Kunden wahrgenommene Logistikservice bildet ein Ergebnis effektiver Güter- und Informationsflüsse innerhalb der Ausführung und Führung. Die Führungs- und Ausführungsaktivitäten erfordern in der Zukunft eine noch stärkere Integration, indem die Objektflüsse auf den Ebenen Führung und Ausführung stärker miteinander verbunden werden.

In der theoretischen Fundierung gibt es allerdings noch einen erheblichen Nachholbedarf. Man kann sich dem Begriff von verschiedenen Seiten nähren. Die *Ingenieurwissenschaften* definieren[15] Logistik als weitgehende Leistungen zur räumlichen und/oder zeitlichen Transformation von Objekten - das sind Transporte von Gütern und Informationen oder Zeitausgleich durch Lagerung (einschließlich der Vorgänge des Handhabens/Umschlagens, des Liegens/Wartens und/oder der Kommissionierung)[16]. Sie unterstützen als TUL-Prozesse[17] den eigentlichen -

---

[14] Vgl. *Ihde* (2001, S. 24)

[15] Vgl. *Weber* (1992, S. 879) sowie *Weber* (2002, S. D 5-1)

[16] Vgl. *Krampe/Lucke* (1993)

[17] Die "TUL-Prozesse" bezeichnen die Hauptaufgaben: Transport, Umschlag und Lagern.

produktiven - Leistungserstellungsprozess; stoffliche Umwandlungen im Sinne der Wertschöpfung fallen nicht unter diese Betrachtung. Den Gütern werden örtliche und zeitliche Eigenschaften zugeordnet; Entstehungsorte oder Entstehungszeiten stimmen nicht mit ihren Verwendungsorten oder Verwendungszeiten überein und lösen logistische Aktivitäten aus - auch über Unternehmensgrenzen hinweg, die flussorientiert geplant, gesteuert und kontrolliert werden müssen und mit den Informationsflüssen verbunden sind.

Betriebswirtschaftliche Interpretationen[18] erkennen materielle und informationelle Fließsysteme (physische und steuernde Logistik) und die Notwendigkeit des Managements dieser Fließsysteme[19]. Damit umfasst die Logistik auch Führungs- und Durchsetzungsaufgaben[20]. Neben den ausführenden Tätigkeiten treten Leistungen des Managements. Das sind operative Funktionen der Planung, Steuerung und Kontrolle, aber auch strategische Aufgaben der Gestaltung des gesamten Fließsystems des Wertschöpfungsprozesses. Die operativen Entscheidungsroutinen werden ergänzt durch strategische Betrachtungen und Lösungsansätze. Die Logistik-Aufgaben sind auf der mittleren Hierarchie-Ebene der Organisationsstruktur angesiedelt. Damit ist Logistik ein Teil des Führungskonzeptes der Unternehmung. Ihre Ziele und Strategien werden aus den Unternehmenszielen, Leitbildern und der Unternehmensphilosophie abgeleitet. Entsprechend den Entwicklungen in der Unternehmenspraxis kann Logistik als eine unternehmensweite (unternehmensübergreifende) Managementaufgabe der Gestaltung und Durchführung effizienter, kostenminimaler und anpassungsfähiger Material- und Informationsflüsse verstanden werden, wobei gesamte Prozesse in Wertschöpfungsketten und unternehmensübergreifenden Netzwerken koordiniert werden müssen.

In Anwendung des Ordnungsmodells spezieller Betriebswirtschaftslehren ist zwischen der Logistik als Funktionenlehre (die Logistik beinhaltet Management und Ausführung, beides nur im Bezug auf die Transferaktivitäten) und der Logistik als Führungslehre (die Logistik beinhaltet Management der Objektflusssysteme) zu unterscheiden. Das Management der Objektflusssysteme geht weit über das Management der Transferaktivitäten hinaus und erstreckt sich prinzipiell auf alle ausführenden Aktivitäten (z.B. auch die Fertigungsaktivitäten).

Sowohl mit dem Ordnungsmodell spezieller Betriebswirtschaftslehren als auch mit dem Entwicklungsgrad der bereits herausgebildeten betriebswirtschaftlichen Disziplinen ist die Auffassung der Logistik als ein spezifisches Führungsparadigma bzw. eine bestimmte Führungsphilosophie, die alle Führungsteilsysteme umfasst, vereinbar. Von *Ihde*[21] wurde Logistik in Auseinendersetzung mit verwandten Disziplinen als eine „neue Planungsphilosophie" herausgearbeitet.

---

[18] Im Jahre 1974 erscheint „Logistik" als ein Stichwort in das Handwörterbuch der Betriebswirtschaftslehre (*Ihde* 1974, S. 2 525)

[19] *Krampe/Lucke* (1993)

[20] Vgl. *Baumgarten* (2001, S.4)

[21] Vgl. *Ihde* (1987); vgl. auch die Umfassende Sichtweise bei *Ihde* (1991, 1997).

In der *Unternehmenspraxis* ist eine weitere Betrachtung entwickelt worden. Die Auftragsabwicklung wird als Versorgungskette (Supply Chain) interpretiert. Das ist die Koordination der Beteiligten und der Prozesse der Versorgung und Verfügbarkeit der Ressourcen zur Befriedigung von Kundenwünschen im Unternehmensverbund und entspringt der Erkenntnis[22], dass auf den Märkten nicht mehr einzelne Unternehmen, sondern unternehmensübergreifende und schnittstellenfreie Netzwerke (Virtuelle Unternehmen) miteinander konkurrieren. Das Supply-Chain-Management soll die Material- und Informationsströme der Beschaffung, der Produktion und der Entsorgung - über Unternehmensgrenzen hinweg - prozessorientiert, effizient und kostengünstig gestalten und lenken[23]. Es werden nicht Teilsysteme oder Einzelprozesse betrachtet[24], sondern der Gesamtprozess der Leistungserstellung[25]. Hierzu gehört auch die Steuerung des Arbeitsfortschritts der administrativen Auftragsabwicklung (Vorgangssteuerungssysteme/Workflowsysteme). Sie werden von Informations- und Kommunikationssystemen unterstützt[26], die Logistikprozesse transparent, flexibel und effizient gestalten und bei der Realisierung der Logistikkonzepte helfen.

2.3 Definitionen zur Logistik

Logistik befasst sich als anwendungsorientierte wissenschaftliche Disziplin[27] mit der optimalen Planung, Steuerung und Kontrolle sämtlicher **Material- und Warenbewegungen** von der Quelle bis zur Senke einschließlich der die physischen Bewegungen auslösenden **Informationsflüsse** über die Unternehmensgrenzen hinweg.

„Logistik ist der Prozess der Planung, Realisierung und Kontrolle des effizienten, **kosteneffektiven Fließens** und Lagerns von Rohstoffen, Halbfabrikaten und Fertigfabrikaten und der damit zusammenhängenden Informationen vom Liefer- zum Empfangspunkt entsprechend der Anforderungen von Kunden".[28]

„Logistik ist die Planung, Durchführung und Steuerung der **Bewegung** und **Platzierung** von **Menschen** und/oder **Gütern** und unterstützender Tätigkeiten, die sich auf diese Bewegung und Platzierung beziehen, innerhalb eines Systems, welches zur Erreichung bestimmter Ziele eingerichtet ist"[29].

---

[22] Vgl. *Kuhn/Hellingrath* (1999)

[23] Vgl. *Baumgarten* (2002)

[24] Vgl. Browersox/Closs/Cooper (2002, S. 4)

[25] Vgl. *Baumgarten/Walter* (2001, S.3)

[26] Vgl. *Weber/Kummer* (1998. S. 22)

[27] Vgl. *Weber* (2002, S. D5-1)

[28]Vgl. *Pfohl* (1994)

[29] Din EN 12 777 (Mai 1997)

„Logistik ist das Management von Prozessen und Potentialen zur koordinierten Realisierung **unternehmensweiter** und **unternehmensübergreifender Materialflüsse** und die dazugehörigen Informationsflüsse"[30].

„Logistik ist ein spezieller Führungsansatz zur Entwicklung, Gestaltung, Lenkung und Realisation effektiver und effizienter **Flüsse von Objekten** (Güter, Informationen, Personen) in unternehmensweiten und -übergreifenden Wertschöpfungssystemen[31]".

Aus den angeführten grundlegenden Definitionen ist abzuleiten, dass sich die Logistik allgemein mit der Gestaltung logistischer Komponenten und der Planung, Steuerung und Kontrolle der Material- und Informationsflüsse als operativer Komponente befasst. Es ist hierbei zu erkennen, dass die Betrachtungen ganzheitlich angelegt sind. Alle Handlungen und Entscheidungen bei Gestaltung der logistischen Strukturen eines Unternehmens haben stets das gesamte System, das Zusammenwirken aller berührten Bereiche von Augen. Die Optimierungen erfolgen übergeordnet und integrierend, unterstützen und koordinieren miteinander konkurrierende Ziele und umspannen alle betrieblichen Funktionen - sie greifen auch über die Unternehmensgrenzen hinaus in die Systeme der Zulieferer und der Abnehmer, um Schnittstellenverluste zu vermeiden. Die *Ganzheitlichkeit* bedeutet auch, dass für die Optimierungen ökonomische, ökologische, technologische und soziale Randbedingungen berücksichtigt werden müssen.

Logistisches Denken ist System- und Flussdenken und umfasst die gesamte Spanne von der Beschaffung der Rohstoffe/Zulieferteile bis zur Auslieferung der betrieblichen Leistungen an die Kunden. Es stehen nicht die spezialisierten Einzelbetrachtungen im Vordergrund - sondern die Gesamtschau der gesamten Wertschöpfungskette. Logistik ist dem Führungssystem des Unternehmens zuzuordnen. Logistisches Denken und logistische Problemfelder erstrecken sich auf die Bereiche der Beschaffung, der Produktion, der Distribution und der Entsorgung, wobei Ansätze und Inhalte in den Ebenen Technik, Verkehrs- und Betriebswirtschaft und Informatik/ Informationstechnik durchdacht werden müssen.

---

[30] Vgl. *Weber* (1992); *Zäpfel* (1991)

[31] Vgl. *Göpfert* (1999)

2.4   Untersuchungsgebiet und methodische Ansätze

Von den Anfängen einer wissenschaftlichen Betrachtung der Logistik Mitte der fünfziger Jahre durch *Eccless*[32], *Morgenstern*[33], *Busby*[34], *Lewis, Culliton* und *Steel*[35] sind mehr als vier Jahrzehnte vergangen, ohne dass die Frage nach der wissenschaftlichen Identität der Logistik zufriedenstellend beantwortet wurde. Als eine Entscheidungsform dieses Dilemmas kann die Tatsache angesehen werden, dass in den jüngeren Publikationen das jeweils begründete Logistikverständnis weniger als ein Ergebnis sich vollzogener Entwicklungsphasen der Logistik dargestellt wird, sondern als eine andere ganz neue „dritte Logistik-Bedeutung"[36].

Im Folgenden wird ein Lösungsversuch für das logistische Identitätsproblem unternommen. Im Ergebnis sollen die wesentlichen wissenschaftlichen Aussagen über Logistik zusammengefasst und einem relativen Konsens zugeführt werden. Am Anfang wird ein Bezugsrahmen für die Untersuchung aufgespannt.

2.5   Bezugsrahmen für die Untersuchung

Die Beantwortung der Frage nach dem Objektbereich der Logistik schließt zwei Betrachtungsebenen ein: Zum einen die Untersuchung der objektiven Realität der Unternehmenseinheiten auf wesentliche Veränderungen hin, die von Bestand sind, so dass ein Boden für eine neue Disziplin und ihre Theorie gegeben scheint. Zum anderen muss nachgewiesen werden, dass die neuen praktischen Problemstellungen nicht bereits durch die etablierten Teildisziplinen abgedeckt werden bzw. in deren Objektbereich fallen. Hierbei wird der zweiseitigen Betrachtung mittels eines *empirisch-induktiven* und *theoretisch-deduktiven* Vorgehens Rechnung getragen[37]. Empirisch-induktive Erklärungsansätze nehmen ihren Ausgang ausschließlich in den konkreten Problemen der objektiven Realität. Durch eine Zusammenfassung zu einer Problemfamilie sowie durch die Abstraktion von den konkreten Praxisproblemen wird der Objektbereich der Logistik definiert. Tiefgehende Erörterungen über die Eingliederung der Logistik in das System der Betriebswirtschaftslehre und ihre Abgrenzung von anderen Teildisziplinen erfolgen bei empirisch-induktiven Erklärungsansätzen nicht. Dagegen gehen die theoretisch-deduktiven Erklärungsansätze über den Logistikgegenstand von dem vorhandenen, mehr oder weniger akzeptierten System der Betriebswirtschaftslehre aus bzw. von einem logisch abgeleiteten Ordnungsmodell der Betriebswirtschaftslehre.

---

[32] Vgl. *Eccles* (1954)

[33] Vgl. *Morgenstern* (1955)

[34] Vgl. *Busby* (1955)

[35] Vgl. Lewis/Culliton/Steel (1956)

[36] Vgl. *Klaus* (1993, 1994) *Delfmann* (1995).

[37] Vgl. *Ihde* (1980, S. 5)

Um die jeweiligen Aussagesysteme bzw. Erklärungsansätze auf Unterschiede und Gemeinsamkeiten hin zu analysieren, ist die Auswahl geeigneter Vergleichskriterien[38] wie

- die betriebswirtschaftliche Funktion bzw. das Erkenntnisobjekt,
- die Zielsetzung und
- die Aufgaben[39]

erforderlich.

2.6 Abgrenzung der Logistikfunktionen

Die Untersuchung der Logistikfunktion wird zum einen nach den substantiellen Funktionsinhalten und zum anderen in Bezug auf die (Fluss-) Objekte durchgeführt. Die Bahnbreite der Funktionsinhalte wird mit der Unterscheidung zwischen einerseits der räumlichen und zeitlichen Transformation von Güter und Informationen und andererseits dem Management von Fließsystemen im Wesentlichen erfasst. Mit dem Begriff „**Fließsystem**" wird die logistische Sichtweise bezüglich des Wertschöpfungssystems als ein System von Objektflüssen (Material-, Waren- und Informationsflüsse) ausgedrückt.[40]

2.7 Ziele und Aufgaben der Logistik

Als Ausprägungen der logistischen Zielsetzung werden die Effizienz, die Flusskostensenkung[41], die Objekt-Wertsteigerung und die Adaptionsfähigkeit unterschieden. Die Effizienz verkörpert die operative Zieldimension. Traditionell wird unter Effizienz der Logistik verstanden, dass „ein Empfangpunkt gemäß seines Bedarfs von einem Lieferpunkt mit dem richtigen Produkt, im richtigen Zustand, zur richtigen Zeit, am richtigen Ort zu den dafür minimalen Kosten versorgt wird"[42]. Mit den weiteren Zielbereichen sollen vor allem die *strategischen Ziele* der Logistik eingefangen werden. Der Zielbereich **Fluss-Kostensenkung** beinhaltet alle betrieblichen Maßnahmen, die zu dem notwendigen effektiven Einsatz von Produktionsfaktoren für die Ausführung und das Management der Material-, Waren- und Informationsflussprozesse beitragen. Der Zielbereich **Objekt-Wertsteigerung** umfasst den wertschöpfenden Beitrag der Logistik als eine Sekundärleistung (z.B. die Garantie kurzer Lieferzeit bei hoher Lieferzuverlässigkeit) gegenüber der eigentlichen

---

[38] Vgl. *Dietrich* (1986)

[39] Vgl. zu den Wesensaussagen von Realdefinitionen *Schultz* (1988); *Stein* (1993); *Stölzle* (1993)

[40] Vgl. *Klaus* (1993); *Aberle* (1997) sowie *Weber/Kummer* (1998, S, 14)

[41] Vgl. *Pfohl* (2000, S.41)

[42] Vgl. *Pfohl* (1996)

Primärleistung, d.h. dem Sachprodukt. Mit der *Adaptionsfähigkeit* soll die Entwicklungs- und Anpassungsfähigkeit von Logistiksystemen als ein an Bedeutung zunehmender logistischer Zielbereich erfasst werden.

Die Logistikaufgaben werden gegliedert in **Führungsaufgaben** einerseits (z. B. Planung durchgängiger Güterflüsse) und **Realisierungsaufgaben** andererseits (z.B. die Durchführung der Gütertransporte)[43].

2.8 Analyse des Logistikgegenstandes

Für die vergleichende Analyse wurde eine repräsentative Auswahl logistischer Aussagesysteme getroffen. Verglichen werden ausgewählte wissenschaftliche „Schulen" der Logistik[44] in Deutschland, England, Frankreich und den USA. Daneben gibt es weitere bedeutsame wissenschaftliche Vertreter der Logistik, die einen wertvollen Beitrag zur Logistikentwicklung leisteten, jedoch nicht explizit, sondern nur impliziert berücksichtigt werden. Der Wert dieser Analyse liegt nicht in der quantitativen Vollständigkeit, sondern in der Transparenz und Diskussion sowohl markanter qualitativer Unterschiede als auch Gemeinsamkeiten in den wissenschaftlichen Auffassungen über den Logistikgegenstand.

Das wissenschaftliche Meinungsbild über Logistikfunktion bzw. über das Erkenntnisobjekt kann für die Vertreter des empirisch-induktiven Ansatzes in zwei Gruppen zusammengefasst werden. Stellvertretend für erste Gruppe sei die Logistikfunktion von *Pfohl* genannt: „Zur Logistik gehören alle Tätigkeiten, durch die raum-zeitliche Gütertransformation und damit zusammenhängenden Transformationen hinsichtlich der Gütermengen und -sorten, der Güterhandhabungseigenschaften sowie der logistischen Determiniertheit der Güter geplant, gesteuert, realisiert und kontrolliert werden". Durch Zusammenwirken dieser Tätigkeiten soll ein Güterfluss in Gang gesetzt werden, der einen Lieferpunkt mit einem Empfangspunkt möglichst effizient verbindet[45]. Diese Definition ist in Übereinkunft mit dem Amerikanischen Logistikverband CLM[46]. Zu dieser Gruppe gehören *Pfohl Cooper*[47], *Peters, Coyle, Bardi, Langley*[48], *Günther, Tempelmeier, Issermann, Fabbe-Costes*[49].

Klaus definiert Logistik als: „eine spezifische Sichtweise, die wirtschaftliche Phänomene und Zusammenhänge als Flüsse von Objekten durch Ketten und Netze von

---

[43] Die Logistikaufgaben werden sich aus der Logistikfunktion abgeleitet.

[44] Vgl. *Delfmann* (1995); *Domschke* (1995)

[45] Vgl. *Pfohl* (1996, S. 12)

[46] Council of Logistics Management (CLM). Dieser Gruppe gehören Pfohl; Langley; Domschke; Günther/Peters; Bowersox/Closs; Coyle/Bardi; Johnson/Wood; Isermann; Küpper/Helber; Bloech; Männel an.

[47] Vgl. *Cooper/Browne/Peters* (1993)

[48] Vgl. *Coyle/Bardi/Langley* (1992)

[49] Vgl. *Fabbe-Costes* (1995)

Aktivitäten und Prozessen interpretiert, um diese nach Gesichtspunkten der Kostensenkung und der Wertsteigerung zu optimieren sowie deren Anpassungsfähigkeit an Bedarfs- und Umweltveränderungen zu verbessern."[50]

Aufgrund der Interpretation dieser Gruppe kann Logistik als System von Objektflüssen definiert werden und damit wird ein neues Paradigma der Logistik[51] in Gestalt eines sogenannten Fließsystemparadigmas begründet. Zu dieser Gruppe gehören: *Delfmann, Klaus, Diruf, Kummer* und *Weber*.

Die Aussagen der ersten und zweiten Gruppe sind als „Flussorientierende Definition" zu bezeichnen. Sie unterscheiden sich jedoch grundlegend nach dem Inhaltsbereich des Objektflusses. Von der zweiten Gruppe der Autoren wird keine Einschränkung auf spezifische Aktivitäten im Leistungssystem der Unternehmung vorgenommen. Sie abstrahieren auf eine „spezifische, flussorientierende Sichtweise wirtschaftlicher Phänomene und Zusammenhänge."[52]

Das Aufgabenspektrum der Logistik wird von der ersten Gruppe mit führungs- und ausführenden Aufgaben interpretiert. Die zweite verortet die Logistik auf Ebene der Unternehmensführung in Gestalt einer „Fließsystemperspektive" des Managements. Unter anderem weist *Klaus* darauf hin, dass die Logistik ihre im Bereich der industriellen Material- und Güterflussketten schon bewährten Lösungsansätze insbesondere auch auf Fließsysteme jenseits materieller logistischer Systeme - z.B. im administrativen Bereich der Unternehmen anwenden kann[53].

Ausgehend von der logistischen Zielsetzung kann interpretiert werden, dass bei der engen Objektauslegung das Gewicht auf der operativen Zieldimension liegt. Dagegen dominieren beim fließsystemorientierten Logistikverständnis eher strategische Ziele.

Es ist an dieser Stelle festzustellen, dass sich die große Zahl von Logistikkonzeptionen, die ihren Ausgang in der Unternehmenspraxis nehmen, im Wesentlichen auf zwei wissenschaftliche Logistikparadigmen reduzieren lassen. Das internationale Logistikverständnis wird nicht zwischen den Ländern unterschieden, sondern zwischen den wissenschaftlichen Schulen der Logistik. Diese sind das Ergebnis des länderübergreifenden, weltweiten Wissenschaftstransfers.

In den achtziger Jahren entwickelten *Dietrich* und *Ihde* eine Logistikdefinition, wobei Logistik eine Führungskonzeption bildet, die durch unternehmensübergreifende Betrachtung der Wertschöpfungskette gekennzeichnet ist. *Dietrich* bezeichnet Logistik als Funktionenlehre. Gleichsam entwickelt er den Gegenstandsbereich der Logistik in die Richtung einer speziellen Führungskonzeption weiter, in der betont wird:

---

[50] Vgl. *Klaus* (1998, S.29)

[51] Vgl. *Klaus* (1999, S.18)

[52] In Anlehnung an *Klaus* vgl. auch *Kummer*

[53] Vgl. *Klaus* (1998, S.29) sowie *Delfmann* (2000, S. 323)

„Grundsätzlich muss die Leitlinie daher lauten, möglichst viele betriebliche Teilbereiche und -aufgaben simultan zu betrachten und zu koordinieren."

Das von *Weber* entwickelte Ordnungsraster bezieht sich auf eine Strukturierung des Systems in drei Systemebenen: die Ausführung-, die Führungs- und die Metaführungsebene[54].

Die Ausführungsebene bzw. das Ausführungssystem „umfasst alle Handlungen, die unmittelbar (z. B. Endmontieren) oder mittelbar (z. B. Anlagen Instandhalten) der Erstellung von Marktleistungen dienen"[55]. Diese Handlungen bedürfen der zielgerichteten Führung durch das Führungssystem. Innerhalb des Führungssystems, welches sich in ein Wertsystem und in die Teilsysteme Planung, Kontrolle, Information, Organisation und Personalführung gliedert, unterscheidet *Weber* zwischen den Ebenen Führung und Metaführung. Metaführung bezeichnet die Führung von Führungshandlungen. Das Metaführungssystem umfasst sämtliche struktur- und prozessgestaltenden Führungsaktivitäten, die sich auf die Führungssysteme beziehen. Die Logistik wird von *Weber* als Führungslehre mit dem Schwerpunkt auf Metaführungsaufgaben definiert[56].

Zusammenfassend kann für theoretisch-deduktive Ansätze Logistik als eine spezielle, auf Objektflüsse orientierte Führungskonzeption definiert werden. Diese logistische Konzeption wird auf die Durchsetzung des Flussprinzips im Ausführungssystem gerichtet.

2.9 Begründung des Logistikgegenstandes

Im Ergebnis der durchgeführten Analyse werden die Konsens- und Dissensfelder markiert. Aus der Identitätsanalyse wird die Konsequenz gezogen, dass es sich bei der Logistik um die Objektflüsse und deren Management handelt. Hierbei muss darauf hingewiesen werden, dass die interorganisatorische Perspektive (Logistik-Netzwerke von Unternehmen) im Vergleich zur intraorganisatorischen (logistisches Netwerk von einzelnen Unternehmen) an Bedeutung zunimmt[57].

Bei den Dissensfeldern handelt es sich um:

1) Eine unterschiedliche Auslegung in Bezug auf:

- die Logistikobjekte (z.B. Eingrenzung auf Güter und Informationen oder Erweiterung auf Personen),

---

[54] Vgl. *Weber* (1996b)

[55] Vgl. *Weber* (1994)

[56] Vgl. *Weber* (1996)

[57] Vgl. *Delfmann* (2002, S. D1-10 – D1-11)

- die Objektflussebenen (z. B. Eingrenzung auf Flüsse im Ausführungssystem des Unternehmens gegen Erweiterung auf Objektflüsse im Führungssystem),

- das Management von Objektflüssen (sowohl Eingrenzung auf ausgewählte Führungsfunktionen wie Planung, Steuerung, Kontrolle gegen Ausdehnung auf alle Führungsfunktionen, als auch Organisation, Informationsversorgung und Personalführung).

2) Die Standpunkte bezüglich der Einbeziehung der ausführenden Transferaktivitäten Transportieren, Lagern, Umschlagen gehen auseinander.

Im Ergebnis der durchgeführten Analyse kann Logistik im Folgenden definiert werden: Die Logistik stellt einen speziellen Führungsansatz zur Entwicklung, Gestaltung, Lenkung und Realisation effektiver und effizienter Flüsse von Objekten (Gütern, Personen, Informationen) in den unternehmensweiten und -übergreifenden Wertschöpfungssystemen dar.

2.10 Umsetzung der Logistikkonzeption in die Aufbauorganisation von Unternehmen

Der Ansatzpunkt zur Erklärung der Eingliederung der Logistik in die Aufbauorganisation ist die Zusammenfassung der betrieblichen Teilaufgaben der *Funktion* „Logistik". Zur Logistik gehören die Tätigkeiten, durch die raum-zeitliche Gütertransformation und die damit zusammenhängenden Transformationen hinsichtlich der Gütermengen und -sorten, der Güterhandhabungseigenschaften sowie der logistischen Determiniertheit der Güter geplant, gesteuert und realisiert werden. Ausgehend von dieser Aussage umfasst die Funktion „Logistik" ein Bündel güterflussbezogener Aufgaben und deren Koordination.

Von der terminologischen Abgrenzung der Logistik ist die als Konzeption einer bestimmten Art und Weise der Erfüllung dieser Aufgaben zu unterscheiden. Die Grundlage der Logistikkonzeption ist die Anwendung des systemorientierten Ansatzes der Betriebswirtschaftslehre auf den Funktionsbereich Logistik[58]. Der Ausgangspunkt hierbei ist, dass die logistischen Aufgaben nur dann effizient erfüllt werden können, wenn alle dafür erforderlichen Prozesse und deren Interdependenzen als Ganzheit betrachtet werden.

---

[58] Vgl. *Dubbert* (1991)

2.11 Logistik als flussorientiertes Netzwerkmanagement

Unter Logistikkonzeption ist ein spezifischer systematischer Ansatz zu verstehen, dem in den Wirtschaftswissenschaften der individualistische und holistische Ansatz gegenüberstehen[59]. Der individualistische Ansatz konzentriert sich auf die Betrachtung einzelner Akteure oder Entscheidungen in Wirtschaftssystemen und abstrahiert mehr oder weniger stark von der Einbindung dieser Akteure in größere Interaktionszusammenhänge mit anderen Akteuren[60].

Die Logistikkonzeption baut auf den Grundlagen des systemischen Ansatzes[61] auf und entwickelt diesen in spezifischer Weise fort[62]. Bei aller prinzipiellen Plausibilität des Systemansatzes besteht sein besonderes Problem schon immer in seiner übergroßen Allgemeinheit. Sie besteht zum einen in der Frage der Abgrenzung eines Systems von seiner Umwelt, ohne das Universum als ganzes in die Betrachtung einzubeziehen[63]. Zum anderen fehlt es dem allgemeinen Systemansatz an Anhaltspunkten für eine gezielte Analyse der zwischen den Systemelementen existierenden Interaktionen[64]. Genau hier setzt die Logistikkonzeption auf. Sie konkretisiert den allgemeinen Systemansatz insofern, als sie Wirtschaftssysteme in besonderer Weise, nämlich als Transfersysteme interpretiert. Damit rücken all jene Vorgänge, die den raum-zeitlichen Transfer von Objekten - im Prinzip jeder Art - betreffen, in den Mittelpunkt logistischer Betrachtungen. Die Personen und Einrichtungen, die Ausgangs- oder Endpunkt von Transfervorgängen sind, bilden die Elemente logistischer Systeme. Die Beziehungen zwischen ihnen bilden eben diese Transferprozesse. Die allgemeinen Begriffe des systemischen Ansatzes - Elemente und ihre Beziehungen - finden somit in der Logistikkonzeption eine spezifische Konkretisierung.

Vor diesem Hintergrund findet der logistische Systemansatz seine zentrale Funktion in zwei grundlegenden Ansatzpunkten für die Analyse und Gestaltung logistischer Systeme, dem *Netzwerkmodell* und der *Flussperspektive*[65]. Diese Konzeptmerkmale besagen gemeinsam, arbeitsteilige Wirtschaftssysteme als Flüsse von Objekten in Netzwerken zu interpretieren. Diese Perspektive, die auch als das Paradigma der Logistikkonzeption bezeichnet wird, greift zurück auf Grundlagen der mathematischen Graphentheorie. In deren Konzept beschreiben Netzwerke die Elemente und Beziehungen von Systemen, wobei die Systemelemente durch Knoten und zwischen ihnen bestehende Relationen durch Kanten modelliert werden. Da aus logistischer Sicht die Kanten eines Netzwerkes die Transferprozesse repräsentieren, die

---

[59] Vgl. *Delfmann* (1999. S. 40)

[60] Vgl. *Fresse* (1992)

[61] Vgl. *Klaus* (2000, S. XV)

[62] Vgl. *Klaus* (1999)

[63] Vgl. *Pfohl* (2000, S. 26)

[64] Vgl. *Göpfert* (2000, S. 67)

[65] Vgl. *Weber* (1994, S. 169)

raumzeitlich gerichtet sind, werden logistische Netzwerke auch als Flussnetze bezeichnet[66].

Das Spezifikum der Logistik-Konzeption besteht darin, dass die Prozessabläufe in arbeitsteiligen Wirtschaftssystemen als Flüsse von Objekten in Netzwerken interpretiert werden. In diesem Sinne sind Wirtschaftssysteme jeder Art stets auch logistische Systeme.

Für die Kennzeichnung der Logistik-Konzeption ist es wichtig, zwischen dem logistischen *Kernbereich* (vgl. Abb. 1) und den *Ausstrahlungseffekten* der Logistik-Konzeption auf Unternehmensbereiche jenseits dieses Kernbereiches zu unterscheiden[67]. Der Kernbereich umfasst die originären Aufgabenfelder, die sich unmittelbar auf den Transfer von Gütern beziehen. Hierzu zählen sowohl Transport, Lagerung, Umschlag und Kommissionierung als auch informatorische Auftragsabwicklung.

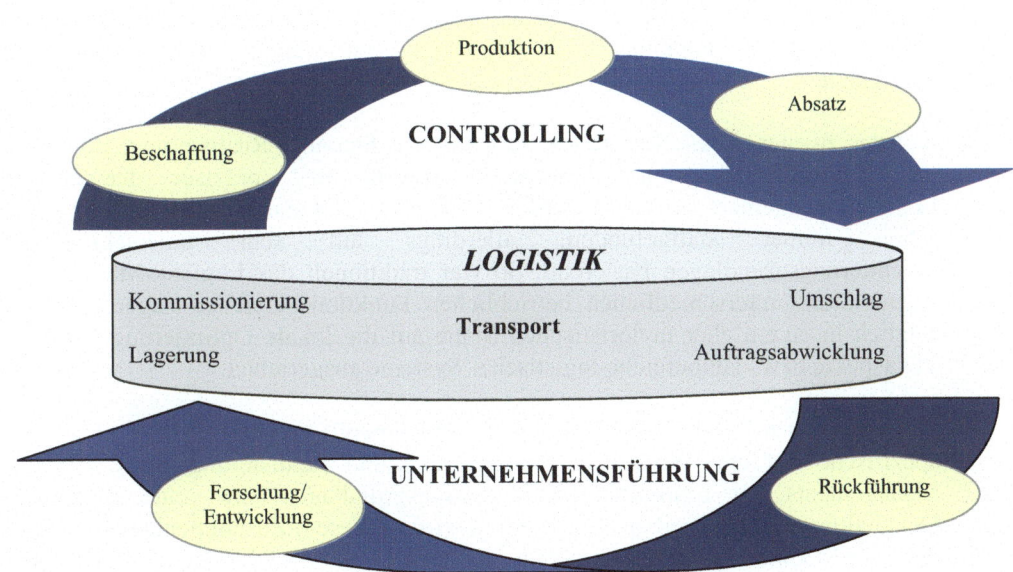

Abbildung 1 : Die Kernelemente der Logistik-Konzeption

Logistische Aufgabenstellungen in diesem Sinne fallen in allen Teilabschnitten der Wertschöpfungskette von Unternehmen an. Deshalb bestehen enge Interdependenzen zwischen ihrer Bewältigung und den nicht logistischen Aufgabenstellungen entlang der Wertschöpfungskette oder besser des Wertschöpfungskreislaufs, der die Funktionsbereiche der Forschung und Entwicklung, der Beschaffung, Produktion und

---

[66] Vgl. *Weber/Kummer* (1994)

[67] Vgl. *Felsner* (1980)

des Absatzes sowie der Ruckführung von Gütern in den Wertschöpfungskreislauf umfasst[68]. Darüber hinaus strahlt die Logistik-Konzeption bis in den Bereich Controlling und Unternehmensführung aus. Voraussetzung für die Umsetzung der Logistik-Konzeption ist eine adäquate Ausrichtung der Führungsfunktionen an deren konzeptionellen Anforderungen im Sinne einer „logistikgerechten Unternehmensführung"[69]. Dies betrifft Planung und Kontrolle, Informationsmanagement und Controlling, Organisation, Personalwesen und Finanzierung gleichermaßen, wenn auch in unterschiedlichem Ausmaß.

Vor diesem Hintergrund sind drei Ebenen der Verwendung des Logistikbegriffes zu unterscheiden.

- Auf der unteren Ebene bezeichnet Logistik einen bestimmten Gegenstandsbereich, nämlich die dem räumlichen und zeitlichen Transfer von Objekten[70] jeder Art (vor allem aber Güter und Informationen) dienenden Strukturen und Prozesse. Hierzu gehören die „klassischen" Einrichtungen und Prozesse des logistischen Kernbereichs[71]: der Transport, die Lagerhaltung, die Auftragsabwicklung sowie der Umschlag, die Handhabung und Verpackung. Sie werden als Logistiksysteme bezeichnet.

- Auf der zweiten Ebene bezeichnet Logistik die Planung, Realisierung, Steuerung und Kontrolle derartiger Systeme[72]. Hierfür soll präziser der Begriff Logistikmanagement verwandt werden[73]. Auch Logistikmanagement hat im Prinzip schon immer stattgefunden, allerdings auf sehr unterschiedlichen Orientierungsgrundlagen basierend. So war traditionell das Logistik-Management fragmentiert, unterschiedlichen betrieblichen Funktionsbereichen zugeordnet und folglich in einem eher tayloristischen Sinne auf die lokale Optimierung einzelner Teilaspekte bzw. Teilbereiche logistischer Systeme ausgerichtet.

- Schließlich wird der Begriff Logistik zunehmend verwendet, um eine ganz spezifische Art und Weise der Konzipierung und Realisierung eines Logistik-Managements auf bestimmten Orientierungsgrundlagen bzw. eine spezifische Denkhaltung zu beschreiben. Nicht selten wird in diesem Zusammenhang auch von der *Logistikphilosophie* gesprochen[74]. Hiermit ist die Umsetzung der oben skizzierten systemischen Logistikkonzeption gemeint. Sie zielt ganz generell darauf ab, die Wechselwirkungen der interdependenten Prozesse in Wertschöpfungssystemen im Sinne des Systemansatzes zu erfassen[75] und bei

---

[68] Vgl. *Pfohl* (1980, S.14)

[69] Vgl. *Felsner* (1980)

[70] Vgl. *Göpfert* (2000, S. 68)

[71] Vgl. *Ihde* (1985)

[72] Vgl. *Göpfert* (2000, S. 675)

[73] Vgl. *Dubbert* (1991)

[74] Vgl. *Ihde* (1985)

[75] Vgl. *Göpfert* (2000, S. 26)

Gestaltungs- und Steuerungsentscheidungen zu berücksichtigen. Hieraus ergibt sich die Notwendigkeit, eine interfunktionale und darüber hinaus interorganisatorische Perspektive einzunehmen. Die Zusammenarbeit verschiedener Aufgabenträger in Logistiksystemen rückt damit besonders in den Mittelpunkt des Interesses. Wertschöpfungsprozesse zielen stets auf die Erstellung von Leistungen, die der Befriedigung von Kundenbedürfnissen dienen bzw. Kundennutzen schaffen sollen. Deshalb stellt die Kundenorientierung die Leitlinie für die Gestaltung und Steuerung der gesamten Wertschöpfungskette dar. Ein spezifisches Merkmal der Logistikphilosophie ist in diesem Zusammenhang, dass die gesamte Abfolge von arbeitsteiligen Wertschöpfungsprozessen als Abfolge von Lieferanten-Kunden-Beziehungen - Kundenkette - interpretiert wird[76], so dass der Gedanke der Kundenorientierung extern wie intern gleichermaßen von Bedeutung ist. Diesem outputbezogenen Aspekt steht der inputbezogene Aspekt des Systemkostendenkens gegenüber. Er besagt, dass für die Beurteilung der Effizienz von Logistiksystemen den Wechselwirkungen der Kosten in unterschiedlichen Teilbereichen bzw. Teilprozessen besondere Bedeutung zukommt.

Wenn sich auch mittlerweile ein weitgehender Konsens hinsichtlich der grundlegenden Merkmale der moderner Logistikkonzeption herausgebildet hat, so lassen sich doch immer noch unterschiedliche Interpretationen dieser Konzeption ausmachen, die für die theoretische Weiterentwicklung, vor allem aber für die praktische Umsetzung der Logistik-Konzeption von erheblicher Tragweite sind.

- In einer ersten Interpretation bezieht sich die Logistikkonzeption ausschließlich auf die Transferaktivitäten im Wirtschaftsprozess. Wie oben schon erwähnt wurde, wird hierbei nicht selten in Anlehnung an die begrifflichen Wurzeln der Logistik im militärischen Bereich die Hauptaufgabe der Logistik in der physischen Versorgung von Bedarfprodukten bzw. Märkten mit Gütern gesehen. Die Konzentration auf Transfer- bzw. Überbrückungsleistungen rückt auch die Transport- und Verkehrsysteme in und zwischen Volkswirtschaften in den Blickpunkt der Logistik[77]. So bilden denn auch nach wie vor Transferprozesse ohne Zweifel einen Eckpfeiler logistischer Analysen. Ein Grundproblem dieser Sichtweise besteht aber darin, dass eine Reduktion der Logistikkonzeption auf Transferprozesse dem selbstgesetzten Anspruch auf eine ganzheitliche[78], dem Systemdenken verpflichtete Betrachtung von Wertschöpfungssystemen im Ansatz widerspricht. Es wird dem Kreis etablierter betrieblicher Funktionsbereiche lediglich ein neuer, wenn auch „querschnittsorientierter " Funktionsbereich hinzugefügt[79]. Die Problematik einer derartigen funktionalen Beschränkung wird besonders deutlich, wenn man sich die mangelnde Abgrenzbarkeit zwischen Transfer- und physischen Transformations-prozessen in modernen integrierten Fertigungssystemen vor Augen führt.

---

[76] Vgl. *Ihde* (1985)

[77] Vgl. *Pfohl* (1980)

[78] Vgl. *Pfohl* (2000a, S. 26)

[79] Vgl. *Pfohl* (1980)

- Eine zweite Interpretation der Logistik-Konzeption zielt auf die Koordination wirtschaftlicher Aktivitäten im Hinblick auf die Maximierung von Güterverfügbarkeit ab. Dadurch bildet die querschnittsorientierte Koordination und Integration jeglicher Wirtschaftsprozesse den Schwerpunkt logistischer Analyse. Zur Sicherung der Verfügbarkeit von Gütern an den Bedarfspunkten wird die material- und warenbezogene Koordination der interdependenten Prozesse der *logistischen Kette* zum Erkenntnisobjekt der Logistik erhoben. Nun bildet aber die wirtschaftliche Koordination arbeitsteiliger Prozesse in und zwischen Unternehmungen schon immer eine fundamentale Aufgabe des Managements. Diese Interpretation der Logistik-Konzeption setzt sich damit - wie andere „neue" Management-Konzeptionen[80] zuvor - dem Vorwurf eines „Omnipotenzanspruches" aus[81].

- Die dritte Auslegung der Logistik-Konzeption sieht deren Kerngedanken in einer spezifischen „Weltsicht", die Wertschöpfungssysteme als Fließsysteme interpretiert und hierüber zu einem spezifischen Gestaltungsansatz, eigenständigen Kriterien und Bewertungen gelangt[82]. Logistik wird damit zu einer spezifischen Perspektive des Managements, die neben anderen denkbaren und notwendigen Perspektiven existiert[83]. Die Weltsicht der Logistik drückt sich zunächst darin aus, dass wirtschaftliche Phänomene als Flüsse in Netzwerken interpretiert werden[84]. Die flussorientierte Netzwerkperspektive erlaubt es, arbeitsteilige Wertschöpfungs-prozesse auf verschiedenen Betrachtungsebenen und in verschiedenen Betrachtungsdimensionen zu verfassen. Sie wird konkretisiert durch die Fokussierung auf die transferspezifischen Eigenschaften von Strukturen und Prozessen (Prozessketten) von Wertschöpfungssystemen. Leitbild logistischer Gestaltung ist vor diesem Hintergrund die Metapher des „Fließens"[85], d.h. einer räumlich und zeitlich möglichst gleichmäßigen, ununterbrochenen und aufeinander abgestimmten Abfolge von Aktivitäten und Prozessen, die auf die Befriedigung von Kundenbedürfnissen zielen. Dieser Flussgedanke ist eng verwandt mit der in verschiedenen theoretischen und pragmatischen betriebswirtschaftlichen Ansätzen erkennbaren und neuerdings stark propagierten Prozessorientierung. Diese findet sich z.B. im sog. Wertkettenkonzept, in den Konzepten ablauforganisatorischer Gestaltung, im sog. „organizational process paradigm" der Managementlehre in den Prozessmanagementansätzen der Unternehmenstheorie und -praxis[86]. Die Logistikkonzeption bietet diesen Ansätzen zum einen eine gemeinsame Basis, geht zum anderen aber über sie insofern hinaus, als sie mit der Umsetzung des Flussgedankens konkrete Handlungsleitlinien der Prozessgestaltung liefert.

---

[80] Vgl. *Baumgarten/Walter* (2001, S. 3)

[81] Vgl. *Weber/Kummer* (1994)

[82] Vgl. *Weber* (2002b, S.19)

[83] Vgl. *Felsner* (1980)

[84] Vgl. *Weber* (2002, S. 28)

[85] Vgl. *Pfohl* (1993)

[86] Vgl. *Klaus* (1993)

2.12 Netzwerkmodell und Flussperspektive als Kernelemente der Logistik

Wie schon oben betrachtet wurde, steht eine Flussorientierung im Mittelpunkt der Analyse systemischer Logistikkonzeption. Diesem Leitgedanken folgend zielt die Logistik auf die bereichs- und unternehmensübergreifende Optimierung des Flusses von Objekten in Netzwerken, womit die lokale Optimierung gegenüber der Optimierung des Gesamtsystems in den Hintergrund tritt. Auf dieser Grundlage werden das Netzwerkmodell und die Flussperspektive als Kernelemente der vorstehend skizzierten Logistikkonzeption gekennzeichnet.

Mit der Flussperspektive wird der spezifische Systemansatz der Logistik konkretisiert. Während der allgemeine Systemansatz generell die Elemente von Systemen und die zwischen ihnen bestehenden Relationen untersucht, betrachtet die Logistik die Wirtschaftssysteme hinsichtlich der in ihnen raumzeitlich ablaufenden Flüsse von Gütern und Informationen, um sie zu analysieren, zu gestalten und zu steuern. Im Zusammenhang mit dem Grundprinzip des Systemansatzes, Systeme ganzheitlich und nicht fragmentarisch zu betrachten, wird die Flussperspektive der Logistik zu dem zentralen analytischen Ansatzpunkt der systemischen Logistikkonzeption geführt, um die vierstufigen und interdependenten Transferprozesse über den gesamten Wertschöpfungsprozess hinweg zu analysieren. Als Konsequenz ergibt sich daraus das Denken in Logistikketten als Charakteristikum der modernen Logistikkonzeption.

Im *Netzwerkmodell* werden Wertschöpfungsprozesse als Flüsse in Ketten und Netzen betrachtet. Das Netzwerkmodell spielt jeweils für die Gesamtüberlegungen von Logistiksystemen eine zentrale Rolle. Wirtschaftliche Vorgänge werden in Form von Objektflüssen in graphentheoretischen Modellen erfasst. Von diesen Modellen werden die Logistiksysteme in ihrer räumlichen und zeitlichen Struktur in sogenannten Graphen abgebildet. Graphen werden durch eine Menge von definierten Punkten (Knoten) und Verbindungen zwischen ihnen (Kanten) gekennzeichnet[87]. Zwischen den Kanten erfolgen die Objektflüsse, die in den Knoten verzweigen oder zusammenlaufen. Knoten und Kanten unterliegen Kapazitätsbeschränkungen. Ausgehend davon, dass die sogenannte Graphentheorie auf der Basis derartiger Modellstrukturen eine Reihe leistungsfähiger quantitativer Analysemethoden für logistische Fragestellungen zur Verfügung stellt, bietet das Netzwerkmodell die Grundlage für die Formulierung prinzipieller Leitlinien zur Gestaltung und Steuerung von Logistiksystemen.

Bei der Gestaltung der Flüsse in logistischen Netzwerken lassen sich im Wesentlichen drei grundlegende Aufgabenstellungen unterscheiden[88]:

- Erstens handelt es sich um die durch ein logistisches System verursachte *Kostensenkung*. Ansatzpunkte zur Kostensenkung bieten einerseits potentielle

---

[87] Vgl. *Klaus* (1993)

[88] Vgl. *Klaus* (1993)

Veränderungen der raum-zeitlichen Flusseigenschaften selbst und andererseits strukturelle Veränderungen.

- Zweitens ist die beim Objektfluss durch das logistische System geschaffene *Wertsteigerung* zu berücksichtigen. Im Mittelpunkt steht hier die Frage, wie die Verfügbarkeit der Objekte im System gesteigert bzw. wie Zykluszeiten beschleunigt werden können oder wie schnellere, kontinuierliche, besser kontrollierte Prozessverläufe realisiert werden können.

- Drittens geht es um die *Verbesserung der Anpassungs- und Veränderungsfähigkeit von Logistiksystemen*. Dies betrifft vor allem die Überwindung von Unterbrechungen eines Objektflusses durch Engpässe, Staustrecken oder unabgestimmte Schnittstellen sowie die Verkettung zwischen verschiedenen logistischen Teilsystemen.

Aus diesen Hauptleistungen lassen sich unmittelbar folgende Grundprinzipien ableiten:

➤ Netzkonfigurationen sind umso vorteilhafter, je

- kürzer, gerader und weniger unterbrochen die verketteten Prozesse zwischen kritischen *Quellen* und *Senken* sind[89],

- stärker zeitlich-räumlich aufeinander folgende Aktivitäten gebündelt und verkettet sind[90],

- enger die Kopplung bzw. je perfekter die Integration von physischen Flüssen und Informationsflüssen ist,

- weiter flussabwärts wertschöpfungsintensive, kundenspezifische Aktivitäten platziert werden[91].

➤ Objektflüsse sind umso vorteilhafter, je

- weniger „Medienbrüche" entlang des Flusses erfolgen[92],
- gleichmassiger und rascher der Fluss ist,
- frühzeitiger, robuster und integrierter eine Fehlervermeidung einsetzt,
- größer die Abstimmung der Flüsse an Schnittstellen ist.

---

[89] Prinzip der kürzesten Wege, der Kettenverkürzung und Netzvereinfachung
[90] Prinzip der Relationsbildung
[91] Postponement Prinzip
[92] Prinzip der Objektvereinheitlichung, Forderung nach Durchgängigkeit der Ketten

➤ Die Steuerung der Flüsse ist umso vorteilhafter, je

- stärker sie bedarfs- bzw. engpassorientiert erfolgt, d.h. je stärker das so genannten Pull-Prinzip[93] zur Anwendung kommt,
- individualisierter und objektnäher die Steuerung erfolgt,
- stärker Selbststeuerungssysteme zur Anwendung kommen.

Die Leitlinien der Netzwerkgestaltung gelten unabhängig von der Verteilung der Einzelaktivitäten auf unterschiedliche Aufgabenträger. Das bedeutet, dass Wertschöpfungssysteme als ganzes nach diesen Prinzipien zu gestalten sind. Das Netzwerkmodell entspricht insoweit dem Anspruch der Logistik, eine schnittstellen- und unternehmensübergreifende Perspektive einzunehmen, es setzt ein systematisches Denken voraus[94] und erfordert die Kooperation der Partner in Wertschöpfungssystemen.

---

[93] Das Pull-Prinzip ist ein aus dem produktionswirtschaftlichen Bereich kommendes Konzept zur Steigerung von Prozessabläufen. Ausgangspunkt ist die Reorganisation der Fertigungsabläufe in Form von sequentiell angeordneten und durch geplante Puffer voneinander getrennten Produktionsinseln bzw. Segmenten

[94] Vgl. *Pfohl* (2000, S. 26)

3 Grundlagen der Verkehrslogistik

Arbeitsteiliges Wirtschaften macht den Austausch von Gütern erforderlich. Aus der Trennung von Güterbereitstellung und Güterverwendung resultieren vielfältige Überbrückungsbedarfe. Die elementaren Transformationsprozesse Produktion und Konsumtion sind durch Gütertransfers miteinander verknüpft. Der Transfer-, Transaktions- oder Zirkulationssektor stellt das Komplement von Produktion und Konsumtion insofern dar, als er zugleich resultierender wie bedingter Faktor der Organisation von Produktion und Konsumtion ist[95]: Einerseits ergeben sich die Überbrückungserfordernisse aus der Arbeitsteiligkeit, die Dislozierung und den Zeitstrukturen von Produktion und Konsumtion. Andererseits wird die strukturelle, räumliche und zeitliche Organisation der Transformationsprozesse durch die Transferbedingungen, etwa die Transportkosten und -zeiten, (mit-) bestimmt. Aus einer gegebenen Wirtschaftsleistung (z.B. Branchenumsatz oder Bruttoinlandsprodukt), verteilt auf die beteiligten Wirtschaftseinheiten und bestimmte Standorte, sowie gekennzeichnet durch eine spezifische industrielle Organisation (Betriebsgröße, Fertigungstiefe, Spezialisierung), resultieren konkrete Anforderungen in Bezug auf Art- und Mengenausgleich, Raumüberwindung und Zeitüberbrückung von Gütern. Dies ist der spezifische logistische Bedarf eines Wirtschaftssystems[96]. Dabei werden Art- und Mengenausgleiche zu Ordnungsleistungen zusammengefasst. Im Einzelnen handelt es sich um Sammel-, Sortier-, Kommissionier-, und Umschlagvorgänge. Die Raumüberwindung umfasst Transport- und Verkehrs-, die Zeitüberbrückung Lager- und Wartesysteme. Diese logistischen Prozesse konstituieren *Güterflusssysteme* und *logistische Systeme*. Logistische Systeme stellen funktionale Subsysteme arbeitsteilig organisierter Wirtschaftsysteme dar[97].

Mit der Kennzeichnung der Produktion und Konsumtion als ökonomische Basissektoren ist keineswegs die Vorstellung von einstufigen Überbrückungs- oder Austauschbeziehungen verbunden. Vielmehr sind erstmalige Güterbereitstellung (z.B. die Rohstoffgewinnung) und letztendliche Verwendung über vielstufige Transformations- und Transferprozesse zu den Wertschöpfungsketten miteinander verknüpft und dies zudem nicht nur in einer Richtung hin zu Ver- oder Gebrauch, sondern auch gegenläufig in Gestalt von Entsorgungs- und Widerverwendungskreisläufen.

Der Umfang der Sektoren Produktion, Konsumtion und Transfer sowie ihre gegenseitige Abgrenzung ist situationsbedingt unterschiedlich und veränderlich. Die Übergänge selbst sind fließend, Transformation und Transfer sind nicht eindeutig abgrenzbar. Wenn die Transformationsprozesse als die ökonomischen Basisprozesse insofern angesehen werden, als aus ihnen Transferleistungen abgeleitet werden[98], dann kann sich diese Feststellung nur auf eine Augenblicksaufnahme aus dem dynamischen

---

[95] Vgl. *Ihde* (1991)

[96] Vgl. *Isermann* (1998)

[97] Vgl. *Pfohl* (1996)

[98] Vgl. *Diruf* (1980 S.2)

Entwicklungsgang des Gesamtsystems beziehen. Das Wachstum und vor allem die Strukturveränderungen der Wirtschaft verändern diesen Bedarf an Ordnungs-, Überbrückungs- und Ausgleichsleistungen. Verringern Unternehmungen z. B. ihre Fertigungstiefe oder verlagern Produktionsstandorte, so verändern sich die jeweiligen Ausgleichsleistungen. Das ergibt folgendes System interdependenter Einflussfaktoren (vgl. Abb. 2).

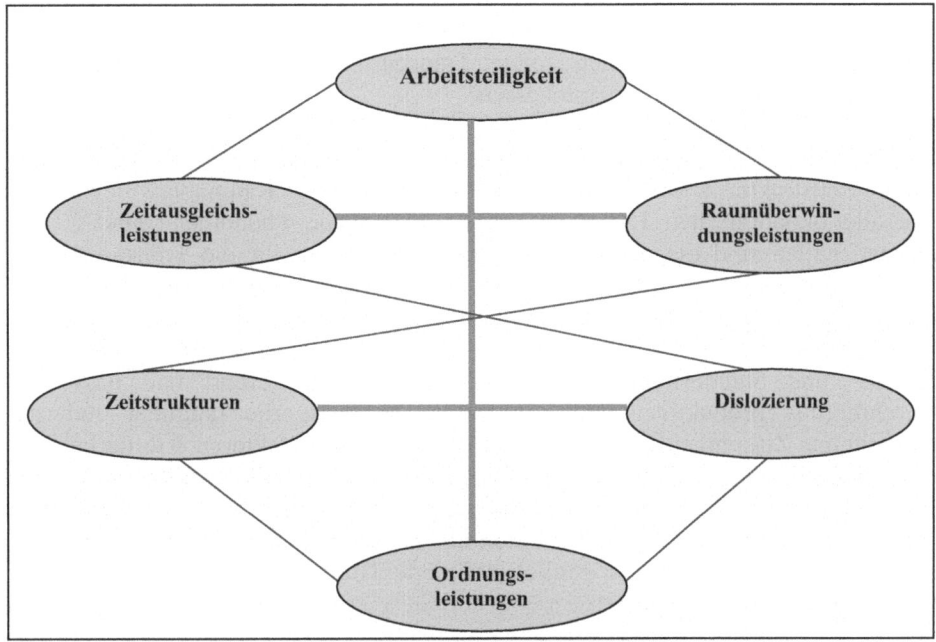

Abbildung 2: Das System interdependenter Einflussfaktoren

Im Zusammenhang mit den natürlich-technischen Rahmenbedingungen sowie dem sozioökonomischen Entwicklungsgrad der einzelnen Volkswirtschaften haben die Ausgleichsfunktionen eine wechselnde Bedeutung. Dabei ist davon auszugehen, dass mit der gesamtwirtschaftlichen Entwicklung eine Bedeutungsverschiebung von den Raumüberwindungs- zu den Zeitausgleichs- und Ordnungsleistungen verbunden ist. Andererseits gehen von den herrschenden logistischen Bedingungen und Leistungen entscheidende Impulse für Wachstum und Strukturwandel der Wirtschaften aus.

3.1   Abgrenzung und Definition von Transport- und Verkehrsleistungen

Transporte sind als Vorgänge zu bezeichnen, die die Raumkoordinationen von Gütern verändern. Transportleistungen sind dementsprechend Ortsveränderungen von Gütern. Diese Definition knüpft an drei Kriterien an – Bereitstellungsort, Bestimmungsort, Transportobjekt - und ist insofern recht eng[99]. Der Transport ist also ein technisch-organisatorischer Leistungsprozess der physischen Ortsveränderung von Gütern und Personen. Transportmittel, Transportkapazitäten, Transportwege, -weiten, -geschwindigkeiten und -zeiten sowie Transportmengen sind die Planungs- und Leistungsgrößen von Transportprozessen.

Von besonderer Bedeutung für die Aufwendung von Transport- zu Verkehrsleistungen ist ihre Zeitstruktur. Dieser Umstand resultiert daraus, dass Raumüberwindungsbedarfe wie alle ökonomischen Entscheidungen zeitbezogene Phänomene sind[100]. In den meisten Fällen sind die zeitlichen Rahmenbedingungen für die Transportleistungen exakt vorgegeben. (Fahrpläne, Termine und Anlieferungszeitfenster bestimmen das Bild). Abweichungen von diesen Zeitmustern führen zu Schlechtleistungen, stiften keinen Nutzen und verursachen häufig Schäden. Das umso mehr, als die verstärkte Arbeits- und Standortteiligkeit der Wirtschaft dazu geführt hat, dass für die Durchführung produktiver und konsumtiver Prozesse die räumlich und zeitlich abgestimmte Zusammenführung von immer mehr Einsatzfaktoren erforderlich ist. Die unzureichende zeitliche Abstimmung führt daher schnell zu Stillstands- und Leerzeiten oder erhöhten Beständen. Diese Sichtweise zielt bereits auf die Sicherstellung spezifischer materieller Verfügbarkeiten als zentrale Logistikfunktion. Jede art- und mengenmäßige, räumlich und zeitlich definierte Transferbeziehung konstituiert einen logistischen Elementarprozess.

3.2   Charakterisierung logistischer Leistungen

Die Entwicklung von Transporten und Verkehrsleistungen zu logistischen Leistungen ist nicht mehr nur durch einen nochmals erweiterten Leistungsumfang bzw. weitere spezifische Leistungsmerkmale gekennzeichnet, sondern durch eine veränderte Betrachtungsweise. Logistische Problemlösungen sind spezifische, vergängliche und virtuelle oder nachhaltige und institutionalisierte Funktionsbündel. Dabei umfassen diese Funktionsbündel stets physische Manipulationen von Gütern, in Bezug auf deren art- und mengenmäßige, räumliche und spezifische Merkmale. Insofern sind logistische Leistungen durch Transport-, Lager(haltungs-)- und Umschlagprozesse bestimmt[101].

---

[99] Vgl. *Ihde* (2001, S.10)

[100] Vgl. *Schäfer* (2002. S.52)

[101] Vgl. *Ihde* (2001, S.10)

Logistische Leistungen sind das Ergebnis von Leistungserstellungsprozessen, die spezifische, durch art- und mengenmäßige, räumliche und zeitliche Merkmale gekennzeichnete Anfangs-Ausgangs-Zustände von Gütersystemen in andere, angestrebte Zustände transformieren[102].

Weiterhin ist für die Definition und Abgrenzung von Logistikleistungen die gesamthafte Perspektive kennzeichnend[103]: Der arbeitsteilig organisierten Wirtschaft von heute und dem immer schnelleren industriellen Strukturwandel genügen weder die isolierte Betrachtung und Optimierung von Transport-, Lager- oder Umschlagleistungen noch die Beschränkung der Analyse auf die Probleme einzelner Institutionen. Eine in diesem Sinne eingeschränkte Betrachtungsweise und die isolierte Gestaltung einzelner Leistungsprozesse würden dem Gebot der optimalen Ressourcenallokation nämlich nur dann genügen, wenn Produktion und Konsumtion fest vorgegeben und die daraus resultierenden Überbrückungsbedarfe in art- und mengenmäßiger, räumlicher und zeitlicher Hinsicht festgeschrieben wären[104]. Mit anderen Worten: Es würde vorausgesetzt, dass die Logistik das Ergebnis, die Resultate und das Komplement sei zu unabhängigen, vorgegebenen Produktions- und Konsumtionsprozessen. Diese Annahme entspricht der herkömmlichen Sichtweise des Verkehrs als Diener der Wirtschaft.

Logistische Leistungen bewirken nicht nur bestimmte art- und mengenmäßige, räumliche und zeitliche Veränderungen der Güter im Hinblick auf die einschlägigen Anforderungen der zugehörigen Güterbereitstellungs- und Güterübernahmesysteme, sondern sie sind durch dynamische Wechselwirkungen mit der Leistungsstruktur und dem Leistungsumfang der vor- und nachgelagerten Produktions- und Konsumtionsprozesse gekennzeichnet. Unter diesen Bedingungen können isolierte, auf Ausschnitte der Wertschöpfungskette beschränkte Optimierungen nur suboptimale Lösungen für die gesamte Prozesskette ergeben. So geht es z. B. nicht nur um die Abstimmung von Liefermengen, -frequenzen oder -zeitfenstern. Vielmehr sind auch Vereinbarungen erforderlich über kompatible Verpackungen und Transportmittel und den passenden Fertigungsgrad der Produkte, um ihre integrale Qualität[105] zu gewährleisten, etwa die Verbau- und Montagefähigkeit für die nachfolgenden Prozessschritte.

---

[102] Vgl. *Isermann* (1999 S.76).

[103] Vgl. *Klaus* (1998)

[104] Vgl. *Isermann* (1994)

[105] Vgl. *Pfeiffer* (1965)

3.3 Entwicklung von Güterflusssystemen

Im Einzelnen sind die Transportgüter in den vielfältigen Produktionsleistungen gesteckt. Dadurch sind weitreichende Ge- und Verbrauchsmuster vorprogrammiert und dies um so mehr als im Zuge der sozioökonomischen Entwicklung an die Stelle von unspezifischen, austauschbaren Massengütern zunehmend kundenspezifische, individualisierte Produkte treten[106]. Die art- und mengenmäßige, räumliche und zeitliche Struktur der Güterströme ist eben nicht nur eine Frage der Transportorganisation, sondern sie ist z. B. von der Zusammenfassung einzelner Transporte zu Sammelladungen, und von der fertigungswirtschaftlichen Zusammenfassung vielfältiger Einsatzgüter abhängig. Besonders wichtig wird dieser Umstand z. B. beim Beschaffungskonzept (modular sourcing)[107] oder bei zeitlichen Abhängigkeiten. So ist die Reaktionszeit, mit der ein Unternehmen im Wettbewerb auftritt, keineswegs und immer weniger nur eine Frage der eigenverantworteten Durchlaufzeiten in der Produktion und Distribution. Vielmehr gewinnt, etwa in folge verringerter Fertigungstiefe, die Leistungsfähigkeit des vorgeschalteten Beschaffungsnetzwerkes immer mehr Bedeutung für Laufzeit und Lieferflexibilität.

Diese wertschöpfungsübergreifende Betrachtungsweise wird umso wichtiger, als sich die unternehmensbezogenen Fertigungstiefen und die institutionalisierte Arbeitsteilung immer schneller verändern. Hierbei ist die Logistik, etwa durch ihre verbesserten Leistungen eine entscheidende Treibkraft dieser Entwicklung[108].

Es muss darauf hingewiesen werden, dass der Verkehrssektor immer weniger einen Restbedarf an raumzeitlicher Überbrückung befriedigt. Es ist vielmehr so, dass die Überbrückungsbedingungen auf den Bedarf selbst zurückwirken und das nicht nur in dem oben skizzierten Sinne von räumlichen und zeitlichen Rückwirkungen, sondern auch derart, dass Produktionsprozesse und Verbraucherverhalten inhaltlich verändert werden: Produktion kann durch Transport und Transport durch Produktion ersetzt werden[109]. Diese Kosten- und leistungsmäßigen Wechselwirkungen erlauben es nicht, die Ausschnitte Transformation und Transfer unabhängig voneinander und für sich genommen zu organisieren[110]. Die materiellen Interdependenzen und der fließende, nie eindeutig festgeschriebene Übergang zwischen Transformations- und Transportprozessen machen es erforderlich, die Analyse über Transport-, Umschlag- und Lagerprozesse hinaus auszudehnen auf *Güterflusssysteme*. Die Systemgrenzen sind durch die Nichtexistenz güterflussbezogener Interdependenzen definiert.

---

[106] Vgl. *Pfohl* (1990)

[107] Modular sourcing ist eine Beschaffungsstrategie, die durch die Fremdvergabe von Montagetätigkeiten an Systemlieferanten, die als Generalunternehmer die Koordination der Material- und Teileströme zwischen ehemaligen direkten Zulieferern und dem Abnehmer eigenverantwortlich durchführen, gekennzeichnet ist.

[108] Vgl. Just-in-time-Fähigkeit

[109] Vgl. *Predöhl* (1964 S.12)

[110] Vgl. *Delfmann* (1999, S. 40)

Die logistische Betrachtungsweise wird dadurch gekennzeichnet, dass die Wertschöpfungssysteme als Güterflusssysteme gesehen werden. Dabei stellen die einzelnen Güterstromnetze spezifische Abfolgen verketteter Transfer- und Transformationsprozesse dar, von Prozessen also, die aufeinender bezogen sind und die Güterströme art- und mengenmäßig, räumlich und zeitlich verändern bzw. zielgerichtet entwickeln.

Im Zuge der wirtschaftlichen Entwicklungen werden die Güterflusssysteme immer komplexer und veränderlicher. So haben alle wesentlichen Veränderungen, die den wirtschaftlicher Strukturwandel prägen (die Globalisierung von Beschaffung, Produktion und Absatz, die Restrukturierung der unternehmerischen Wertschöpfungsprozesse i. S. veränderter Arbeitsteilung, das industrielle Größenwachstum und die Entstehung von Unternehmensnetzwerken) innovative Logistiksysteme zur Voraussetzung. Das zeigen die Güterflusssysteme, die diesen veränderten Wertschöpfungsstrukturen zugrunde liegen.

Die Güterflusssysteme können durch die Anzahl der *Güterquellen* und *Gütersenken* sowie die Anzahl der verbindenden *Güterströme* beschrieben werden. Durch die räumliche Ausdifferenzierung der industriellen Produktion (Standortvielfalt, Produktionsverbundsysteme) und die Erweiterung der Beschaffungs- und Absatzmärkte steigt die Anzahl der Elemente und Beziehungen. Dabei existieren zwischen den einzelnen Elementen immer weniger nur einseitig gerichtete, sondern zunehmend auch wechselseitige Beziehungen, z. B. in Form von gegenseitigen Belieferungen, Zwischenwerkverkehren sowie neben Ver- auch Entsorgungsströmen. Die einzelnen Elemente sind zudem nicht mehr nur direkt, sondern vermehrt auch über *Knotenpunkte* miteinander verknüpft[111] (z. B. Montagewerke, Zentralläger, Umschlagterminals, Güterverkehrszentren u. ä.). Die Beziehungsredundanz der Netze wächst, die Knotenpunkte weisen nach Maßgabe ihrer Stellung im Netz immer mehr Ein- und Ausgänge auf[112], allein schon als Folge der zunehmenden Variantenvielfalt und Differenzierung der Produkte. Ein Komplexitätssprung ergibt sich, wenn nicht nur zu einem gegebenen Zeitpunkt aktive Elemente und Verbindungen betrachtet werden, sondern auch die virtuellen Güteraustauschbeziehungen.

In der Abbildung 3 werden ausgewählte Grundmuster von Gütersystemen dargestellt. Die Unterschiede bestehen vor allem in Bezug auf die Stufigkeit und die Funktionen der Knotenpunkte.

---

[111] Vgl. *Pfohl* (2000)

[112] Vgl. *Pfohl* (2000)

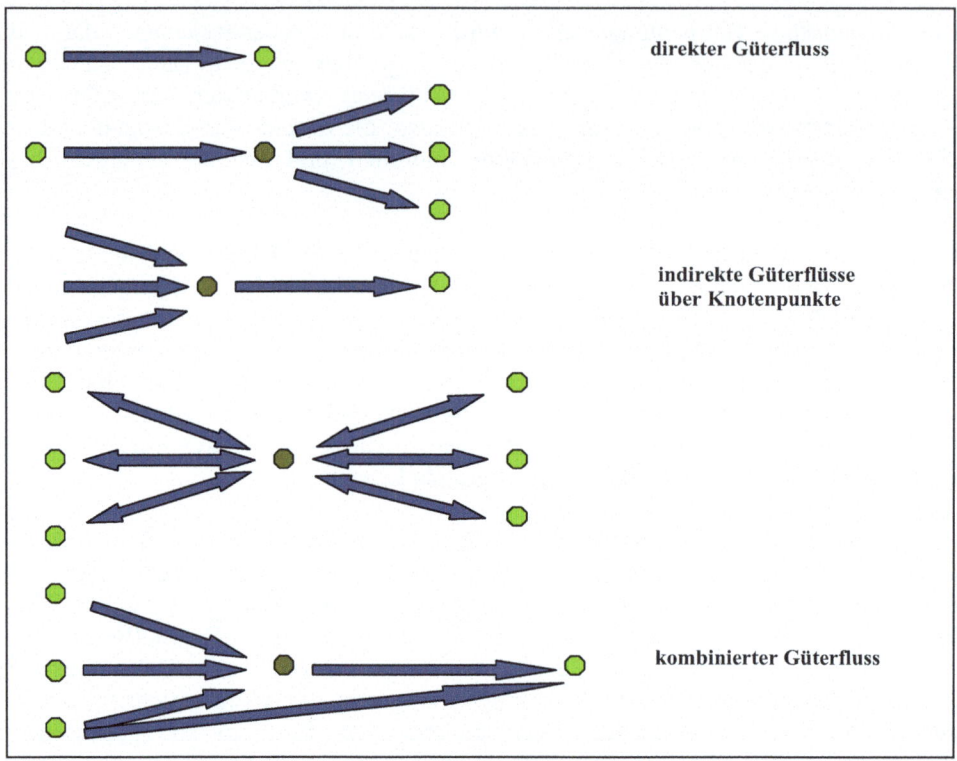

direkter Güterfluss

indirekte Güterflüsse
über Knotenpunkte

kombinierter Güterfluss

Abbildung 3: Güterflusssysteme

Durch die Bezugnahme auf konkrete Versorgungsziele, etwa die Versorgung ausgewählter Kunden oder Märkte mit bestimmten Gütern, werden aus den gesamtwirtschaftlichen Logistiksystemen individuelle *Güterflussnetzwerke* abgegrenzt. Diese metalogistischen Systeme[113] unterliegen einem eigenständigen Regime, das die Gestaltung, Steuerung, Durchführung und Kontrolle aller aufgabenbezogenen, funktional verknüpften Güterströme umfasst, von den Beschaffungsmärkten durch die Unternehmungen hindurch bis in die Absatzmärkte von Kunden. Diese Perspektive zielt auf die Sicherstellung materieller Verfügbarkeiten auf allen aufeinander bezogenen Stufen der Wertschöpfung ab. Das *Management von Versorgungsketten* (Supply Chain Management) koordiniert die Güterströme zwischen den jeweils als Kunden und Lieferanten miteinander verbundenen Gliedern der einzelnen Wertschöpfungsketten. Besondere Anforderungen an das Management von Versorgungsketten ergeben sich daraus, dass nicht nur intraorganisatorische, etwa unternehmensinterne, sondern vor allem interorganisatorische, unabhängige Marktpartner, Lieferanten, logistische Dienstleister und Kunden betreffende Regelungen erforderlich sind. Die Optimierung von Logistiknetzwerken erfordert daher neue Formen der Integration von Prozessen und Kooperation von Unternehmungen.

---

[113] Vgl. *Isermann* (1994)

Die Organisation der Logistikkette wird von der Orientierung und Ausrichtung der Teilprozesse auf die (End-) Kunden bestimmt. Sofern die Steuerung der Güterströme (Steuerungsinformationen) von deren Quelle, etwa dem Hersteller, ausgeht, der autonome Warenverteil- und Lieferentscheidungen trifft sowie Versand- und Transportaufträge erteilt, ergibt sich das Bild einer *Push-Logistik*[114] - eine Umsetzung des Bringprinzips. Bei dem Wechsel des Regimes der Logistikkette, wobei Kundenwünsche und konkrete Marktinformationen die Güterströme lenken, werden Versorgungsketten zu Nachfrageketten. Stufenweise von den (rück-) gekoppelten Nachfragen ergibt sich das Bild einer *Pull-Logistik*, dem operativen Vollzug des Holprinzips. Das Ausmaß, in dem konkrete Kundeninformationen die unternehmerischen Wertschöpfungsketten steuern, bestimmt u. a. die Anteile und fixiert das Entkoppelungsprodukt antizipativer, prognosebasierter von reaktiven, auftragsbezogenen Prozessen[115].

Nach dieser Analyse kann die Bilanz gezogen werden, dass die Definition der Logistik - Gestaltung und Steuerung von Güterflusssystemen - umfassender ist als eine Interpretation, die ausschließlich auf die Sicherstellung der Verfügbarkeit der „richtigen Gütern in der richtigen Menge am richtigen Ort zu richtigen Zeit" abzielt.

---

[114] Das Push-Prinzip wird häufig als konkurrierendes Prinzip zum Pull-Prinzip verstanden. Generell lässt sich die Funktionsweise eines nach dem Push-Prinzip gestalteten Produktions- bzw. Logistiksystems wie folgt beschreiben: Aufbauend auf einem gegebenen Plan (z. B. Produktionsplan, Distributionsplan) werden die aufeinander folgenden logistischen Aktivitäten (Transformation wie z. B. Produktions- oder Verpackungstätigkeiten) und die sie verbindenden Objektflüsse (Transfer, z. B. innerbetrieblicher Transport) durch das Logistiksystem geplant.

[115] Vgl. *Isermann* (1994)

4 Analyse von Logistiknetzwerken

Das ökonomische Handeln hat in den letzten Jahren einen Wandel erfahren. Höhere Innovationsgeschwindigkeiten, kürzere Produktlebenszyklen[116] und eine „fortschreitende Globalisierung"[117] führen Logistik zu den neuen Anforderungen. Entwicklungen im Bereich der Logistik haben weitreichende Folgen für die Wettbewerbsfähigkeit der Unternehmungen. Die konsequente Umsetzung ganzheitlicher Logistik-Strategien ermöglicht es, Wettbewerbsvorteile auf- oder auszubauen und nachhaltig zu sichern. Der Logistik fällt durch die fortschreitende Vernetzung der Welt in diesem Wettbewerb eine bedeutende Rolle zu. Global vernetzte Wirtschaftsstrukturen erfordern hochverfügbare Logistiksysteme, die die physische und informatorische Verbindung in und zwischen Unternehmen sowie mit ihren Kunden und Lieferanten gewährleisten.

Es ist heute davon auszugehen, dass lokale Optimierung in einzelnen Unternehmen nicht mehr ausreicht, um langfristig das Überleben der Unternehmen zu sichern. Durch die Optimierung der ganzheitlichen Logistikkette und eine kontinuierliche Neuorientierung sind noch erhebliche Potentiale vorhanden. Diese Optimierungen sind dann aber nicht mehr durch und in einem Unternehmen durchzuführen, sie sind nur durch gemeinsames und interaktives Handeln aller Akteure in Logistiknetzen möglich.

4.1 Entstehung von Logistiknetzwerken

Im Zentrum der wissenschaftlichen Diskussion zur Erklärung der Netzwerkentstehung stehen einerseits die Ansätze der **Neuen Institutionenökonomik**[118] und andererseits die Ansätze der **Interorganisationstheorien**.

In der Neuen Institutionenökonomik ist die **Transaktionskostentheorie**[119] hervorzuheben. Zentrale Frage der Transaktionstheorie, die von

---

[116] Vgl. *Thaler* (2001)

[117] Vgl. *Baumgarten* (2001)

[118] Als wesentliche Gemeinsamkeiten institutionsökonomischer Ansätze sind die Einbeziehung institutioneller Rahmenbedingungen (Verträge bilden die Grundlage der ökonomischen Aktivitäten von Institutionen), der methodologische Individualismus sowie die Berücksichtigung dynamischer Aspekte zu nennen. (*Stölzle,* 1999)

[119] Weitere Ansätze stellen die *Properity-Rights-Theorie* und die *Principal-Agent-Theorie* dar. Die Properity-Rights-Theorie wird auf die Begründung von Privateigentum gerichtet; so dass sie für weitere Überlegungen nicht bedeutungsvoll ist. Die Principal-Agent-Theorie dreht sich um die vertraglichen Beziehungen zwischen dem Principal (Auftraggeber) und dem Agenten (Auftragnehmer). (vgl. *Stölzle* 1999 S.63). Ein Anwendungsfall ist die Analyse von Zulieferer-Abnehmer-Beziehungen, insbesondere wenn es sich beim Lieferanten (Agent) um einen Systemlieferanten handelt. Damit ist der Erklärungsbeitrag dieser Theorie für die Entstehung von Netzwerken als eher gering einzustufen, so dass sie im Weiteren nicht vertieft werden soll.

© Springer Fachmedien Wiesbaden GmbH, ein Teil von Springer Nature 2005
G. Doborjginidze, *Analyse der Entwicklung intermodaler Logistik-Netzwerke in mittel- und osteuropäischen Ländern*, Edition KWV, https://doi.org/10.1007/978-3-658-24046-2_4

- begrenzter Rationalität, d.h. die Akteure sind bestrebt, rational zu handeln, jedoch gelingt ihnen dies aufgrund begrenzter Verfügbarkeit von Informationen und beschränkter Verarbeitungskapazität von Informationen nur bedingt, und

- opportunistischem Verhalten d.h., die Akteure verfolgen ihre Eigeninteressen wobei auch Manipulationen im Sinne von Informationsrückhaltung und Fälschung einbezogen sind,

ausgeht, bildet dabei die institutionelle Gestaltung ökonomischer Aktivitäten. Hierbei stellen *Märkte* und *Hierarchien* (Unternehmungen) die grundsätzlichen institutionellen Koordinationsformen von Transaktionen dar[120].

Durch die Netzwerke werden marktliche und hierarchische Elemente verbunden, wobei die Netzwerkorganisation einen eigenständigen Charakter gewinnt.

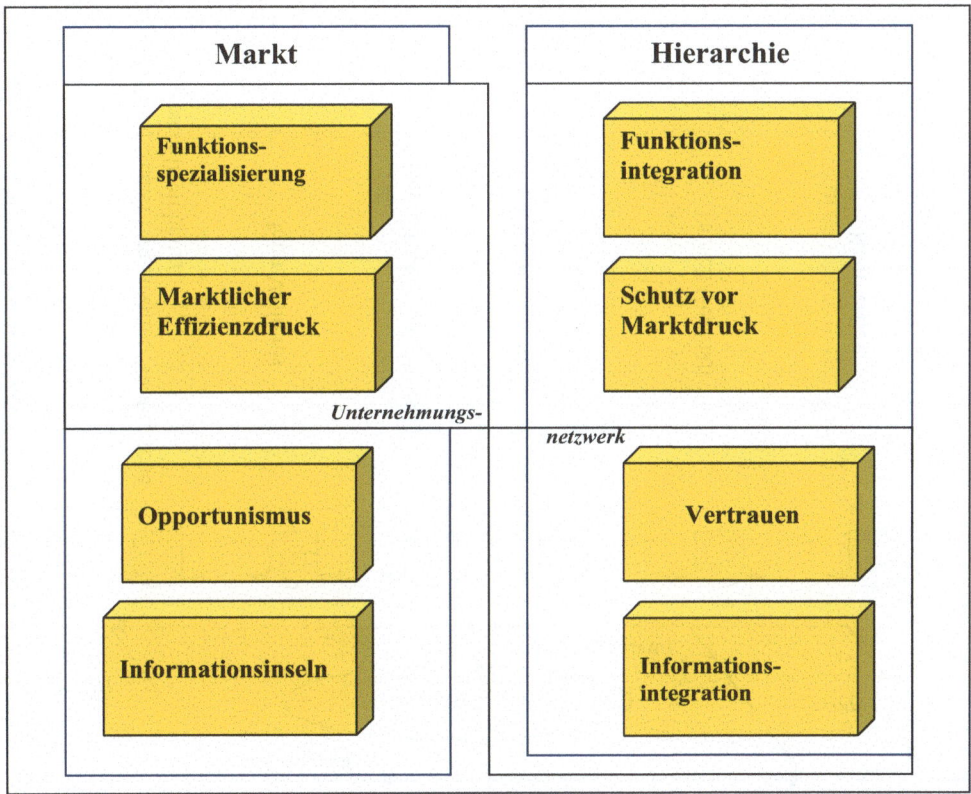

Abbildung 4: Unternehmungsnetzwerk als Kombination marktlicher und hierarchischer Elemente

---

[120] Vgl. *Hanke* (1993 S. 25)

Netzwerke „überlagern damit die Märkte und Hierarchien und sind ein hybrides Phänomen, in dem *Kooperation* und *Wettbewerb* nebeneinander existieren[121]. Sie charakterisieren sich als ein komplexes Zusammenspiel von wettbewerblichen und kooperativen Regelungsmechanismen[122]. Außer netzwerkinterner Konkurrenz gibt es aber auch die Konkurrenz zwischen unterschiedlichen Netzwerken[123].

Netzwerke werden dann als eigenständige Organisationsform zwischen *Markt* und *Hierarchie* eingeordnet.

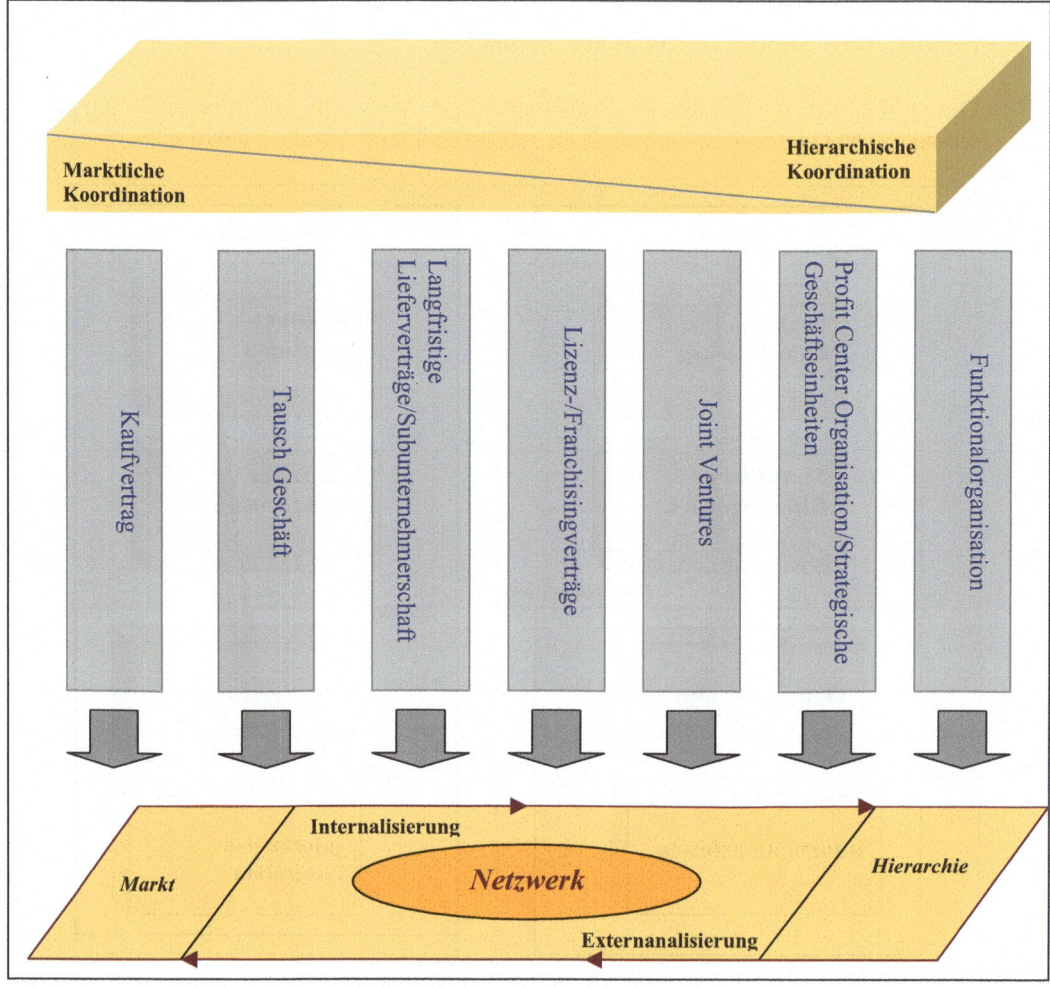

Abbildung 5: Unternehmungsnetzwerk zwischen Markt und Hierarchie

---

[121] So genannte Koopkurrenz (vgl. *Reiß*, 1998, S.226)

[122] Vgl. *Müller/Stewens* (1997)

[123] Vgl. *Beck* (1998, S.274)

Nach *Sydow* ist ein Unternehmungsnetzwerk „eine auf die Realisierung von Wettbewerbsvorteilen zielende, polyzentrische, gleichwohl von einer oder mehreren Unternehmungen strategisch geführte Organisationsform ökonomischer Aktivitäten zwischen Markt und Hierarchie, die sich durch relativ stabile Beziehungen zwischen rechtlich selbstständigen, wirtschaftlich jedoch zumeist abhängigen Unternehmungen auszeichnet".[124] Nach der Abbildung 5 entstehen Netzwerkorganisationen durch Funktionsexternalisierung und -Internalisierung, wodurch festzustellen ist, dass die ausgelagerten Funktionen unter der Kontrolle der ausgelagerten Organisation wahrgenommen werden[125].

4.2 Ressourcenorientierte Ansätze

Bei den Integrationstheorien spricht man über die **Austauschtheorie** und den **Resource-Dependence-Ansatz**[126]. Die Austauschtheorie stammt aus der Soziologie und dient zur Erklärung unterschiedlicher Formen sozialer Strukturen einschließlich intra- und interorganisatorischer Netzwerke. Ausgangspunkt dieses Ansatzes bildet

- die grundsätzliche Knappheit von Ressourcen, eine bloß ökonomische Annahme und
- die funktionale Spezialisierung der Teilnehmer

Unter diesen Voraussetzungen findet zwischen den Akteuren ein freiwilliger Austausch statt, wenn der Nutzen die Kosten des Austausches übersteigt, d.h., der Entscheidung für oder gegen eine Zusammenarbeit liegt ein rationales Nutzenkalkül zugrunde. Hierbei berücksichtigt die Austauschtheorie im Gegensatz zur Transaktionstheorie auch den Wert des physischen Austauschobjektes. Der einzelne Tausch bildet aber nur einen Akt im Rahmen einer länger anhaltenden sozialen Interaktion.

Da eine Unternehmung nicht über sämtliche, für ihre Leistungserstellung notwendigen Ressourcen verfügt, benötigt sie andere Unternehmungen, um mit ihnen einen Ressourcenaustausch zu vollziehen. Genau dies ist ein Ausgangspunkt des Resource-Dependence-Ansatzes. In der Situation knapper Ressourcen findet ein Ressourcenaustausch zwischen den Unternehmungen statt, wodurch sich die Handlungsautonomie der betrachteten Unternehmungen reduziert, da sie von externen Ressourcen abhängig sind. Genau hier entsteht die Notwendigkeit der Schaffung von Netzwerken, um diese (einseitigen) Abhängigkeiten zu reduzieren. Den Zweck der Netzwerksteuerung im Rahmen des Resource-Dependence-Ansatzes stellt die Reduzierung dieser Abhängigkeiten dar. Allerdings werden die Netzwerke hierbei mit

---

[124] Vgl. *Sydow* (1992 S.82)

[125] Vgl. *Well* (1996)

[126] Vgl. *Müller/Stewens* (1997)

gewissem Konfliktpotential charakterisiert, wodurch die Stabilität der Beziehungen in Frage gestellt wird.

Wenn eine Unternehmung einem Netzwerk beitritt, ist es das Ziel, den Zugang zu den Ressourcen anderer Netzwerkmitglieder zu erhalten. Hierfür ist die Unternehmung bereit, einen Teil ihrer Autonomie als selbständige Organisation aufzugeben. Dies kann als „Preis" interpretiert werden, den eine Unternehmung bezahlen muss, um im Gegenzug Zugang zu den Ressourcen anderer Netzwerkunternehmungen zu erhalten[127]. Dadurch entstehen im Netzwerk Ressourcenabhängigkeiten, die, je nach Art und Umfang, den Entscheidungsspielraum der einzelnen Unternehmungen restringieren. „So entsteht ein Spannungsverhältnis zwischen dem Bedürfnis nach Autonomie und der Abhängigkeit von Organisationen, die den Zugang zu überlebensnotwendigen Ressourcen kontrollieren."[128]

Der Austauschtheorie und dem Resource-Dependence-Ansatz ist damit gemeinsam, dass sie als ressourcenorientierte Ansätze hinsichtlich der eigenen Leistung und der kooperativen Leistungserstellung mit anderen Unternehmungen auf die Gestaltung von Netzwerken hinweisen. Die Zusammenarbeit von Akteuren resultiert hierbei aus der Ressourcenknappheit und der damit verbundenen Notwendigkeit des Bezugs von Ressourcen Dritter.

4.3   Begriffdefinitionen zum Logistiknetzwerk

Ausgehend von einer flussorientierten Auffassung der Logistik, die die Planung, Steuerung und Kontrolle der raum-zeitlichen Gütertransformation und der damit zusammenhängenden Prozesse in den Mittelpunkt stellt, wird unter einem Logistiknetzwerk ein Modell verstanden, das ein Logistiksystem in seiner Grundstruktur abbildet. Ein solches System setzt sich aus Lieferpunkten (Quellen) und Empfangspunkten (Senken) zusammen und kann sowohl unternehmensinterne als auch unternehmensübergreifende Strukturen umfassen.

Dem gegenüber stehen Definitionen des Logistiknetzwerks, die sich aus dem durch die Organisationstheorie geprägten Begriff des Unternehmensnetzwerks herleiten lassen. Hierunter versteht man eine auf die Realisierung von Wettbewerbsvorteilen zielende Organisationsform ökonomischer Aktivitäten, die durch verhältnismäßig kooperative und stabile Beziehungen zwischen rechtlich selbständigen, wirtschaftlich aber meist abhängigen Unternehmen charakterisiert ist. Ein solches Netzwerk kann als Logistiknetzwerk bezeichnet werden, wenn die durch die beteiligten Unternehmen wahrgenommenen Wertschöpfungstätigkeiten im Wesentlichen dem Bereich der Logistik zuzuordnen sind, bzw. wenn die interorganisatorische Logistik als Kooperationsmechanismus verwendet wird.

---

[127] Vgl. *Staber* (2000)

[128] Vgl. *Staber* (2000, S.61)

Sowohl dieser funktional geprägte als auch der zuvor beschriebene flussorientierte Ansatz leisten jeweils wichtige Beiträge zur Definition von Logistiknetzwerken. Die von der Organisationstheorie untersuchten Problemstellungen bei der Konfiguration und Koordination von Unternehmensnetzwerken beziehen sich in erster Linie auf logistische Aufgabenstellungen mit strategischem Charakter. Die taktisch-operativ geprägte Planung, Steuerung und Kontrolle von Material- und Informationsflüssen wird hingegen maßgeblich durch die unternehmensübergreifenden Quellen und Senken bestimmt. Neben diesen netzwerkinternen Punkten können auch netzwerksexterne Quellen und Senken von Bedeutung sein. Dementsprechend lässt sich festhalten, dass zur Erfassung von logistischen Aufgaben und Problemstellungen in Unternehmensnetzwerken eine erheblich detailliertere Betrachtung notwendig sein kann, als sie im Allgemeinen im Rahmen der Organisationstheorie erfolgt, z.B. wenn ein Unternehmen in ein Unternehmensnetzwerk mehrere räumlich voneinander getrennte Betriebsstätten einbringt.

4.4 Betriebswirtschaftliche Betrachtung der Netzwerktypologien

Aus der Bewertung der betriebswirtschaftlichen Literatur kann festgestellt werden, dass von einigen Autoren im Kontext der Erscheinungsformen von Netzwerken von einem „Begriffswirrwarr" gesprochen wird [129]. In der Tat offenbart die Literatur eine kaum noch zu überblickende Vielzahl an unterschiedlichen Merkmalen, die zur Typenbildung von Netzwerken herangezogen werden.

Eine Typologie der Netzwerke unterscheidet sich zwischen

- strategischen,
- regionalen und
- Projektnetzwerken[130].

Ein **strategisches**[131] **Netzwerk**[132] stellt ein langfristiges zielgerichtetes Arrangement dar, bei dem sich die Unternehmungen auf Aktivitäten der Wertkette spezialisieren, um Wettbewerbsvorteile zu erlangen. Strategisch bedeutet hierbei, dass „die fokale Unternehmung die wettbewerbsrelevanten Potentiale aufgrund marktökonomischer Erfordernisse sowie technologischer Möglichkeiten erschließen und verteidigen

---

[129] Vgl. *Sydow* (1992, S.85)

[130] Vgl. *Sydow/Winand* (1992, S.16)

[131] Teilweise werden den strategischen die operativen Netzwerke gegenübergestellt, deren Schwerpunkt die Kostenreduktion der operativen Aufgaben durch Rationalisierung bildet (vgl. *Buse,* 1997b S.95; *Kubicek/Klein* (1997, S.96).

[132] Ursprung strategischer Netzwerke war das Bestreben, starre Großunternehmen durch Funktionsexternalisierung zu flexibilisieren. Die rechtlich selbständigen Unternehmungen, die diese externalisierten Aufgaben dann ausführen, werden unter dem Dach einer Netzwerkstrategie integriert (vgl. *Zundel* 1999, S.35).

kann".[133] Da dieses Arrangement am Wertkettenansatz anknüpft, wird teilweise auch von **Wertschöpfungspartnerschaften** gesprochen, ein Begriff, der jedoch zunehmend durch den Begriff strategisches Netzwerk ersetzt wird.

„Die Perspektive einer langfristigen Zusammenarbeit erlaubt es auch, ein gewisses Maß an Redundanz im Produktionsnetz vorauszusetzen und zwei oder mehr Partner mit ähnlichen Fähigkeiten anzubinden."[134] Dabei weisen Produktionsnetzwerke einen hohen Verbindlichkeitsgrad auf, weil teilweise nicht unerhebliche Investitionen erforderlich sind und folglich hohe Austrittskosten beim Verlassen des Netzwerks entstehen. Strategische Netzwerke sind damit durch ein langfristiges, stabiles Beziehungsmuster mit einem festen Kreis von Unternehmungen gekennzeichnet. Die strategische Ausrichtung wird darüber hinaus durch die Führung des Netzwerkes unterstrichen, mit dem Ziel der Erschließung und dauerhaften Absicherung wettbewerbsrelevanter Potentiale. Diese Aufgabe wird von einer so genannten *fokalen Unternehmung* übernommen, die das Netzwerk gründet, die Wertschöpfung koordiniert und ein einheitliches Auftreten am Markt ermöglicht.

Diese Unternehmung bestimmt mehr als andere Art und Inhalt der Strategie, mit der dieser Markt bearbeitet wird, sowie Form und Inhalt der Interorganisationsbeziehungen.[135] Sie übt damit einen höheren Einfluss auf die Gestaltung der Managementfunktionen aus als die anderen Netzwerkpartner. Die Bezeichnung „fokal" resultiert dabei aus der relevanten Marktnähe dieser Unternehmung, etwa eines Endproduktherstellers, der aufgrund seiner Marktposition über eine gewisse Informationsmacht verfügt. Beispiele für strategische Netzwerke finden sich in der Automobilindustrie[136] aber auch in der Mikroelektronik und Biotechnologie.

Regionale Netzwerke entstehen durch eine räumliche Agglomeration von einem Netzwerk angehörigen Unternehmen. Hierbei handelt es sich i. d .R. um kleine und mittlere Unternehmungen. Derartige Netzwerke weisen keine strategische Führung auf und sind polyzentralisch ausgeprägt. Die Analyse zeigt jedoch, dass sich regionale Netzwerke in Richtung eines strategischen Netzwerkes entwickeln können. Dann bildet sich eine fokale Unternehmung heraus, die die Koordinationsaufgaben übernimmt[137].

Projektnetzwerke sind dadurch charakterisiert, dass sie auf die Dauer des durchzuführenden Projektes befristet sind. Damit weisen sie eine deutliche Nähe zu Arbeitsgemeinschaften und Konsortien auf und sind folglich kaum als Novität zu betrachten.

---

[133] Vgl. *Zundel* (1999, S.36)

[134] Vgl. *Buse* (1997b, S92)

[135] Vgl. *Sydow* (1995, S.630)

[136] Keiretsu - japanisches Vorbild (vgl. *Pfaffmann,* 1998, S.451)

[137] Vgl. *Pfohl/Häusler* (1999, S.232)

4.5 Strukturanalyse von Logistiknetzwerken

Bei der Verteilung der Aufgaben innerhalb eines Logistiknetzwerkes strebt man eine Konzentration der Netzwerkpartner auf ihre jeweiligen Kernkompetenzen an. Es muss von jedem Partner die Funktion übernommen werden, welche er vor allen Netzwerkpartnern am besten ausfüllen kann[138].

Um die Leistungsbereitschaft des Netzwerkes herzustellen, ist eine effiziente Verknüpfung der Kernkompetenzen der Netzwerkpartner erforderlich. Der Logistik kommt in Netzwerken die Aufgabe zu, die räumlich und zeitlich auf verschiedene Netzwerkpartner verteilten Wertschöpfungsaktivitäten zu verbinden und aufeinander abzustimmen.

Die Kopplung der auf die Erfüllung bestimmter Funktionen innerhalb eines Logistiknetzwerkes spezialisierten Netzwerkpartner erfolgt über eine geeignete Gestaltung der Netzwerkkooperationen. In diesem Zusammenhang wird zwischen *geschäftlichen, personalen und informationstechnischen* Kooperationen unterschieden[139].

Die geschäftlichen Beziehungen von Netzwerkpartnern umfassen einerseits die konkreten zeitlich begrenzten Transaktionen. Andererseits zählen dazu aber auch die daraus entstehenden langfristigen Geschäftsbeziehungen, die auf Grund eines personalen Netzwerkes entstehen. Informationstechnische Kooperationen verbinden die Netzwerkpartner mittels interorganisatorischer Informations- und Kommunikationssysteme[140].

Ein wesentliches Merkmal der Netzwerkpartner ist ihr Spezialisierungsgrad, wobei sich in Logistiknetzwerken eine Spezialisierung vornehmlich auf die Funktionen Produktion oder Logistik beziehen wird. Der Spezialisierungsgrad einzelner Netzwerkpartner ist dabei durchaus unterschiedlich. Das Netzwerk kann gleichzeitig auf besondere Fertigungsverfahren oder Logistikaufgaben spezialisierte Unternehmen umfassen und Unternehmen, die über ein breites Kompetenzspektrum verfügen und dieses nur teilweise ins Netzwerk einbringen. Darüber hinaus sind als Merkmale eines Netzwerkpartners dessen Netzwerkerfahrung und -kompetenz sowie eine Kooperationsbereitschaft von Bedeutung[141].

Die Netzwerkstruktur ist durch die **Netzwerkgröße** und **-ausdehnung** sowie die geschäftlichen, sozialen und informationstechnischen Beziehungsstrukturen gekennzeichnet. Für die Bestimmung der Netzwerkgröße und -ausdehnung ist die Anzahl von Netzwerkpartnern wichtig, wobei ab mindestens drei Unternehmen von

---

[138]Vgl. *Wildemann* (1996)

[139] Vgl. *Sudow* (1995 , S63)

[140] Vgl. *Werp* (1998)

[141] Beispielsweise ist die Einrichtung von Kontrollmechanismen in Netzwerken, deren Mietglieder nur über geringe Kooperationsbereitschaft verfügen, sehr wichtig.

einem Netzwerk auszugehen ist. Allerdings kooperieren nicht alle Partner mit einander. Ausgehend davon ist das Ausmaß der Verflechtungen zwischen den Netzwerkpartnern zu charakterisieren, das als Netzwerkdichte zu definieren ist[142]. Eine niedrige Dichte entsteht, wenn von einer theoretisch möglichen Anzahl an Verflechtungen nur eine geringe Zahl verwirklicht worden ist.

Die Netzwerkdichte wird für drei Kooperationsarten definiert. Die *Netzwerkzentralität* charakterisiert den relativen Anteil der Beziehungen eines Netzwerkpartners zu anderen Netzwerkunternehmen. Sofern ein „zentrales" Partnerunternehmen existiert, übernimmt dieses oft eine besondere Rolle im Netzwerk, z. B. die des Koordinators[143]. Sobald in das Netzwerk mehrere Kooperationspartner eingebunden sind, welche die gleichen Leistungen produzieren bzw. über die gleichen Kompetenzen verfügen, weist ein Netzwerk Redundanz auf. Eine hohe Redundanz führt i. d. R. auch zu einer steigenden Anzahl an Netzwerkpartnern.

Die *geschäftliche Beziehungsstruktur* umfasst zum anderen aber auch die den Transaktionen zugrunde liegenden langfristigen Geschäftsbeziehungen, welche aus zeitlicher Sicht nach der angestrebten Dauer der Netzwerkbeziehungen beurteilt werden können[144]. Produktionsnetzwerke beispielsweise bilden die beteiligten Unternehmen oftmals mit dem Ziel einer langfristigen vertrauensvollen Kooperation über einzelne Transaktionen hinaus. Aus der Existenz langfristig stabiler Beziehungen zwischen den Netzwerkunternehmen darf jedoch keinesfalls der Schluss gezogen werden, dass die Netzwerkstrukturen und -inhalte nicht einer gewissen Dynamik unterliegen können. Die Netzwerkstrukturen müssen im Laufe der Zeit an Veränderungen der Rahmenbedingungen angepasst werden. Die Geschwindigkeit und Häufigkeit, mit der dies vollzogen wird, entscheidet über die Dynamik des Netzwerkes.

---

[142] Vgl. *Bellmann/Hippe* (1996)

[143] Vgl. *Buse* (1997, S. 87)

[144] Vgl. *Wurche* (1994 S. 136)

5 Transformationsprozesse und Rahmenbedingungen in MOEL

5.1 Einführung

Das Ende des sozialistischen Wirtschafts- und Gesellschaftssystems, das 1985 mit der Einleitung der „Perestroika" in der damaligen Sowjetunion seinen Anfang nahm und spätestens mit dem Fall der Berliner Mauer im November 1989 offen zutage trat, hat in den mittel- und osteuropäischen Ländern binnen weniger Jahren zu fundamentalen Umbrüchen geführt. Um den bisherigen Reformprozess angemessen bewerten zu können, gilt es, sich die Ausgangslage zu Beginn der ökonomischen Transformation zu vergegenwärtigen und sich den gewaltigen Reformbedarf bewusst zu machen.

Das herausragende Merkmal der osteuropäischen Volkswirtschaften Ende der achtziger Jahre war ihre frappierende wirtschaftliche Ineffizienz. Diese hatte ihre Ursache in den inhärenten Systemschwächen der Zentralverwaltungswirtschaft. Große Teile der Volkswirtschaften waren verstaatlicht. Private unternehmerische Tätigkeit war nur in engen Nischen möglich. Die Lenkung der Ressourcen folgte weitgehend dem Plan der obersten Wirtschaftsbehörden[145]. Gleiches galt für die Preise: Nicht das Zusammenspiel von Angebot und Nachfrage war maßgeblich, sondern die starren Vorgaben der staatlichen Bürokratie. Zwei der wichtigsten Prinzipen eines marktwirtschaftlichen Systems wurden hierdurch unterdrückt bzw. ausgeschaltet: erstens Wettbewerb auf Basis von Privateigentum und individuellem Gewinnstreben; zweitens der Allokationsmechanismus der relativen Preise.

Die Auswirkungen dieser Systemschwächen auf die Leistungsfähigkeit der Volkswirtschaften waren verheerend: Ganze Industrien arbeiteten mit stark veraltetem Kapitalstock, Produkte waren von minderer Qualität und im internationalen Wettbewerb nicht konkurrenzfähig. Die staatlichen Monopolunternehmen waren kaum zu effizienter Produktion und einem attraktiven Produktsortiment gezwungen. Sie waren vor inländischer und ausländischer Konkurrenz geschützt[146], und etwaige Verluste wurden ohne ernsthafte Sanktionen durch staatliche Subventionen bedeckt. Die mangelhaften Anreize zum sparsamen und effizienten Einsatz von Ressourcen führten zu riesiger Verschwendung von Rohstoffen und Energie und vielerorts zu großer Umweltverschmutzung. Die geringe Effizienz hatte auch massive Auswirkungen auf den öffentlichen Haushalt, denn Verluste der Staatsunternehmen wurden durch Subventionen ausgeglichen. Die hierfür aufgewandten Mittel fehlten jedoch an anderer Stelle. So wurden wichtige öffentliche Investitionen systematisch vernachlässigt[147], wie z.B. der desolate Zustand der Infrastruktur offenbarte.

Auf die Präferenzen der Konsumenten wurde nur sehr beschränkt Rücksicht genommen. Vielfach herrschte Mangel, oft nicht nur an attraktiven und qualitativ hochwertigen Produkten, sondern selbst an Gütern des täglichen Bedarfs. Hierbei galt

---

[145]Vgl. *Bolz* (1990)

[146] Vgl. *Bradke* (1989)

[147] Vgl. Bretschger (1998)

© Springer Fachmedien Wiesbaden GmbH, ein Teil von Springer Nature 2005
G. Doborjginidze, *Analyse der Entwicklung intermodaler Logistik-Netzwerke in mittel- und osteuropäischen Ländern*, Edition KWV, https://doi.org/10.1007/978-3-658-24046-2_5

das „Gesetz der Warteschlange". Da Preissteigerungen zur Steuerung von Angebot und Nachfrage nicht in Frage kamen, äußerte sich die Knappheit eines Gutes insbesondere in der Länge der Warteschlange bzw. in hohen Schwarzmarktpreisen.

Die zentrale Planung galt nicht nur für die Binnenwirtschaft, sondern auch für den Außenhandel. Dieses System führte zu gigantischer Fehlspezialisierung und einem gravierenden Verlust an Flexibilität.

5.2 Hauptaufgaben der politisch-rechtlichen Transformation

In den mittel- und osteuropäischen Ländern waren Staat und Wirtschaft eng miteinander verflochten, so dass die politisch rechtlichen Rahmenbedingungen einen dominierenden Einfluss auf die wirtschaftliche Entwicklung der Länder hatten. Um die Erfüllung des sozialpolitischen Auftrages der Industrieunternehmen sicherzustellen, mussten diese in die staatliche Bürokratie eingebunden werden. Politische Ziele wie z. B.

- das Streben nach Unabhängigkeit und Überlegenheit gegenüber der westlichen Wirtschaft,

- eine sozialistische Eigentums- und Allokationsordnung, die das Kollektiveigentum an allen Produktionsfaktoren und einen minimalen Anteil an Privateigentum forderte, sowie

- der Alleinanspruch des Staates auf Planung und Lenkung in allen Bereichen

dominierte die kommunistische Wirtschaftsführung, ergänzt durch ein restriktives Netz rechtlicher Vorschriften und Verfahrensregeln. Auf die Allokation des Wettbewerbes zur Versorgung der Bevölkerung wurde verzichtet, Preise wurden staatlich festgelegt und teilweise stark subventioniert, die Währungen waren nicht konvertibel, der Staat besaß das Devisenmonopol und dem Management von Unternehmen wurden nur geringe Leistungsanreize geboten. Die Kooperationsbeziehungen zwischen den Unternehmen waren - ebenso wie die Lieferanten- und Abnehmerbeziehungen und der Außenhandel - durch den Plan vorgegeben. Es fehlten wesentliche Elemente der Vertragsfreiheit, die für eine marktwirtschaftliche Ordnung konstitutiv sind.

Bei den Hauptaufgaben der Schaffung politisch-rechtlicher Rahmenbedingungen in den MOE-Staaten waren drei wichtige Bereiche zu unterscheiden (vgl. Tabelle 1):

Reformbereich	Maßnahmen
Der ordnungspolitische Rahmen und institutionelle Infrastruktur	- Einführung eines normativen, nach den Prinzipien des demokratischen Rechtsstaates ausgerichteten *Gesellschaftsvertrages,* der die Gewaltenteilung in Legislative, Judikative und Exekutive institutionalisiert; - Einführung der Handels- und Gewerbefreiheit, der Vertragsfreiheit, der Koalitionsfreiheit und der Niederlassungsfreiheit zur Umsetzung einer wirtschaftlichen *Transaktionsfreiheit;* - *Privatisierung der Staatsbetriebe* und Einführung privaten Eigentums mit dezentralen Entscheidungsstrukturen. Die Dezentralisierung von Besitz- und Verfügungsrechten über Produktionsfaktoren, verbunden mit der Übernahme der Handlungsfolgen zur besseren Faktornutzung; - *Aufbau eines funktionsfähigen Kapitalmarktes* und Neuordnung des Bank- und Finanzwesens, insbesondere die Trennung der Notenbank vom Staatshaushalt zur Sicherung der Stabilität der Preisniveaus; - Entwicklung einer *Wirtschaftsgesetzgebung*, die die Märkte für Importe und Direktinvestitionen ausländischer Investoren und Unternehmen öffnet; - Transformation des *Steuersystems* in einen marktkonformen Mechanismus mit lohnabhängiger Einkommensteuer, angemessen Unternehmenssteuern und einer indirekten Mehrwertsteuer.
Makroökonomische Stabilisierung	- Abschaffung der überschüssigen Geldmenge unter Minimierung des Vermögensverlustes durch das Angebot alternativer Investitionsmöglichkeiten oder sogar durch eine Währungsreform; - Einführung einer zumindest begrenzten *Währungskonvertibilität*, die allerdings eine Preisreform (Liberalisierung der Preise) voraussetzt; - Abbau der Staatsbürokratie und Reduzierung der Rolle des Staates auf die Bereitstellung der optimalen Rahmenbedingungen zur Errichtung der wichtigsten Ziele: Preisniveaustabilität, Wachstum, minimale Arbeitslosigkeit und außenwirtschaftliches Gleichgewicht begleitet durch eine - Konsequente *Geld- und Fiskalpolitik;* - *Abbau der Budgetdefizite des Staates* und Einhaltung der Budgetrestriktionen der Unternehmen, d.h. Subventionsabbau.
Anpassung im Bereich der Mikroökonomik	- *Liberalisierung der Preise*, um eine wesentliche Grundlage für rationale Entscheide im Sinne der optimalen Ressourcennutzung zu schaffen; - Abschaffung von horizontal und vertikal stark differenzierten Konglomeraten zur *Schaffung von*

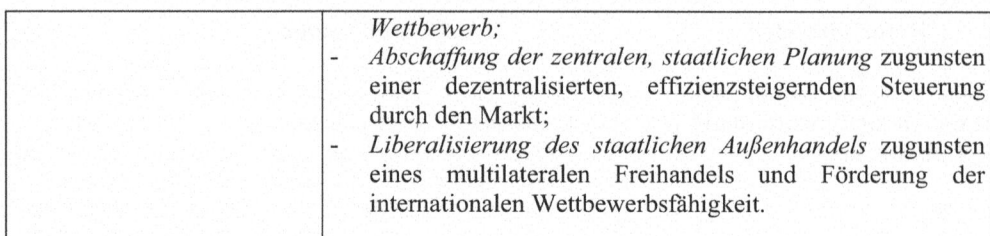

	Wettbewerb;
	- *Abschaffung der zentralen, staatlichen Planung* zugunsten einer dezentralisierten, effizienzsteigernden Steuerung durch den Markt;
	- *Liberalisierung des staatlichen Außenhandels* zugunsten eines multilateralen Freihandels und Förderung der internationalen Wettbewerbsfähigkeit.

Tabelle 1: Hauptaufgaben zur Schaffung politisch-rechtlicher Rahmenbedingungen in MOEL

Diese wirtschaftlichen Maßnahmen[148], mit denen die Systemlücke geschlossen und eine Neuordnung des Wirtschaftssystems erreicht werden sollten, erzeugten für MOE-Länder einen Anpassungszwang. Ziel dieser Reformen war eine Verbesserung der gesamtwirtschaftlichen Effizienz im Sinne der optimalen Allokation und Nutzung der Ressourcen. Diese Effizienzverbesserung setzt eine Dezentralisation der Entscheidungssysteme voraus.

5.3 Außenwirtschaftliche Öffnung

Eine weitere Besonderheit der Zentralverwaltungswirtschaft bestand in ihrer sehr einseitigen außenwirtschaftlichen Verflechtung. Zwar waren die MOE-Länder untereinander verflochten, sie verfügten jedoch über schwache wirtschaftliche Beziehungen zu den westlichen Staaten. Dies galt für Außenhandel und in noch stärkerem Maße für den Kapitalverkehr. So wollte man sich nicht in die Abhängigkeit von westlichen Waren- und Kapitalmärkten begeben[149]. Gleichzeitig sollte der ausländische Einfluss in der heimischen Wirtschaft gering gehalten werden, weshalb nicht zuletzt ausländische Direktinvestitionen nur in engen Grenzen geduldet wurden. Der niedrige Verflechtungsgrad lag zum anderen aber auch in der geringen internationalen Wettbewerbsfähigkeit der Zentralverwaltungswirtschaft begründet. Wegen der mageren Exporterlöse auf den Weltmärkten herrschte permanenter Devisenmangel, der den Spielraum, Güter aus dem Westen zu importieren, stark einschränkte.

Die Liberalisierung des Handels hatte tiefgreifende Folgen für die Handelsströme der MOE-Staaten. Es vollzog sich eine massive geographische Reorientierung der Handelsströme in Richtung Westeuropa, das sich binnen weniger Jahre zum wichtigen Handelspartner der MOE-Länder entwickelte.

---

[148]Vgl. *Balcerowicz* (1993)

[149] Vgl. *Arens* (1993, S.17)

Während 1989 nur 20 % bis 30 % der mittel- und osteuropäischen Exporte nach Westeuropa geliefert wurden, lag der entsprechende Anteil in 2001 über 65 %[150]. Auch dieser Prozess wurde durch ausländische Investitionen forciert. Denn durch ihre besondere Vertrautheit mit westlichen Absatzmärkten und umfangreiches Know-how im Bereich des Marketings wiesen Direktinvestitionen eine überdurchschnittlich hohe Exportorientierung auf und erleichterten den MOE-Länder hierdurch Zugang zu den Weltmärkten.

5.4 Wirtschaftliches Wachstum

Mit den bedeutenden Transformationsfortschritten und den bereits heute weit überdurchschnittlichen Wachstumsraten gehören die MOE-Länder zu den wachstumsintensivsten Volkswirtschaften Europas.

Die Einführung radikaler Reformen war eine Grundvoraussetzung für den wirtschaftlichen Überlebenskampf der MOE-Staaten. Die neuen Reformprogramme zeigten in Kürze entsprechende Effekte. Die Freigabe der Preise unter den Bedingungen einer Beruhigung der inflationären Entwicklung gestattete die Preisbildung in Abhängigkeit von der Stärke des Marktes.

Führende Wirtschaftsexperten der Europäischen Union sind der Auffassung, dass die Weichen für einen nachhaltigen wirtschaftlichen Aufholprozess der MOE-Länder gestellt worden sind. So rechnet die Basler Prognos AG damit, dass das durchschnittliche Wirtschaftswachstum der MOE-Staaten bis zum Jahr 2010 mit gut 4 % höher ausfallen wird als im Durchschnitt der letzten fünf Jahre und deutlich über dem Expansionstempo der Europäischen Union liegen wird[151] (vgl. Abb. 6). Die treibenden Kräfte des Wachstums werden, wie in der Vergangenheit, der Export sowie die Investitionen sein.

---

[150] Vgl. *EBRD* (2002)

[151] Vgl. *Prognos AG* (2002)

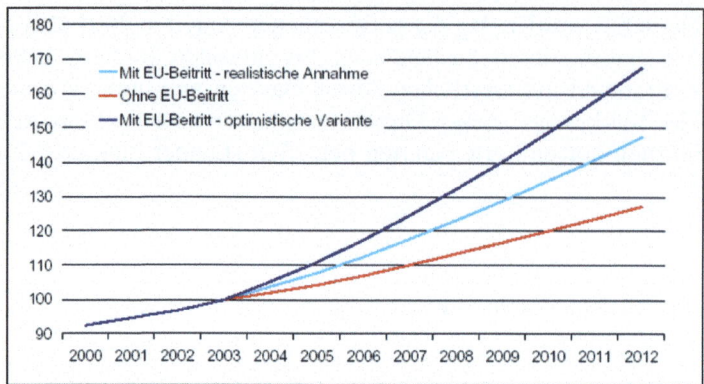

Abbildung 6: Prognose des Wirtschaftswachstums (reales BIP, 2003=100) in MOEL
(Quelle: Prognos)

Im Jahr 2000 sind die MOE-Länder nach der Stagnation im Jahr 1999 stark gewachsen. Nach Angaben des statistischen Amtes der Europäischen Union (Eurostat) ist das Bruttoinlandsprodukt (BIP) zu konstanten Preisen im Durchschnitt in den MOE- Ländern um 5 % gestiegen[152].

Das BIP der MOE-Länder belief sich im Jahre 2001 insgesamt auf 628,2 Mrd. Euro[153], das beträgt 7,1 % des BIP der EU-Länder. Das BIP der 10 EU-Beitrittskandidaten[154], die als erste mögliche neue EU-Mitgliedstaaten genannt werden, betrug 404,1 Mrd. Euro[155], d. h. 4,6 % des BIP der EU. Die genannte Gruppe von 10 Beitrittsländern verzeichnete insgesamt einen Anstieg ihres BIP, der mit 2,4 % zwar niedriger ausfiel als im Jahr 2000 (+ 4,1 %), aber dennoch höher war als das BIP-Wachstum der EU (+ 1,5 %).

---

[152] Vgl. *Eurostat* (2002)

[153] Vgl. *Deutsche Bank Research* (2001)

[154] Vgl. *Eurostat* (2002)

[155] Vgl. *Eurostat* (2002)

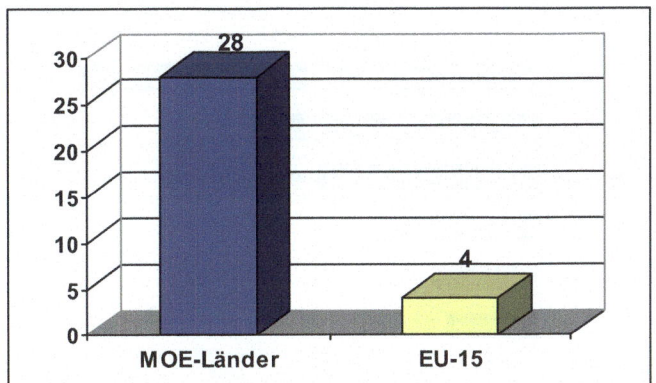

Abbildung 7: Entwicklung des Bruttoinlandsprodukts (in %) 1997-2002
(Quelle: Eigene Darstellung nach Eurostat)

5.5 Außenhandelsaktivitäten

Seit den neunziger Jahren ist der Handel zwischen der EU und den MOE-Länder stark gestiegen[156]. Aus Sicht der MOE-Staaten ist die Handelsverflechtung mit der EU-15 schon heute sehr eng, wenn auch in unterschiedlichem Maße. Die einzelnen Länder wickeln zwischen 50 % (Litauen) und 77 % (Estland) ihrer Exporte mit der EU ab (zum Vergleich: Intra-EU-Handel 62 %)[157]. Die MOE-Länder führten im Jahre 2002 für 150,3 Mrd. Euro Waren aus der EU ein und exportierten für 117,0 Mrd. Euro in die EU[158].

Für die Europäische Union belief sich der Anteil der MOEL an ihrem Gesamthandel im Jahr 2000 auf 14 %[159]. Nimmt man die wertmäßigen Handelsströme (Einfuhren + Ausfuhren), so sind die MOEL nach den USA zum zweitwichtigsten Handelspartner der Europäischen Union geworden[160] (vgl. Abb. 8). Der Umfang der Handelsströme zwischen den MOE-Ländern und der EU ist doppelt so groß wie zwischen Japan und der EU und dreimal so groß wie zwischen der EU und den NUS[161]. Es zeigt sich außerdem, dass Polen, Ungarn und die Tschechische Republik im Jahr 2000 unter den ersten zehn Handelspartnern der EU waren.

---

[156] Vgl. *Eastern European Economics* (2001)

[157] Vgl. *Eurostat* (2002)

[158] Vgl. *Eastern European Economics* (2003)

[159] Vgl. *Eurostat* (2002)

[160] Vgl. *Eurostat* (2002)

[161] Die Neuen Unabhängigen Staaten der früheren Sowjetunion

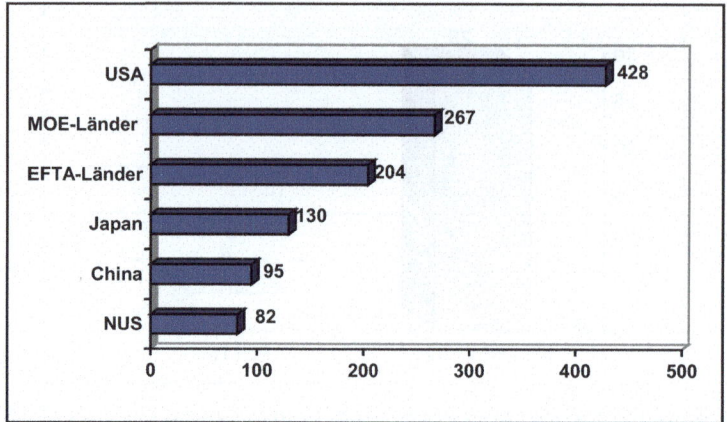

Abbildung 8: Handelsströme (Einfuhr/Ausfuhr in Mrd. Euro) zwischen der EU und den wichtigsten Handelspartnern in 2002 *(Quelle: Eigene Darstellung nach Eurostat 2003)*

5.6 Entwicklung der Direktinvestitionen

Ausländische Investoren haben in den ersten zehn Jahren des Transformationsprozesses eine wichtige Rolle gespielt. Nach der Krise in Ost-Asien Mitte 1997 hat sich Osteuropa als einer der dynamischen Schwellenmärkte der Welt entwickelt. Durch Restrukturierung steigerten die Firmen ihre Produktivität, verlagerten ihre Exporte auf fortgeschrittene Märkte.

Die Privatisierung großer Teile der Wirtschaft, fiskalische und monetäre Konsolidierungsanstrengungen sowie der Aufbau funktionierender Finanzsysteme in den MOE-Ländern haben in den vergangenen Jahren das Vertrauen der Investoren in die nachhaltige Stabilitätsorientierung MOEs noch mehr gestärkt.

Unternehmen aus der EU-15 sind schon jetzt die Hauptinvestoren in den MOE-Ländern. Seit 1996 nimmt die Verflechtung der Direktinvestitionen (DI) der Beitrittsländer, vor allem mit den EU-Mitgliedstaaten, zu. Die DI-Ströme aus der EU in die MOEL weiteten sich zwischen 1996 und 2000 sehr stark aus, nämlich von 6.5 Mrd. Euro auf 19 Mrd. Euro [162].

Das hohe Wachstumspotenzial der MOEL impliziert steigende Einkommen und damit eine dynamische Nachfrageentwicklung in den MOE-Staaten. Häufig stehen daher die frühzeitige Markterschließung und Kundenbindung als Investitionsmotive im Vordergrund. Niedrige Produktionskosten, vor allem Lohnkostenvorteile, sind insofern

---

[162] Überarbeitete Daten für 2000. Eine genaue Analyse der Entwicklung in den letzten Jahren enthält: Statistik kurz gefasst, Thema 2 - 3/2002, *Eurostat*. Die Entwicklung der Direktinvestitionen in den Beitrittsländern von 1995 bis 2000.

nicht der einzige Grund für das Wachstum der Direktinvestitionen in den MOE-Ländern.

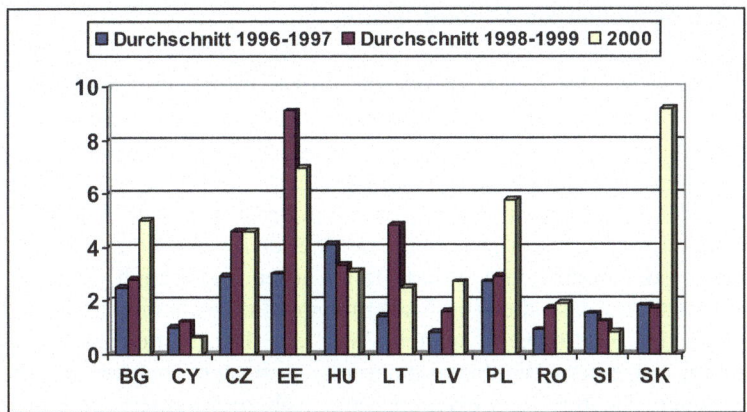

Abbildung 9: Zuflüsse der Direktinvestitionen (in % des BIP) 1996-2000 der EU-15 in die Beitrittsländer *(Quelle: Eurostat 2002)*

Bei dieser Betrachtungsweise ist der Konzentrationsgrad generell niedriger als auf der Basis der absoluten Werte. Polen, die Tschechische Republik und Ungarn bleiben auf jeden Fall die Hauptempfänger des aus der EU in die Beitrittsländer fließenden DI-Kapitals. Gemessen in % das BIP stiegen die DI-Zuflüsse aus der EU in die MOE-Länder zwischen 1996 und 2000 insgesamt von 1,5 % auf 3,2 %[163].

Ausländische Investitionen können den langwierigen Prozess der institutionellen Reformen unterstützen. Erfahrungen in Ungarn und Estland haben gezeigt[164], dass ausländische Eigentümer nicht nur Geschicke alter Unternehmen zum Guten wenden können, sondern dass sie auch neue Beschaffungs- und Wachstumsmöglichkeiten schaffen und so eine wettbewerbsfähige Wirtschaft unterstützen. Viele MOE-Länder haben diese Vorteile wahrgenommen und ihre Grenzen für ausländische Direktinvestitionen weiter geöffnet. Diese neue Offenheit muss allerdings in den meisten Ländern noch durch Verbesserungen im allgemeinen Investitionsklima ergänzt werden. Dabei geht es weniger um neue Standortvorteile, als vielmehr um die Schaffung eines stabilen ordnungsrechtlichen und wirtschaftlichen Umfelds in einem kompetenten und transparenten staatlichen Rahmen.

---

[163] Vgl. *Deutsche Bundesbank* (2002)

[164] Vgl. *Beyfuß* (1996)

6 Standortvorteile der Region MOE und ihre Bedeutung für die europäische Wirtschaft

6.1 Herausforderungen der Globalisierung

Unter dem Einfluss revolutionärer Fortschritte in der Informationstechnologie und der gleichzeitigen Deregulierung der Märkte haben sich die internationalen Austauschbeziehungen in den letzten Jahren dermaßen verdichtet, dass man in Wahrheit erst heute von einer wirklich globalen Vernetzung der Märkte sprechen kann. Die Globalisierung hat einen verschärften internationalen Wettbewerb zur Folge. Die Unternehmen sind gezwungen, noch rationeller als bisher zu wirtschaften. Die Informationen sind jedoch heute grundsätzlich allen zugänglich. Dem Verbraucher kommt dabei zu Gute, dass dies die Markttransparenz erhöht. Für die Unternehmen verschärft sich der Wettbewerb weiter. War ein Informationssprung früher fast gleichbedeutend mit einem Wettbewerbsvorteil, so besteht die Aufgabe heute darin, die Informationen richtig zu interpretieren, problemorientiert aufzubereiten und innovative Produkte daraus zu entwickeln. Die moderne Technologie erlaubt heute, die Wertschöpfungsketten räumlich aufzubrechen und für einzelne Unternehmensfunktionen den optimalen Standort zu suchen.

Um technologische Vorsprünge zu sichern und auszubauen wird von den industriellen Unternehmen kontinuierlich investiert. Da der globale Wettbewerb die Dauer der Zyklen, in denen sich diese Investitionen amortisieren können, stetig verkürzt, rentieren sich die Investitionen nur, wenn die innovativen Produkte und Dienstleistungen in größerer Stückzahl als bisher abgesetzt werden können. D. h.: Kürzere Produktzyklen erfordern größere Märkte, größere Märkte erfordern größere Unternehmen. Auch Fusionen sind deshalb Ausdruck eines funktionierenden globalen Wettbewerbs.

Die Globalisierung und Internationalisierung bietet leistungsstarken Volkswirtschaften der EU ein enormes Wachstumspotential. Dabei sind die MOE-Länder von besonderem Interesse. Viele haben schon heute ein bemerkenswertes Wirtschaftswachstum erreicht[165]. Die Analyse der Handelsaktivitäten mit den EU-Ländern lässt keine Zweifel daran, dass die MOE-Staaten nach Jahrzehnten der erzwungenen Isolation nicht nur kulturell, sondern auch wirtschaftlich in die internationale Gemeinschaft zurückgekehrt sind.

---

[165] Vgl. *Schwanitz* (2000)

© Springer Fachmedien Wiesbaden GmbH, ein Teil von Springer Nature 2005
G. Doborjginidze, *Analyse der Entwicklung intermodaler Logistik-Netzwerke in mittel- und osteuropäischen Ländern*, Edition KWV, https://doi.org/10.1007/978-3-658-24046-2_6

6.2 Entwicklung der Gütermärkte

Die dynamischen Veränderungen in der Wirtschaft und Produktion zwingen den Verkehrsträger zu einer unternehmerischen Neuausrichtung. Die nationalen Schutzzäune für Kapital und Waren werden weltweit sukzessiv nicht nur beseitigt, sie verlieren auch angesichts der globalen Entwicklung in der Politik, Wirtschaft und Technologie zunehmend ihre ursprünglich beabsichtige Wirkung.

Es sind hierbei folgende **politisch-wirtschaftliche Trends** auf den internationalen Märkten zu beobachten:

- *Abnehmende Zollschranken* ermöglichen einen freien Warenaustausch auf internationalen Absatzmärkten.

- Bei zunehmender Liberalisierung des internationalen Kapitalaustausches sucht sich Kapital den *internationalen Standort* mit der jeweils höchsten Rendite.

- Durch sinkende internationale Investitionshemmnisse können Industrieunternehmen über *internationale Produktionsstätten* eine weltweite Wirtschaftsbasis aufbauen.

Neben den politisch-wirtschaftlichen Trends zeichnen sich folgende **technologische Trends** ab:

- Kürzere Innovationszyklen der Technologie: technische Wettbewerbsvorteile werden schnell überholt und können zu einem *internationalen Standortwechsel* der Produktionsschwerpunkte führen.

- Kurze weltweite Transferzeiten neuer Technologien: Wettbewerbsvorteile von heute sind bereits die Standards von morgen. Dies wirkt sich auf die Sicherheit von Produktionsstandorten aus.

- Zunahme der Automation: nahezu unabhängig von Know-how und Arbeitssorgfalt eines einzelnen Menschen kann praktisch bei weltweit verteilten Produktionsstätten überall eine identische Qualität einer konkreten Ware erreicht werden. Die Standortwahl kann damit praktisch losgelöst von der Problematik der Produktqualität getroffen werden.

- Durch die weltweit vernetzte Informations- und Kommunikationstechnologie wird die weltweite, zeitnahe sowie ziel- und problemorientierte Steuerung von Produktions- und Warenflüssen gewährleistet und der Einfluss der *geographischen Distanz*, die sonst standortbestimmend sein könnte, *eliminiert*.

Diese internationalen Entwicklungen, die bei weltweiter Ausprägung als Globalisierungseffekt bezeichnet werden, führen zu einem erhöhten Wettbewerb zwischen den Unternehmen, Standorten und Nationen.

6.3   Die Produktionsstandorte und Absatzmärkte

Bei der internationalen Arbeitsteilung auf den Produktionsmärkten werden Produkte in Teilkomponenten aufgesplittet, die dann in verschiedenen Produktionsstätten an jeweils unterschiedlichen Standorten hergestellt werden. Zur Fertigstellung des Produktes werden diese Teilkomponenten einem Endmontagewerk zugeführt. Die Folge ist eine stärkere räumliche Trennung der inner- von den zwischenbetrieblichen Unternehmensabläufen. Nationale Produkte sind nicht mehr notwendigerweise identisch mit nationalen Produktionsstätten.

Im Zentrum des internationalen Warenaustausches steht die „Europäische Industrieabnahme" mit großer expandierender Wirtschaft[166], die sich von Südengland bis nach Norditalien, über die Benelux-Staaten, Deutschland sowie bis zur Schweiz zieht. Ohne Berücksichtigung der wirtschaftlichen Entwicklung MOEs werden für diese Ballungsräume in wenigen Jahren als Quelle und Ziel von Güterverkehrsströmen etwa 80 % des internationalen Warenaustausches in Europa prognostiziert[167].

Diese Ausgangsposition erhält zusätzliche Impulse durch die Integration MOEs in europäische Märkte. Mit dieser Entwicklung wird der natürliche europäische Wirtschaftsraum und die natürliche europäische Verkehrsgeographie wiederhergestellt. Im Einzelnen kommt es in den mittel- und osteuropäischen nationalen Wirtschaftssystemen zu folgenden grundlegenden Änderungen:

- Die zentral gelenkte Planwirtschaft weicht der freien Marktwirtschaft im Wettbewerb. Das gilt auch für den Verkehrssektor.

- Die Wirtschaft schaltet von Ost- auf Westorientierung und damit auf nachhaltige und devisenstarke Länder um.

- Zunehmende Investitionen aus westlichen Industrieländern in die mittel- und osteuropäischen Produktionsstätten fördern neue Kooperationen im Bereich des Transports und der Logistik.

Es ist noch sehr weit bis die spezifische Wirtschaftskraft MOEs das Niveau Westeuropas erreicht haben wird (vgl. Abb. 10), obwohl einige MOE-Staaten ein beachtliches Wachstum des BIP verzeichnen[168]. Ingesamt kann bei positivem Verlauf der Wirtschaftsentwicklung mit einem weitgehend konsolidierten Zustand der Wirtschaft gerechnet werden[169]. Damit werden vor allem auch im Bereich Konsumgüter Märkte aktiviert, die angesichts der Bevölkerungsanzahl und Transportentfernungen westeuropäische Dimensionen übersteigen.

---

[166] Vgl. *Amice* (1997)

[167] Vgl. *United Nations Economic Commission for Europe* (2001)

[168] Vgl. *Polkowski* (2001, S. 111)

[169] Vgl. *Prognos AG* (2002, S.21)

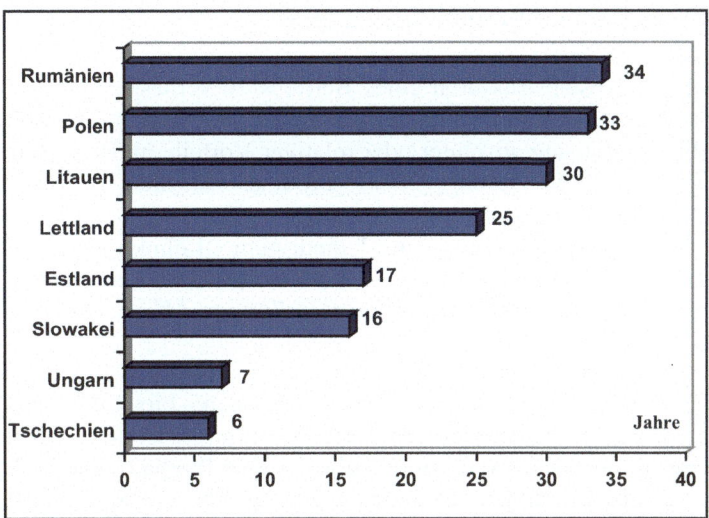

Abbildung 10: Steigerung des Durchschnittseinkommens in ausgewählten MOEL bis zu 75 % des EU-Niveaus (*Quelle: Eigene Darstellung nach Wirtschaftskammer Österreich*)

Angesichts der Globalisierung und Internationalisierung der Märkte wird die Zukunft also von einer weltweiten Suche und Auswahl von Standorten mit der größten Rendite beim Kapital, den Produktionsstätten und Absatzmärkten geprägt sein. Ausgehend von zahlreichen Standortvorteilen gewinnt die Region MOE bei diesen Überlegungen zunehmend an Bedeutung

6.4 MOE als Absatz- und Beschaffungsmarkt

Der absatz- und beschaffungsorientierte Faktor spielt eine entscheidende Rolle zur Erschließung der neuen Märkte in MOE. Ziel von Unternehmen ist hierbei die Verkürzung der Marktdistanz, was auch zur Kooperation mit den neuen Lieferanten und Abnehmern führt.

Die Volkswirtschaften der MOE-Länder stellen für westeuropäische Unternehmen wichtige Absatz- und Beschaffungsmärkte dar. Selbst die MOE-Länder richten sich im Export zunehmend auf den Weltmarkt aus. Wegen des wachsenden Know-how-Transfers werden deren Produkte auch auf den westeuropäischen Märkten zunehmend konkurrenzfähig.

6.5 MOE als attraktiver Produktionsstandort

Mit dem Ziel, die Kostenstrukturen eines Betriebs zu verbessern, werden von vielen Unternehmen in neuen Regionen erhebliche Investitionen getätigt. Dabei handelt es sich oft um die Ausnutzung absoluter oder relativer Vorteile im Bereich der Lohn- und Sozialkosten zur Reduzierung der Produktionskosten. Insbesondere die arbeitsintensiven Produktionsprozesse, die nicht weiter sinnvoll rationalisierbar sind, werden vermehrt in Regionen mit niedrigem Lohnkostenniveau verlagert. Maßgeblicher Zweck hierbei ist nicht die Versorgung der ausländischen Märkte, sondern der Re-Import der Produkte zur Fertigstellung und Veredelung an bestehenden Standorten.

Genau in diesem Bereich - neben neuen Absatzchancen - bietet die Region MOE vor allem günstige Produktionsbedingungen. Denn noch immer ist die Arbeit in den MOE-Staaten äußerst billig. Dabei ist allerdings die geringe Produktivität im Vergleich mit Westeuropa zu berücksichtigen. Dennoch bleibt bei den Lohnstückkosten in vielen Branchen ein erheblicher Vorteil. Auch in Zukunft werden MOE-Länder deshalb ihre Trumpfkräfte niedriger ausspielen können.

Hinzu kommt, dass westliche Investoren Know-how in die Region bringen, welches das noch bestehende Produktivitätsgefälle zusehends abbauen hilft. Mehr und mehr fügen sich die in MOE getätigten Investitionen in weltweite Wertschöpfungsketten ein, durch die Großunternehmen eine Standortoptimierung vornehmen. Bei multinationalen Konzernen steht schon heute mehr die Facharbeit in Mittel- und Osteuropa im Vordergrund als das geringe Lohnniveau unausgebildeter Arbeitskräfte[170].

---

[170] Vgl. *Mangold* (2000, S. 34)

7 Situationsanalyse des Güterverkehrs in den MOEL

7.1 Logistisch relevante Anforderungen der mittel- und osteuropäischen Wirtschaft an die Entwicklung leistungsfähiger Verkehrssysteme

Eine wichtige Voraussetzung für die wirtschaftliche Entwicklung Mittel- und Osteuropas ist der Aufbau eines leistungsfähigen Verkehrssystems. Der voranschreitende Globalisierungsprozess und veränderte Markstrukturen in MOE führen zu einer grundlegenden Umstrukturierung und Neuorientierung der Transportmärkte. Qualität und Servicegrad als entscheidende Kerngrößen der zukunftsweisenden Logistikkonzepte gewinnen immer mehr an Bedeutung. Das multimodale Güterverkehrswesen entwickelt sich in Richtung eines integrierten Transportsystems. Integrierte Transportsysteme erfordern eine Verknüpfung der Verkehrsträger unter Ausnutzung der verkehrsspezifischen Vorteile zu Logistiknetzen vom Hersteller zum Verbraucher.

Die zunehmende wirtschaftliche Verflechtung der Unternehmen in Ost und West und die weitere Internationalisierung der Märkte bewirkt eine Intensivierung des Güteraustausches und daraus resultierend des osteuropäischen Verkehrs. Den Schnittstellen der MOE-Länder zu den Verkehrsnetzen der EU kommt hierbei besondere Bedeutung zu.

Die Anforderungen von Unternehmen verladender Wirtschaft sind der Maßstab für die Gestaltung der Angebote der Logistikdienstleister. Diese Anforderungen werden durch Entwicklungstrends in der Industrie und im Handel bestimmt. Entsprechend steigt der Anspruch der verladenden Wirtschaft in MOE an das leistungsfähige Logistiksystem. Lieferzuverlässigkeit und Pünktlichkeit immer kleiner werdender Bestellungsmengen und Sendungen müssen eine bisher nicht gekannte Präzision erreichen.

Die Wettbewerbssituation von Unternehmen verladender Wirtschaft in den MOEL wird erheblich von der Kostensituation geprägt. Die Logistikkosten werden ein immer entscheidenderer Faktor, insbesondere im Produktionssektor.

Die Entwicklung von Produktionsplattformen in MOEL hat unmittelbare Auswirkungen auf das Güterverkehrsaufkommen in diesen Ländern, wie an den Wachstumsraten der vergangenen Jahre zu sehen ist (vgl. Abb. 15). Durch die wachsende Globalisierung der Märkte werden Logistikketten in diesen Ländern komplexer. Dennoch muss eine hohe Wirtschaftlichkeit von Logistiknetzen gewährleistet werden, indem die Leistung (Flexibilität, Zuverlässigkeit und Information) an die Kundenbedarfe angepasst wird, und dabei trotzdem die Kosten niedrig gehalten werden. Bessere Transparenz, aktuelle und leicht verfügbare Information verstärken die Tendenz zur globalen Beschaffung. Die Märkte werden durch zunehmenden Einsatz von Informationstechnologien nicht mehr nur physisch existieren, wie traditionelle Lager, Verkaufsstätten etc., sondern informationsbasiert. Es wird also nicht mehr nur physische Wertketten geben, sondern auch virtuelle.

© Springer Fachmedien Wiesbaden GmbH, ein Teil von Springer Nature 2005
G. Doborjginidze, *Analyse der Entwicklung intermodaler Logistik-Netzwerke in mittel-und osteuropäischen Ländern*, Edition KWV, https://doi.org/10.1007/978-3-658-24046-2_7

Die Aufgabe für MOE besteht darin, dass diese Region vollkommen neu in die internationalen Logistiknetzen integriert werden muss. Die wesentlichen Anforderungen an Logistik ergeben sich in diesem Zusammenhang aus folgenden Strukturveränderungen:

- Vernetzung der Produktionsstandorte und
- Globalisierung der Produktion.

Durch die Vernetzung der internationalen Produktionsstandorte entstehen vielfältige Interdependenzen aufweisende Logistiknetzwerke. Für die Logistik bedeutet das, dass diese nicht nur in der Region MOE, sondern ebenfalls global agieren müssen[171]. Unmittelbare Folge dieser Globalisierung der Produktion ist eine Steigerung der unternehmensinternen Verbundlieferströme. Für MOE folgt daraus eine Verringerung der bisherigen lokalen bei gleichzeitiger Erhöhung der globalen Lieferströme durch Integration in internationale Logistiknetzwerke. Mit zunehmender Transportentfernung sind jedoch längere Lieferzeiten, eine geringere terminliche Liefergenauigkeit und eine höhere Störanfälligkeit der Prozesse und höhere Komplexität verbunden. Daher gewinnt die globale Standardisierung der Logistikprozesse sowie die Intensivierung der standortübergreifenden Logistikplanung vermehrt an Bedeutung.

7.2 Analyse des Güterverkehrsmarktes

Die Entwicklung des mittel- und osteuropäischen Güterverkehrsmarktes muss den Strategien von Industrie und Handel hinsichtlich der Entscheidung über Produktionsstätten, Absatzregionen und Organisationsstrukturen folgen.

Hierbei sind folgende **Trends** zu berücksichtigen:

- Der internationale Verkehr wird stärker als der nationale Verkehr wachsen.

- Verkehrsträgerübergreifende multimodale Transportketten werden zunehmen.

- Internationale branchenspezifische Logistikkonzepte werden verlangt.

- Der Konzentrationsprozess bei Industrie, Handel und Verkehrsgewerbe wird weiter voranschreiten.

- Innovative Logistikkonzepte werden zunehmend gefordert.

---

[171] Vgl. *Pfohl* (1990)

- Der zunehmende Wettbewerb unter den Akteuren der Transportwirtschaft wird sich auf den wachsenden nationalen und internationalen Austausch hochwertiger Güter mit relativ guten Transportpreisen konzentrieren.

Im Einzelnen entstehen folgende **Marktanforderungen für Verkehrsträger** in MOE:

- Große Flexibilität und Anpassungsfähigkeit der Logistikleistungen an die entsprechend der jeweiligen Nachfrage angesteuerten Produktions- und Distributionsabläufe, also folglich die produktionssynchrone Beschaffung und Auslieferung je nach Auftragslage bei minimalen Lagerbeständen;

- Hohe Frequenz der Lieferhäufigkeit bei gleichzeitiger Sendungsverkleinerung;

- Große Branchenspezialisierung mit maßgeschneiderten Logistikkonzepten;

- Forderung nach flächendeckenden Netzen, die allerdings nicht nur durch ein einziges Verkehrsystem abgedeckt werden müssen.

7.3 Marktstruktur des Güterverkehrs

Die Verkehrsmärkte in MOE unterscheiden sich ganz gravierend von denen in Westeuropa. Besonders augenfällig sind die Differenzen beim Modal Split im Güterverkehr. Nach der politischen Wende der MOE-Staaten hat sich das Verkehrsaufkommen zunächst aufgrund der wirtschaftlichen Abwärtsbewegung überwiegend nach unten entwickelt. Die Lage des Verkehrsmarktes war durch die sinkende Nachfrage, Überkapazitäten und das Defizit an logistischen Anforderungen gekennzeichnet. Während in Westeuropa schon seit Jahrzehnten der Straßengüterverkehr der dominierende Verkehrsträger ist und die Bahn nur noch eine nachrangige Bedeutung hat, konnte der Lkw in MOE erst im Verlauf des letzten Jahrzehnts aufholen und zum wichtigsten Verkehrsträger aufsteigen. Dennoch besitzt die Bahn in MOEL verglichen mit den EU-Staaten noch immer überdurchschnittlich hohe Marktanteile.

Die EU-Kommission verfolgt bei der EU-Osterweiterung das Ziel[172], ein ausgewogeneres Verhältnis zwischen den Verkehrsträgern zu sichern als in der jetzigen EU. Von Vorteil ist dabei der heute noch sehr hohe Anteil des Schienengüterverkehrs in MOE, der bis 2010 durch geeignete Infrastrukturmaßnahmen bei etwa 35 % stabilisiert werden soll[173]. Das Erreichen dieses Ziels wird aber kaum möglich: Alle Prognosen zur künftigen Verkehrsentwicklung deuten darauf hin, dass der Großteil des Verkehrswachstums auf die Straße entfallen wird. Dies ist primär nachfrageinduziert. Selbst wenn -

---

[172] Vgl. *EU-Kommission* (2001)

[173] Vgl. *ECMT* (2001)

beispielsweise aus politisch motivierten Gründen - die Bahninfrastruktur (und damit das Angebot) überproportional ausgebaut würde, stiege die Nachfrage nach straßengebundenen Verkehrsleistungen dennoch stärker an als die nach schienengebundenen, da zunehmend straßenaffine Güter die künftige Produktionsstruktur der MOE-Staaten prägen.

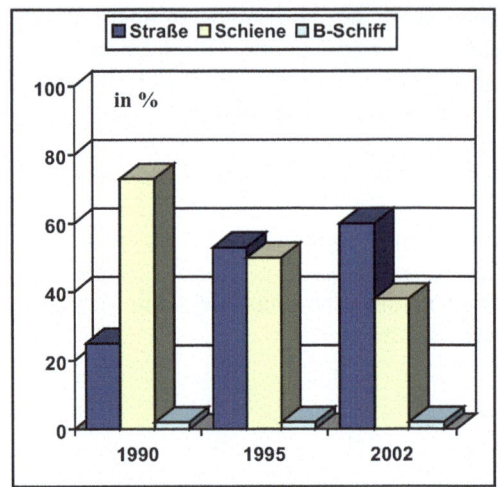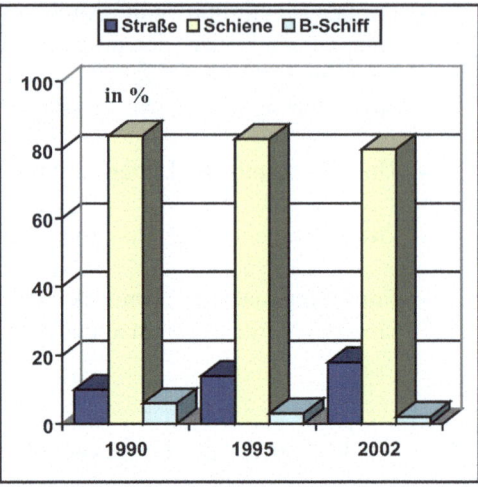

Abb. 11:Modal Split Güterverkehr (Anteile an Verkehrsleistung) in MOEL
(Quelle: ECMT)

Abb. 12:Modal Split Güterverkehr (Anteile an Verkehrsleistung) in GUS
(Quelle: ECMT)

Aufgrund der Umorientierung des mittel- und osteuropäischen Handels auf die westeuropäischen Märkte und des überdurchschnittlichen Wachstums der Handelsaktivitäten mit den hoch entwickelten Industrieländern kam es in den letzten Jahren zu einem enormen Anstieg der beförderten Gütermengen zwischen den MOEL und EU-15. Eine interessante Entwicklung zeigt ein hoher Grad der Transportintensität[174]. Sie ist in MOE-Ländern mehr als viermal so hoch wie in der EU (vgl. Abb. 13).

---

[174] Transportintensität wird in Tonnenkilometer pro 1.000 Euro BIP gemessen.

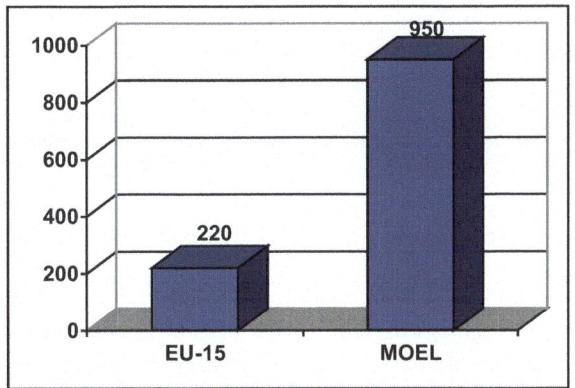

Abbildung 13: Vergleich der Transportintensität 2001 (tkm/1000 EUR BIP)
(Quelle: Eigene Berechnung nach Eurostat)

Dies ist allerdings darauf zurückzuführen, dass das Verkehrsangebot in MOEL noch stärker auf den „traditionellen" Gütern ausgerichtet ist als in europäischen Ländern. In der folgenden Abbildung wird der Vergleich der Transportintensität in ausgewählten MOE-Ländern veranschaulicht.

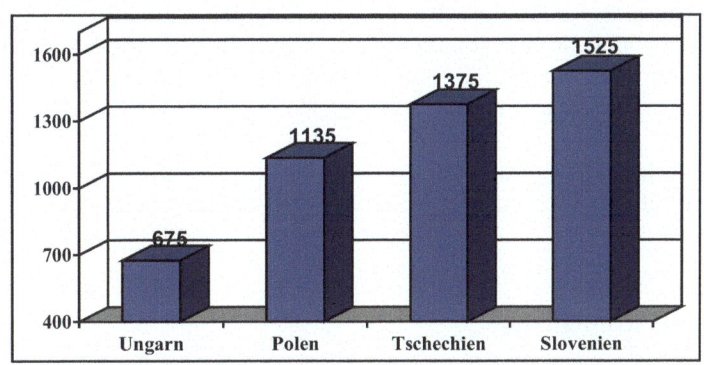

Abbildung 14: Transportintensität 2001 (in tkm/1000 EUR BIP) in den ausgewählten MOE-Ländern *(Quelle: Eigene Berechnung nach Eurostat)*

Nach den neuen Leitbildern der **Transeuropäischen Netze** (TEN) ist die Intermodalität der einzelnen Verkehrsträger stärker zu berücksichtigen. Jeder Verkehrsträger sollte dabei die Teile der Transportkette übernehmen, die er am wirtschaftlichsten durchführen kann. So lange die Defizite des Schienenverkehrs nicht behoben werden, wird die Verkehrsverlagerung auf die Straße weitergehen und zu einer weiteren Überlastung dieser Netze führen. Dies wird auch die Politik dahingehend beeinflussen, dass für die Erstellung neuer Straßeninfrastruktur mehr finanzielle Mittel bereitgestellt werden, um den steigenden Bedarf zu decken. Die Ursachen der Verkehrsverlagerung auf die Straße sind in Folgendem zu begründen[175]:

---

[175] Vgl. *ECMT Economic Research Committee* (2001, S.3)

- Durch die Einführung der freien Marktwirtschaft entsteht in den MOE-Staaten Konkurrenz zwischen den einzelnen Verkehrsträgern.

- Der kritische Zustand der mittel- und osteuropäischen Schienenwege kommt erschwerend hinzu.

- Es ist in den letzten Jahren in den MOE-Ländern ein erhebliches Wachstum der Fertigungstiefe zu beobachten. Die Verlagerung der Wirtschaftskraft von dem Primär- in den Sekundär- bzw. den Tertiärsektor führt zu einer Verlagerung der Güterströme und Transportleistung. Der Abnahme von Massenladungen (Kohle, Erz) steht eine Steigerung fertiger Endprodukte gegenüber, was zu einer Veränderung der Transportketten und einer Verminderung der Menge der beförderten Güter führt.

- Mit sinkender Verkehrsleistung im Schienengüterverkehr sinkt auch die Produktivität[176]. Um diesem Problem entgegenzuwirken sind grundlegende Veränderungen der Struktur zur Steigerung der Effizienz und Maßnahmen zur Kostensenkung im Schienengüterverkehr notwendig.

- Aufgrund der Komplexität des intermodalen Verkehrs und der aktuell geringen Preise des Straßengüterverkehrs, sind für die kombinierten Verkehre große Wettbewerbsnachteile zu beobachten, die zum Teil nur durch Regulierungsinstrumente ausgeglichen werden können.

- Durch die Steigerung der Produktionstiefe gewinnen die Just-in-time-Transporte erheblich an Bedeutung, wobei der Straßengüterverkehr favorisiert wird.

7.4 Güterstromanalyse

Im Zuge der Internationalisierung und des bevorstehenden Beitritts zur EU ist das Güterkraftverkehrsaufkommen in den MOE-Ländern überproportional gestiegen.

Bei der Güterstromanalyse des Güterverkehrsaufkommens in MOE zeichnen sich folgende Entwicklungen[177] ab:

- 31 % der gesamten Beförderungsleistung (gemessen in tkm) der MOE-Länder wurden im Güterverkehr in die und aus den EU-Mitgliedstaaten erbracht;

---

[176] Vgl. *Deutsches Verkehrsforum* (2002)

[177] Alle Angaben beziehen sich auf aktuell verfügbare Erhebungen von *Eurostat* (2001)

- 41 % des gesamten Straßengüterverkehrs beläuft sich auf grenzüber-schreitenden Verkehr, von dem mehr als dreiviertel (77 %) auf die EU-Mitgliedstaaten entfällt;

- wichtigste Herkunfts- und Zielländer sind für die MOE-Länder insbesondere Deutschland, Italien und Niederlande;

- beim Wareneingang entfielen 82 % der im grenzüberschreitenden Verkehr geleisteten Tonnenkilometer auf die EU-Mitgliedstaaten. An erster Stelle liegt Deutschland (35 % v. H), gefolgt von Italien (11 %), den Niederlanden (8 %) und Frankreich (7 %);

- bei den Versendungen entfielen 73 % der im grenzüberschreitenden Verkehr erbrachten Tonnenkilometer auf die EU-Mitgliedstaaten. Dabei lag erneut Deutschland an erster Stelle (34 % v. H), gefolgt von Italien (10 %) und Frankreich (7 %);

- ca. 90 % der ausgehenden Güter waren Fahrzeuge/Maschinen (42 %), Nahrungs-/ Genussmittel (28 %) und chemische Erzeugnisse (20 %);

- ca. 80 % der eingeführten Gütern waren Eisen/Stahl (34 %), Fahrzeuge/Maschinen (30 %) und Land- / Forstwirtschaftliche Erzeugnisse (18 %);

- den höchsten Anteil von Güterverkehr, im grenzüberschreitenden Verkehr, weist Polen mit insgesamt 10,154 Mio. Tonnen auf.

7.5 Prognose des Güterverkehrswachstums

Allen Prognosen zur künftigen Güterverkehrsentwicklung in MOE weisen auf die hohen Wachstumsraten[178] hin. Die voranschreitende wirtschaftliche Integration der MOE-Länder in die EU, die mit steigendem Pro-Kopf-Einkommen und einem überdurchschnittlich zunehmendem Warenaustausch zwischen Ost und West einhergeht, sind dafür einleuchtende Begründungen. So ist beispielsweise für die so genannte Luxemburg-Gruppe[179] (ohne Zypern) bis 2015 ein Zuwachs der Güterverkehrsleistung von mehr als 40 % zu erwarten[180]. Ebenfalls zeigen alle Prognosen, dass der Verkehrsträger Straße die höchsten Wachstumsraten im Güterverkehr verzeichnen wird, während auf der Schiene relativ gesehen weniger Güter transportiert werden. Es wird für die MOEL ein Anstieg der

---

[178] Vgl. *Prognos* (2002)

[179] Die Luxemburg-Gruppe (im Folgenden MOEL-5) besteht aus Estland, Polen, Slowenien, Tschechien, Ungarn und Zypern. Sie war die erste Gruppe, mit der die EU im März 1998 Beitrittsverhandlungen aufgenommen hatte.

[180] Vgl. *Prognos* (2002)

Straßengüterverkehrsleistung im genannten Zeitraum um 70 % prognostiziert; dagegen dürfte die Bahn lediglich rd. 4 % zulegen. In der Folge erhöht sich der Anteil der Straße am gesamten Güterverkehr auf rd. zwei Drittel, die Schiene fällt auf ein knappes Drittel zurück. Noch Anfang der neunziger Jahre waren 55 % aller Verkehre in den MOEL schienengebunden.

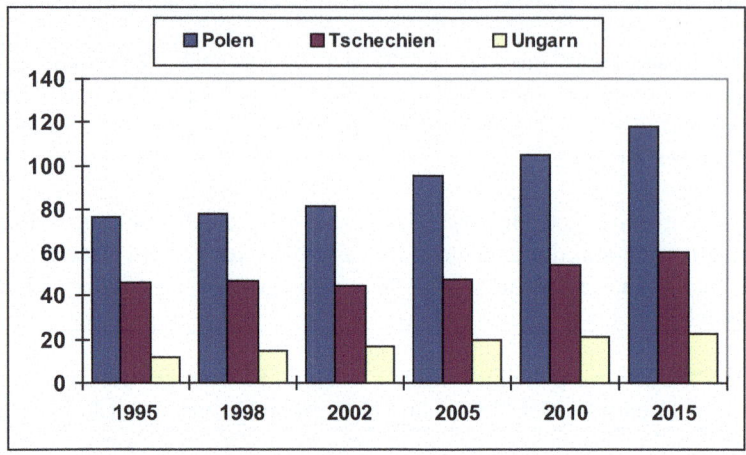

Abbildung 15: Entwicklung des Güterverkehrs (in Mrd. tkm) in ausgewählten MOE-Ländern *(Quelle: Eigene Darstellung nach Prognos)*

Deutlich stärker als der Binnenverkehr ist künftig das Wachstum des grenzüberschreitenden Verkehrs zwischen den MOEL und der EU zu prognostizieren. Hier werden die Zuwächse für den Zeitraum 1999 bis 2015 - je nach Verkehrsträger - insgesamt auf rd. 200 % geschätzt.[181] Die an die Beitrittskandidaten direkt angrenzenden EU-Länder müssen den größten Teil dieser grenzüberschreitenden Verkehre tragen. So werden beispielsweise sowohl die Transitverkehre durch Deutschland, als auch die grenzüberschreitenden Verkehre von und nach Osteuropa sehr viel stärker wachsen als der Binnenverkehr. Im grenzüberschreitenden Verkehr dürfte aber auch die Bahn positive Zuwachsraten verzeichnen (vgl. Abb. 16)

---

[181] Vgl. *Prognos* (2002)

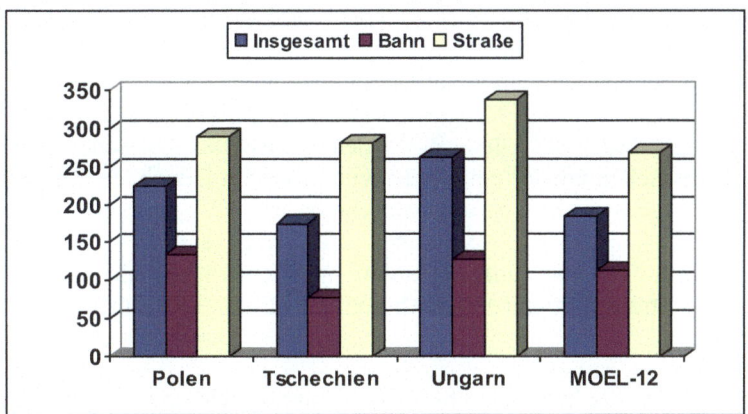

Abbildung 16: Grenzüberschreitendes Güterverkehrsaufkommen (in %) zwischen Deutschland und MOEL-12[182] (Prognose für den Zeitraum 1997 bis 2015)
(Quelle: Eigene Darstellung nach Prognos)

Insgesamt sind für MOEL die wachsende Bedeutung der Straße und der rückläufige Anteil bei der Bahn zu prognostizieren. Wie bereits erwähnt wurde, kann der hohe Anteil der Schiene in den MOE-Ländern mittel bis langfristig kaum gehalten werden. Selbst wenn die Politik - z.B. zur Förderung einer nachhaltigen Verkehrsentwicklung - den Ausbau und die Erneuerung der Schieneninfrastruktur massiv unterstützen würde, dürfte dies nicht ausreichen, um den Güterstruktureffekt (weniger Massengüter, mehr Halb- und Fertigwaren) und die Vorteile des Lkw gegenüber der Bahn auszugleichen. Ferner wäre die Leistungsfähigkeit der Schieneninfrastruktur in den MOE-Länder einem derartigen Verkehrswachstum nicht gewachsen und ein massiver Ausbau nur schwer zu finanzieren.

7.6 Entwicklung des Kombinierten Verkehrs

Unter der Bedingung der zentralistischen Planwirtschaft in MOEL, wurde unter Kombiniertem Verkehr (KV) fast ausschließlich Containerverkehr verstanden[183]. Die Transporttechnologien des KV, wie beispielsweise die Rollende Landstrasse oder bimodale Systeme wurden nicht oder nur als Versuchstransporte durchgeführt.

Die ausgesprochen schwach entwickelte technische Basis für den KV, sowohl hinsichtlich der Infrastruktur wie auch des Fahrzeugparks, ist einer der Hauptgründe für das zurzeit noch niedrige Niveau dieser Transporttechnologie in MOE-Ländern.

---

[182] Ohne Malta und Zypern

[183] Vgl. S*trelow* (2002)

Die im Vergleich zu Westeuropa bei der Organisation kombinierter Verkehre vorhandenen Rückstände wurden durch die immensen wirtschaftlichen Probleme im Zusammenhang mit dem Übergang zur Marktwirtschaft eher noch größer.

Die negativen Erfahrungen[184] der „Rollenden Landstraße" zwischen Hannover und Poznan, die inzwischen wieder eingestellt wurde, zeigen jedoch, dass der Erfolg einer möglichen Verlagerung von Straßenverkehren auf KV in erster Linie von der Preisgestaltung abhängig ist. Die Bahnen müssen gegenüber dem Straßenverkehr konkurrenzfähig sein, was aufgrund der Wettbewerbsvorteile von mittel- und osteuropäischen Straßenverkehrsunternehmen mit ihrem extrem niedrigen Preisniveau sehr schwer ist.

Bei der Betrachtung der Wettbewerbssituation und der Hemmnisse des Kombinierten Verkehrs in MOE sind folgende logistische Trends zu beobachten:

- Die Anforderungen der Kunden an die Verkehrswirtschaft und an logistische Dienstleistungen werden im osteuropäischen Verkehr zunehmend anspruchs- voller und entwickeln sich zu **logistischen Komplettangeboten**.

- Auf den Transport- und Logistikmärkten Mittel- und Osteuropas steigen vor allem die Anforderungen der Kunden in Bezug auf **Zuverlässigkeit, Kalkulierbarkeit** und **Sicherheit.**

- Zu den logistischen Angeboten gehören neben Abhol-, Lager- und Umschlagfunktionen zunehmend **informatorische Funktionen** (z.B. Sendungsverfolgung, Informations- und Abrechnungsdienste).

- Um den Anforderungen des europäischen Güterverkehrs gerecht zu werden, ist eine **ausgefeilte Logistik** unerlässlich.

Nach der Situationsanalyse des Kombinierten Verkehrs in MOE zeigen sich die wichtigen Gestaltungs- und Handlungsfelder für die Wirtschaft, das Transportgewerbe und die Verkehrspolitik. Gemeinsame Aufgabe sollte es dabei sein, die verkehrspolitisch wünschenswerten und betriebswirtschaftlich notwendigen Zielsetzungen für das Produktionssystem Kombinierter Verkehr in bestmögliche Übereinstimmung zu bringen.

Damit die Bahnen sich erfolgreich den zukünftigen Herausforderungen stellen können, brauchen sie Kooperationspartner. Eine kooperative Zusammenarbeit zwischen Verladern, Logistikgesellschaften, KV-Operateuren und Bahngesellschaften fördert diesen Prozess.

Schlanke Produktionskonzepte im Kombinierten Verkehr zielen auf eine unternehmensübergreifende Stärkung der Leistungsfähigkeit entlang der logistischen

---

[184] Vgl. *DE-Consult* (2002)

Kette ab. Dies wird durch Prozessoptimierung und Kooperationsbildung erreicht. Alles was letztendlich der Rationalisierung, Kostensenkung und Qualitätsverbesserung dient, verbessert die Position des Kombinierten Verkehrs in MOE und erhöht seine Marktanteile.

Es sind umfassende verkehrspolitische Rahmenbedingungen zur Förderung des KV in den MOE-Ländern zu schaffen, die die gesamte Palette möglicher Maßnahmen in aufeinander abgestimmter Form beinhalten. Zu solchen Maßnahmen gehören:

- Errichtung der funktionierenden Umschlaganlagen und Güterverkehrszentren in den Quell- und Zielgebieten,
- Entwicklung von Informationssystemen im Kombinierten Verkehr (Ladungsverfolgung- und Überwachung),
- Gut ausgelastete Züge in Ost-West-Richtungen (paarige Verkehre),
- Effizienzsteigerung von Transportleistungen und Erhöhung der Qualitäten,
- Schaffung eines flexiblen Preissystems zur Steigerung der Wettbewerbsfähigkeit gegenüber dem Lkw
- Ermäßigungen bei Steuern und Gebühren,
- Investitionsanreize für Infrastrukturbau und Equipmentbeschaffung,
- Befreiung von Fahrverboten bzw. -beschränkungen.

8 Entwicklung der Verkehrsinfrastruktur in MOEL

8.1 Theoretische Ansätze zum Zusammenhang zwischen der Verkehrsinfrastrukturausstattung und der Wettbewerbsfähigkeit der Region

Die Rolle der Verkehrsinfrastruktur im Wirtschaftsprozess ist in den zurückliegenden Jahren wieder stärker ins Blickfeld der wirtschaftswissenschaftlichen Forschung gerückt. Die zentrale These bei der Analyse lautet, dass die in den entwickelten Industrienationen zu beobachtende Verlangsamung des Produktivitätsfortschritts zu mehr als 50 % auf eine Vernachlässigung der Infrastruktur zurückgeführt werden könne[185]. Zu einer Beschleunigung des Produktivitätsfortschritts könne dementsprechend eine Stärkung der Infrastruktur, nicht zuletzt der Verkehrs-infrastruktur, wesentlich beitragen.

Eine bessere Ausstattung einer Volkswirtschaft mit insbesondere wirtschaftsnaher Infrastruktur wie den Verkehrswegen erhöht die Ertragsrate privaten Kapitals[186]. Hierauf reagieren die Unternehmen i. d. R. mit höheren Investitionen. Somit führt eine qualitativ und quantitativ bessere Ausstattung eines Wirtschaftsraumes mit der Verkehrsinfrastruktur zu einer insgesamt stärkeren Investitionstätigkeit auf Seiten privater Unternehmen[187]. So gesehen kann eine mangelhafte Ausstattung einer Region mit wirtschaftsnaher Infrastruktur zu einer Wachstumsbremse werden und zu Einkommenseinbußen führen, da unternehmerische Investitionen zurückbleiben. Umgekehrt gilt, dass eine - nicht maximal - ausgebaute Verkehrsinfrastruktur wachstumsfördernde Wirkungen enthalten kann[188].

Der betrachtete Wirkungskanal von der Ausstattung einer Ökonomie mit der Ver-kehrsinfrastruktur zur wirtschaftlichen Entwicklung über das Investitionsaggregat ist nicht der einzig denkbare. Ein weiterer verläuft über die Wettbewerbsfähigkeit. Dabei lässt sich dieser Begriff inhaltlich auf mindestens zwei verschiedene Arten fassen.

Zum einen mag die unternehmerische Fähigkeit im Vordergrund stehen, Güter und Dienstleistungen auf internationalen Märkten unter Wettbewerbsbedingungen gewinnbringend abzusetzen. Hier geht es um die *ability to sale* oder die *ability to earn*[189]. Die Fähigkeit zu verkaufen oder die Fähigkeit, Einkommen zu erwirtschaften, wird nicht zuletzt durch die betreffenden Kostenstrukturen mitbestimmt. Hier spielt die zur Verfügung stehende Verkehrsinfrastruktur eine wesentliche Rolle. Dieser Auslegung des Begriffs Wettbewerbsfähigkeit steht zum anderen diejenige gegenüber, die auf die Fähigkeit eines Landes oder einer Region abhebt, im Wettbewerb mit alternativen Unternehmensstandorten mobiles Kapital an sich zu ziehen und an sich zu binden.

---

[185] Vgl. *Aschauer* (1989, S. 179)

[186] Vgl. *Gatzweiler/ Irmen/ Janichr* (1991. S. 31)

[187] Vgl. *Aschauer* (1989, S. 184)

[188] Vgl. *Seitz* (1994)

[189] Vgl. *Balassa* (1965)

© Springer Fachmedien Wiesbaden GmbH, ein Teil von Springer Nature 2005
G. Doborjginidze, *Analyse der Entwicklung intermodaler Logistik-Netzwerke in mittel-und osteuropäischen Ländern*, Edition KWV, https://doi.org/10.1007/978-3-658-24046-2_8

Ein gängiges Modell zum Zusammenhang zwischen einerseits der Wettbewerbsfähigkeit im Sinne einer Fähigkeit, etwas unter Wettbewerbsbedingungen zu verkaufen, und andererseits der Verkehrsinfrastruktur entstammt der neoklassischen Theorie des internationalen Handels[190]. In einer üblichen Vereinfachung lässt sich dabei beispielsweise der Fall zweier miteinander Handel treibender Regionen analysieren, im Folgenden einerseits Mittel- und Osteuropa und andererseits die Europäische Union.

Die EU ist vergleichsweise reichlich mit Verkehrsinfrastruktur ausgestattet, MOE vergleichsweise knapp. Das Ziel der Analyse besteht darin, zu bestimmen, wie die Arbeitsteilung zwischen den beiden Regionen als Folge der unterschiedlichen Verkehrsinfrastrukturausstattung verläuft. Danach führen unterschiedliche Ausstattungen mit Produktionsfaktoren zu komparativen Kostenunterschieden zwischen Wirtschaftsräumen.

Eine Wirtschaftsregion exportiert diejenigen Güter, die mit Faktoren produziert werden, mit denen die Region relativ reichlich ausgestattet ist und die deshalb dort vergleichsweise billig sind. Umgekehrt importiert eine Wirtschaftsregion diejenigen Güter, die mit Faktoren produziert werden, mit denen die Region relativ knapp ausgestattet ist und die deshalb dort vergleichsweise teuer sind. Im genannten Beispiel spezialisiert sich die EU aufgrund der dort relativ reichlich vorhandenen Verkehrsinfrastruktur auf die Produktion und den Export vergleichsweise transportintensiver Güter. Umgekehrt spezialisiert sich MOE auf die Produktion und den Export vergleichsweise wenig transportintensiver Güter.

Die Modellierung der *ability to sale* in der neoklassischen Theorie des internationalen Handels operiert in einem inhärent statischen Denkrahmen. Ihr lässt sich eine dynamische Modellierung der *ability to attract* gegenüberstellen. Immerhin erhält die Fähigkeit, mobile Produktionsfaktoren, insbesondere Kapital, zu attrahieren, ihre Bedeutung nicht zuletzt vor dem Hintergrund eines dynamischen Wettbewerbs. Die Attraktivität eines Wirtschaftsraumes für Kapital determiniert wesentlich die Fähigkeit dort gebundener, immobiler Produktionsfaktoren, zukünftig Einkommen zu erwirtschaften[191].

8.2 Leistungsfähigkeit der Verkehrsinfrastruktur als entscheidender Standortfaktor

Im Folgenden geht es um die Wettbewerbsfähigkeit eines Landes oder einer Region, im Wettbewerb mit alternativen Unternehmensstandorten mobiles Kapital an sich zu ziehen und an sich zu binden. Hierbei rückt die Verkehrsinfrastrukturausstattung als ein Standortfaktor ins Bild. Ein Standortfaktor wird als ein geographisch scharf abgegrenzter Kostenvorteil verstanden, der einen entscheidenden Einfluss auf die

---

[190] Vgl. *Heinsch* (1986)
[191] Vgl. *Straubhaar* (1996, S. 219)

Standortwahl von Unternehmen ausübt. Eine Verbindung zwischen einerseits der Wettbewerbsfähigkeit im Sinne einer Fähigkeit, Kapital zu attrahieren, und andererseits der Verkehrsinfrastruktur stellt insbesondere die neue Außenhandelstheorie her. Die dabei formulierten Grundgedanken werden an dieser Stelle ausführlich erläutert. Ziel ist es, testbare Hypothesen über den Einfluss der Verkehrsinfrastrukturausstattung eines Wirtschaftsraumes auf dessen wirtschaftliche Entwicklung abzuleiten.

Charakteristisch für die Forschungsrichtung der Neuen Außenhandelstheorie ist die Annahme, die sich auch in der Neuen Regionalökonomie wiederfindet, dass als Grund für die Aufnahme des internationalen bzw. interregionalen Handels nicht nur komparative Kostenvorteile, sondern auch und gerade sinkende Durchschnittskosten in Frage kommen. Wird in diesem Denkrahmen die Verkehrsinfrastruktur inkorporiert[192], werden nicht nur Aussagen zur Richtung des internationalen Handels, sondern auch und gerade zur Verteilung der Produktion und der Investitionen im Raum möglich[193]. In der Regel ergibt sich als Ergebnis eine Kern-Peripherie-Dichotomie, bei der in einem „Kern" der überwiegende Teil oder sogar die Gesamtheit der industriellen Produktion eines Wirtschaftsraumes stattfindet, während an der „Peripherie" industrielle Fertigung kaum oder überhaupt nicht vorkommt. Es ist hierbei zu berücksichtigen, dass auch die sinkenden Durchschnittskosten darstellbar sind. Diese stehen zunächst nur der Annahme der vollständigen Konkurrenz auf den Gütermärkten entgegen. Alle übrigen Annahmen bleiben hiervon unberührt. Die Stärke der Neuen Außenhandelstheorie liegt aber auch nicht so sehr in ihren Annahmen begründet, sondern vielmehr in den aus ihr ableitbaren Hypothesen sowohl über die Richtung des Handels zwischen den Wirtschaftsräumen als auch über die Richtung von Investitionsflüssen.

In der wissenschaftlichen Literatur wird auch der Fall zweier miteinander Handel treibender Regionen, MOE und die EU, diskutiert. In beiden Regionen werden Güter produziert und konsumiert. Die Konsumenten beider Regionen unterscheiden sich nicht in ihren Präferenzstrukturen. Die EU weist aber eine größere Bevölkerung als MOE auf und verfügt, so die Annahme, über das höhere Pro-Kopf-Einkommen. Dies gibt Anlass zu unterschiedlichen marginalen Präferenzen. Die Nachfrage nach den einzelnen Gütern ist unelastisch. Die angebotenen und nachgefragten Güter stellen für die Konsumenten jeweils unvollkommene Substitute dar. Es handelt sich um so genannte „differenzierte Güter"[194], die international handelbar sind. Die Güterproduktion zeichnet sich durch sinkende Durchschnittskosten aus, basierend entweder auf Fixkosten der Produktion oder abnehmenden Grenzkosten. Es herrscht monopolistische Konkurrenz. Die Mengen der insgesamt in der Produktion einsetzbaren und eingesetzten Produktionsfaktoren sind festgelegt. Der Produktionsfaktor Kapital ist vollkommen mobil. Der Produktionsfaktor Arbeit ist hingegen zwischen den Regionen immobil.

---

[192] Vgl. *Helpman/ Krugman* (1989)

[193] Vgl. *Helpman/ Krugman* (1989)

[194] Vgl. *Heinsch* (1986)

Der Güterverkehr zwischen der EU und MOE unterliegt Transportkosten, so dass für die Konsumenten einer jeweiligen Region ein Gut, das in dieser Region gefertigt wird, einen geringeren Preis aufweist als ein vergleichbares Gut aus der jeweils anderen Region. Güter aus der EU sind *ceteris paribus* für die MOE-Konsumenten teurer als Güter aus MOE *et vice versa*. Weiterhin sind die Transportkosten abhängig von der Verkehrsinfrastruktur, über welche die betreffenden Güter transportiert werden. Eine bessere Verkehrsinfrastruktur verteuert die Güterpreise weniger stark als eine schlechtere Verkehrsinfrastruktur. Annahmegemäß ist die EU vergleichsweise besser mit Verkehrsinfrastruktur ausgestattet als MOE. Wenn Konsumenten aus MOE die Güter ihrer eigenen Region konsumieren, müssen sie für den relativ hohen Transportaufwand bezahlen, der aus der dortigen relativ schlechten Verkehrsinfrastruktur resultiert. Umgekehrt gilt, dass durch einen Transport auf den relativ guten Verkehrswegen in der EU relativ geringe Kosten entstehen, so dass Konsumenten aus der EU vergleichsweise niedrige Preise für Produkte aus der EU bezahlen müssen. Bei einem Transport von einer Region in die andere fallen sowohl höhere, als auch niedrigere Transportkosten an, da der Transport auf den Verkehrswegen sowohl der Region MOE, als auch der Region EU vonstatten geht.

Das Ziel der vorliegenden Analyse besteht darin, zu bestimmen, wie die Arbeitsteilung zwischen den beiden Regionen erfolgt. Dies ist gleichbedeutend mit einer Aussage darüber, welcher Anteil der insgesamt getätigten Güterproduktion auf die Region MOE und welcher Anteil auf die Region EU entfällt. Die Unternehmensansiedlung in den zwei Regionen, mithin die Verteilung des Produktionsfaktors Kapital, wird im Wesentlichen von drei Faktoren beeinflusst:

- Erstens geschieht die Unternehmensansiedlung tendenziell in der Region mit der besseren Verkehrsinfrastruktur.

- Zweitens geschieht die Unternehmensansiedlung tendenziell in der Region mit dem höheren Pro-Kopf-Einkommen.

- Drittens geschieht die Unternehmensansiedlung tendenziell in der Region mit der größeren Bevölkerung.

Die sinkenden Durchschnittskosten bei der Güterproduktion wirken tendenziell auf eine Produktionskonzentration an einem Standort hin, da sich durch eine Zusammenfassung der Produktion an einem Standort niedrigere Durchschnittskosten realisieren lassen. Die übrigen Faktoren geben an, wo tendenziell die Standortkonzentration stattfindet. Erstens führt das Marktvolumensgefälle von der EU zu MOE dazu, dass die Produzenten in die EU, als die Region mit dem größeren Marktvolumen, streben, um nahe bei ihren hauptsächlichen Abnehmern zu sein. Die Bedienung der Abnehmer in MOE, der Region mit dem relativ geringen Marktvolumen, erfolgt aus der EU heraus. Bei einer Produktionskonzentration in der EU fallen weniger Transporte und somit geringere Transportkosten als bei einer umgekehrten Verteilung der Produktion an. Zweitens führt die von Region zu Region unterschiedliche Ausstattung mit Verkehrsinfrastruktur dazu, dass die Produzenten dazu tendieren, in der EU, in der

Region mit der vergleichsweise guten Verkehrsinfrastruktur, zu produzieren. Die Bedienung des heimischen Marktes kommt dann ohne hohe Transportkosten aus. Die relativ hohen Transportkosten fallen nur dann an, wenn die Konsumenten in der Region mit der vergleichsweise schlechten Verkehrsinfrastruktur beliefert werden. Zusammen-genommen kommt es im skizzierten Modell zu einer Konzentration der Güterproduktion in der EU, da sie eine bessere Verkehrsinfrastruktur, ein höheres Pro-Kopf-Einkommen und eine größere Bevölkerung aufweist.

Eine relative Verbesserung der Verkehrsinfrastruktur in MOE im Zeitablauf hat eine primäre und eine sekundäre Wirkung: Die primäre Wirkung betrifft die Preise der produzierten Güter, die sekundäre die Verteilung der Produktion zwischen den beiden Regionen. Bei der Wirkung einer verbesserten Verkehrsinfrastruktur in MOE auf die Preise der produzierten Güter ist zu unterscheiden, welches Produkt und welcher Absatzmarkt betrachtet werden. Zum einen kommt es durch eine verbesserte Verkehrsinfrastruktur in MOE zu einer Verbilligung der MOE-Produkte, sowohl in MOE, als auch in der EU. Das führt zu einer insgesamt höheren Nachfrage nach in MOE hergestellten Gütern. Zum anderen werden aber auch die EU-Produkte in MOE billiger, da nun in den Preis der EU-Produkte in MOE auch niedrigere Kosten des Transports über die Verkehrsinfrastruktur in MOE eingehen.

Als sekundärer, hier aber besonders interessierender Effekt erfolgt eine Standort-verlagerung der Produktion aus der EU nach MOE, denn durch eine Verbesserung der Verkehrsinfrastruktur in MOE fällt der Preis der in MOE hergestellten Güter relativ zu den in der EU hergestellten Gütern. Die Unternehmen in der EU tendieren bei einer Verbesserung der Verkehrsinfrastruktur in MOE dazu, mehr in MOE zu produzieren. MOE wird nach einer Verbesserung der Verkehrsinfrastruktur tendenziell mehr Güter als vor der Verbesserung der Verkehrsinfrastruktur herstellen. Dies wird tendenziell in einer Kapitalverlagerung nach MOE deutlich. Als Indikator hierfür können Kapitalzuflüsse nach MOE, insbesondere Direktinvestitionszuflüsse, herangezogen werden. Wenn lediglich diejenige Verkehrsinfrastruktur in MOE einer Verbesserung unterliegt, die nicht auch zu einer Verbilligung der EU-Produkte auf dem MOE-Markt führt, fällt die Standortverlagerung aus der EU nach MOE besonders stark aus. Dann nämlich kommt es nur zu einer Ausweitung der Nachfrage nach MOE-Produkten, nicht jedoch zu einer Ausweitung der Nachfrage nach EU-Produkten in MOE. Da es insbesondere die internationalen und überregionalen Verkehrsverbindungen sind, über welche die EU-Produkte nach MOE gelangen, fällt die Standortverlagerung aus der EU nach MOE dann besonders stark aus, wenn innerhalb von MOE nur die lokale und regionale Verkehrsinfrastruktur verbessert wird. Umgekehrt hat die EU ein Interesse daran, dass innerhalb von MOE die internationalen und überregionalen Verkehrsverbindungen modernisiert und ausgebaut werden[195].

Der Zwei-Regionen-Fall lässt sich verallgemeinern und auf den Fall mehrerer Länder ausdehnen. Wenn beispielsweise die Region MOE aus mehreren Ländern besteht, die sich im Pro-Kopf-Einkommen, in der Bevölkerungszahl und in der Ver-

---

[195] Vgl. *EU-Kommission* (2001)

kehrsinfrastrukturausstattung unterscheiden, wird innerhalb von MOE tendenziell in denjenigen Ländern eine hohe Güterproduktion stattfinden, die ein hohes Pro-Kopf-Einkommen, eine große Bevölkerungszahl und eine relativ gute Verkehrsinfrastrukturausstattung aufweisen. Darüber hinaus wird innerhalb der MOE-Länder in denjenigen Ländern eine hohe Güterproduktion stattfinden, die relativ nah an der EU liegen, da die Transportkosten zwischen der EU und deren direkten Nachbarn geringer ausfallen als zwischen der EU und weiter von ihr entfernt liegenden Ländern.

Der so umschriebene theoretische Rahmen gibt zu einer Hypothesenformulierung Anlass. Unternehmensansiedlungen dürften verstärkt in solchen Reformstaaten Mittel- und Osteuropas stattfinden, die relativ nahe am „Kern" der Europäischen Union liegen. Des weiteren dürften Ausprägungen von Indikatoren zur Unternehmensansiedlung in den Staaten Mittel- und Osteuropas mit Ausprägungen von Verkehrsinfrastrukturindikatoren, mit der Bevölkerungszahl und mit dem Pro-Kopf-Einkommen eines Landes positiv verknüpft sein.

8.3 Verkehrspolitische Ausrichtung der MOE-Länder im Bereich der Infrastrukturentwicklung

Mittlerweile ist in allen MOE-Staaten eine Neuausrichtung der Verkehrspolitik in Gang gekommen[196]. Dies äußert sich insbesondere in der Formulierung nationaler Verkehrskonzepte und in der Instandsetzung und im Ausbau der Verkehrsnetze.

Die nationalen Verkehrskonzepte thematisieren nicht allein die materielle Verkehrsinfrastrukturausstattung. Vielmehr geht es auch um die Regulierung und die Wettbewerbsverfassung der Verkehrs- und Transportmärkte, um Sicherheitsaspekte und um Umweltgesichtspunkte. Die ungarische Verkehrspolitik beispielsweise ist in den Anfang 1993 vom Parlament verabschiedeten „Grundsätzen zur Verkehrspolitik" prinzipiell geregelt[197]. Bedeutsam ist im ungarischen Fall, dass nicht nur bei der Bereitstellung von Transportleistungen, sondern gerade auch bei der Bereitstellung von Verkehrsinfrastruktur privatwirtschaftliche Engagements stark betont werden[198]. Dies geht einher mit einer Forcierung der Finanzierung von Verkehrsprojekten über Gebühren statt einer alleinigen Finanzierung aus allgemeinen Haushaltsmitteln. So werden auf allen Autobahnen Ungarns Mautgebühren erhoben. Die Planungen zur ungarischen Verkehrsinfrastruktur sehen unter anderem die Erweiterung des Autobahnnetzes auf mehr als das Doppelte des Ausgangsbestandes vor[199]. Daneben wird insbesondere auf Qualitätsverbesserungen bei der Bahninfrastruktur und bei den Wasserstraßen des Donaueinzugsbereiches abgehoben.

---

[196] Vgl. *Deutsches Verkehrsforum* (2002)

[197] Vgl. *Ehrentraut/ Schmidt* (1994)

[198] Vgl. *Ehrentraut/ Schmidt* (1994)

[199] Vgl. *Strelow* (2002)

Für die tschechische Regierung hat die Entwicklung der Bahn-, Wasserstraßen- und Flugverkehrsinfrastruktur gegenüber der Entwicklung der Straßen nur nachgeordneten Charakter[200]. Mehr als die Hälfte aller Ausgaben, die den Planungen gemäß von der Zentralregierung bis etwa zum Jahre 2005 für die Entwicklung der Verkehrsinfrastruktur ausgegeben werden sollen, entfallen auf Straßenprojekte. Im Jahre 1993 verabschiedete das Kabinett ein gesondertes Programm zum Ausbau der Autobahnen und der vierspurigen Straßen des Landes[201]. Hierin ist die Erweiterung des Autobahnnetzes bis zum Jahr 2005 um ca. ein Viertel vorgesehen. Engpässe bei der Finanzierung lassen jedoch Zweifel daran aufkommen, dass das Programm im vorgesehenen Zeitrahmen tatsächlich umgesetzt wird.

Polens verkehrspolitische Konzeption ist stark von der anvisierten Integration des Landes in die Europäische Union geprägt. Grundsatzcharakter hat in diesem Zusammenhang das Assoziationsabkommen Polens mit der Europäischen Union (in Kraft getreten im Jahre 1994[202]). Darin verpflichten sich beispielsweise die Vertragsparteien, den Zugang zu den Verkehrsmärkten in vielen Bereichen weitgehend zu liberalisieren, sowohl für eigene Nachfrager und Anbieter, als auch für diejenigen der Vertragsgegenseite. Die Zusammenarbeit zwischen Polen und der EU auf dem Felde des Verkehrswesens soll intensiviert werden. Konkret werden hierunter nicht zuletzt die gemeinsame Planung und die gegenseitige Hilfe bei der Realisierung von Verkehrsprojekten verstanden. Hierdurch wird Polen indirekt in die EU-weite Planung der Verkehrsnetze, nicht zuletzt der Transeuropäischen Netze integriert. An diesen ist der EU offensichtlich am stärksten gelegen. Ihr Interesse an der Verkehrsinfrastruktur Mittel- und Osteuropas richtet sich insbesondere auf die Entwicklung überregionaler und internationaler Verkehrsverbindungen. Assoziationsabkommen mit der EU haben neben Polen mittlerweile die drei baltischen Republiken, die Tschechische Republik, die Slowakische Republik, Ungarn und Slowenien und auf dem Balkan Rumänien und Bulgarien geschlossen.

Langfristig wird eine vollständige Eingliederung der mittel- und osteuropäischen Verkehrssysteme in die westeuropäischen Verkehrsstrukturen angestrebt. Grundlage dafür sind die diesbezüglichen Passagen in den jeweiligen bilateralen Assoziierungs- bzw. Europaabkommen zwischen der EU und den MOE-Staaten.

Die Prioritätensetzungen, die in den nationalen Verkehrskonzepten der MOE-Länder zum Ausdruck kommt, schlägt sich auch in den seit der Systemwende ergriffenen Maßnahmen zur Verbesserung der nationalen Verkehrsinfrastrukturausstattungen nieder. Hierbei lassen sich drei Schwerpunkte herausstellen.

- Erstens geht es gegenwärtig eher um den Erhalt und die Instandsetzung bereits bestehender Verbindungen und weniger um einen forcierten Ausbau der Verkehrssysteme. Projekte, die zu einer Erweiterung der Verkehrsnetze führen,

---

[200] Vgl. *Ehrentraut/ Schmidt* (1994)

[201] Vgl. *Ehrentraut/ Schmidt* (1994)

[202] Vgl. *Bronk* (1995)

stellen in den MOE-Staaten gegenwärtig noch eher die Ausnahme als die Regel dar. In vielen Ländern Mittel- und Osteuropas setzen die Regierungen, traditionell Träger infrastruktureller Maßnahmen, ihre Ausgabenprioritäten nicht bei der Verkehrsinfrastruktur. Das hängt zum einen mit dem Bemühen zusammen, Budgetdefizite abzubauen oder gar einen Budgetüberschuss zu erreichen. Zum anderen erhalten sich die Regierungen, die durch das gegenwärtig sehr niedrige Niveau der Transporttätigkeit nicht genau abschätzen können, welche Verkehrsverbindungen und welche Verkehrsträger in absehbarer Zeit gebraucht werden, ihre Planungsflexibilität, wenn sie sich nicht zu früh auf den Bau bestimmter Trassen festlegen.

- Zweitens dominiert bei den Aktivitäten der MOE-Staaten im Verkehrsbereich der Straßenbereich. Einerseits wird der Bau bisher weitgehend fehlender Ortsumgehungsstraßen vorangetrieben. Andererseits geht es um die Fortentwicklung der Autobahnnetze, wobei MOE am konsequentesten zu Werke geht. In dieser Region wuchsen die Autobahnnetze mehr als 14 %[203]. Bei der Bahn wird es zukünftig zu weiteren Streckenstilllegungen kommen[204]. Die verfügbaren Finanzierungsmittel werden für die Anpassung der jeweiligen Hauptstrecken an höhere Standards gebraucht. Im Zuge einer Netzoptimierung müssen die in Nutzung verbleibenden Strecken generell doppelgleisig ausgebaut und mit Oberleitungen versehen werden[205]. Außerdem bedarf es zur sichereren und reibungsloseren Abwicklung des Verkehrs moderner Signalanlagen. Insgesamt muss die Leistungsfähigkeit der Bahn zunehmen, will sie ihren begonnenen Niedergang auf absehbare Zeit stoppen.

- Die Erfahrung durch den neuen Grenzübergang an der deutsch-polnischen Grenze bei Görlitz/Zgorzelec deutet darauf hin[206], dass der dritte Schwerpunkt der Verkehrspolitik der MOE-Länder auf einem Ausbau der Verkehrsverbindungen in Ost-West-Richtung liegt, insbesondere derjenigen von und nach Westeuropa. Die Planungen sehen vier Trassen mit europaweiter Bedeutung vor, die zukünftig Mittel- und Osteuropa in Ost-West-Richtung durchqueren sollen. Im Einzelnen sind dies:

  - Berlin -Warschau - Minsk und weiter bis nach Moskau,

  - Dresden - Wroclaw -Katowice - Krakow - L'vov,

  - Prag - L'vov,

  - Triest -Ljubljana - Budapest - Bukarest.

---

[203] Vgl. *Eurostat* (2001)

[204] Vgl. *Eurostat* (2001)

[205] Vgl. *Deutsches Verkehrsforum* (2002)

[206] Vgl. *Deutsches Verkehrsforum* (2002)

Dem steht lediglich ein Korridor in Nord-Süd-Richtung gegenüber, der vom Baltikum über Warschau und Budapest in den südlichen Balkan verläuft.

8.4 Situationsanalyse der Verkehrsinfrastruktur in MOEL

Es besteht eine hohe verkehrsinfrastrukturelle Diskrepanz - sowohl in quantitativer als auch in qualitativer Hinsicht - zwischen der EU und den MOE-Staaten. Beispielsweise liegen die Quotienten aus der Länge von Straßen und Autobahnen und Oberflächen eines Landes durchweg weit unterhalb des entsprechenden Wertes der EU-Länder (vgl. Abb. 17). Das Autobahnnetz der EU war 2001 knapp 17-Mal so groß wie in den MOEL[207]. Wie in der Abbildung 17 verdeutlicht wird, sind die Unterschiede auch bei der Netzdichte[208] (pro km² Fläche) beträchtlich. Diese Entwicklung behindert eine reibungslose Abwicklung des Güterverkehrs und die Realisierung der innovativen Logistik- und Managementkonzepte in MOE.

Die Dichten der Eisenbahnnetze können diesen Nachteil nicht aufwiegen, auch wenn sie partiell den Vergleichswerten beispielsweise Deutschlands entsprechen oder diese sogar übertreffen.

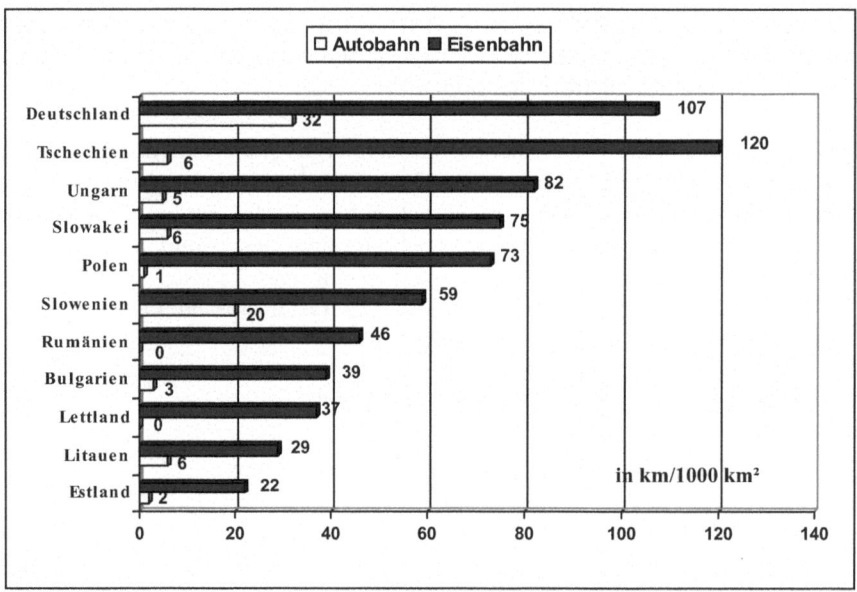

Abbildung 17: Infrastrukturdichte in ausgewählten MOE-Ländern (zum Vergleich Deutschland), 2001 *(Quelle: Eigene Darstellung nach Eurostat)*

---

[207] Vgl. *Eurostat* (2001)

[208] Die Autobahndichte eines Landes wird ermittelt, indem die Länge der Autobahnen durch die Fläche des Landes geteilt wird.

Nicht nur zwischen West- und Osteuropa, sondern auch innerhalb der MOE-Länder bestehen beträchtliche infrastrukturelle Unterschiede. So weisen Polen, die Tschechische Republik und Slowenien eine Dichte von mehr als einem halben Kilometer Straße pro Quadratkilometer Landesoberfläche auf. Ebenso tritt bei der Dichte der Schienennetze ein deutliches Gefälle zwischen MOE-Staaten hervor.

Darüber hinaus gibt es strukturelle Mängel im Verkehrsinfrastrukturaufbau, die entscheidende Entwicklungsbarrieren für MOEL darstellen. Angesichts der starken Ausrichtung MOE-Handels auf Westeuropa haben sich die *grenzüberschreitenden Verkehrswege* dorthin unzureichend entwickelt. Eine lediglich kleine Zahl von Grenzübergängen und eine häufig fehlende Verknüpfung der ost- und westeuropäischen Verkehrsysteme führen zu teilweise beträchtlichen Kosten, die Investoren in MOE zu tragen haben.

Ein weiterer struktureller Nachteil liegt darin, dass die bestehenden Verkehrsysteme kaum *Netzwerkeffekte* erzeugen. Ein in Ansätzen flächendeckendes Autobahnnetz weist allein Slowenien auf. Die Bahnnetze der MOE-Länder leiden darunter, dass sie bislang noch nicht auf einen unterbrechungsarmen Verkehr, wie ihn beispielsweise Intercitynetze verlangen, ausgerichtet sind. So sind zwar die Anteile elektrifizierter Strecken in der EU, in Südost- und Osteuropa in etwa gleich, doch liegen in MOEL die durchschnittlichen Anteile doppel- oder mehrgleisiger Strecken erheblich niedriger als in der EU. Auch zwischen den Verkehrsträgern bilden sich keine Netzwerkeffekte heraus, da die Übergänge zwischen ihnen nicht reibungslos funktionieren. Eine Kombination verschiedener Verkehrsträger (KV), wobei jeder Verkehrsträger seine jeweiligen Vorteile erbringen kann, ist auf diese Weise nur sehr selten möglich[209].

Interessant erscheint eine Vergleichsanalyse der Eisenbahnstreckennetz-Auslastung[210] im Güterverkehr zwischen den ausgewählten MOE-Ländern und EU-15. So verzeichnen von den MOEL Estland und Lettland die weitaus höchste Streckennetz-Auslastung im Güterverkehr (vgl. Abb. 18). Es folgen hierbei die Slowakei und Polen. In jedem dieser vier Länder ist die Auslastung höher als in allen EU-Ländern, wo Belgien, Österreich und Finnland die höchsten Werte melden (vgl. Abb. 18). Das ist allerdings darauf zurückzuführen, dass der Anteil der Bahn an gesamtem Güterverkehrsaufkommen in MOE immer noch relativ hoch liegt.

---

[209] Vgl. *Strelow* (2002)
[210] Der Streckennetz-Auslastungsgrad wird ermittelt, indem die Gesamtmenge der beförderten Güter (in Mio. Tonnenkilometern) durch die Länge des Eisenbahnnetzes geteilt wird.

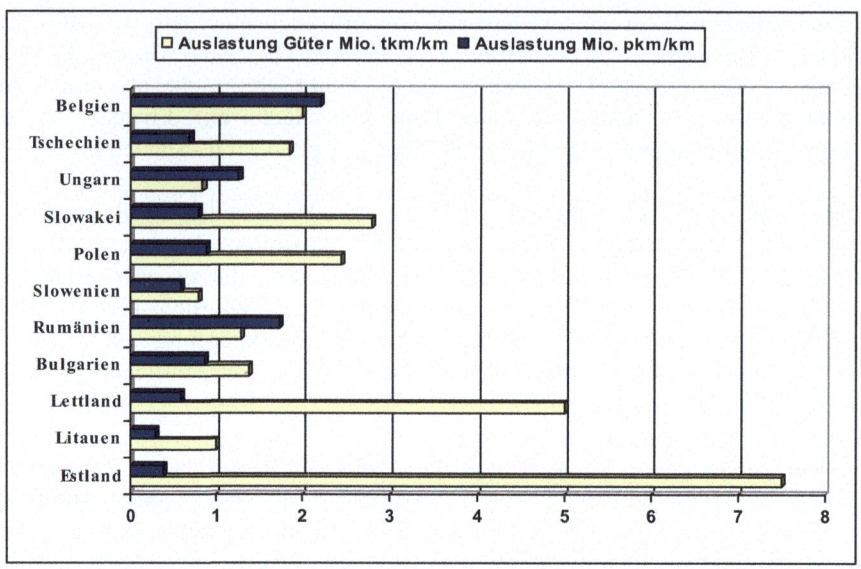

Abbildung 18: Auslastung des Eisenbahnnetzes in ausgewählten MOE-Ländern (zum Vergleich Belgien), 2001 *(Quelle: Eigene Darstellung nach Eurostat)*

Das rollende Material, das in den MOEL derzeit zum Einsatz kommt, ist überaltert und kann nicht - angesichts der Modernität und des Umweltschutzes - den europäischen Anforderungen gerecht werden. Dies gilt sowohl für die Schiene als auch für die Straße.

Im mittel- und osteuropäischen Straßenverkehr sind beispielsweise die Lkw i. d. R. sehr viel älter und dürften oftmals bestehende EU-Abgasnormen nicht erfüllen. Daher kommen mittelfristig auch hier noch erhebliche Investitionen auf diese Länder zu. Anders sieht es übrigens bei den Fahrzeugen aus, die unter osteuropäischer Flagge in der EU eingesetzt werden. Die Analyse des Bundesamtes für Güterverkehr zeigt[211], dass die Lkw aus den MOE-Ländern und auch aus der GUS, die in Deutschland eingesetzt werden, weniger oft beanstandet werden als einheimische Fahrzeuge.

Entsprechend den geplanten **Transeuropäischen Netzen**, existieren auch für die MOE-Länder Verkehrsverbindungen, deren Aus- und Neubau aus Sicht der Verkehrspolitik oberste Priorität hat. Den Investitionsbedarf für die Erstellung dieser Verkehrsinfrastruktur hat die Arbeitsgruppe *Transport Infrastructure Needs Assessment* (TINA) unter der Leitung der EU ermittelt[212]. Er wird bis zum Jahr 2015 auf 90 Mrd. Euro geschätzt. Diese Mittel sollen die MOE-Länder zu einem großen Teil selbst bereitstellen.

---

[211] Vgl. *Bundesamt für Güterverkehr* (2002)

[212] Vgl. *Kinnock* (1999)

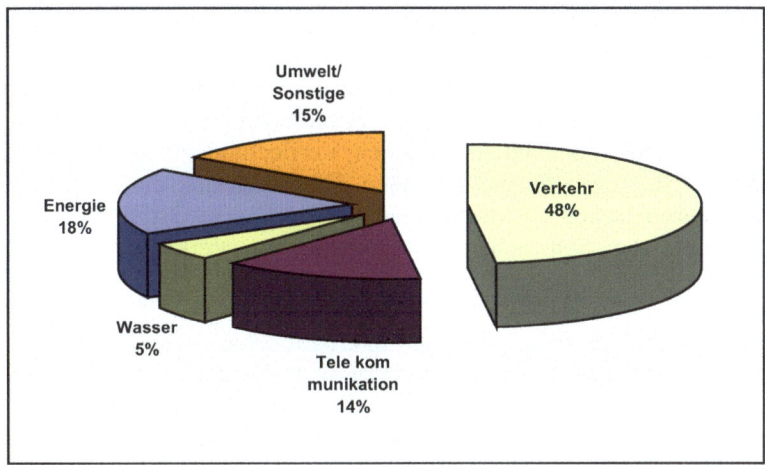

Abbildung 19: Infrastrukturinvestitionen (von 1991 bis 2001) in MOEL
(Quelle: Eigene Darstellung nach EBRD)

Zukünftig ist bei einer stark wachsenden gesamtwirtschaftlichen Leistung mit wieder anschwellenden Transport- und Verkehrsströmen zu rechnen wie das bei der Mehrzahl von MOE-Ländern der Fall ist. Das gilt in besonderem Maße für den Straßengüterverkehr. Diese Entwicklungstendenz des Modal Splits, Zeichen einer fortschreitender Dezentralisierung des Transports wird sich zukünftig weiter fortsetzen. Die Verkehrsinfrastruktur droht im gegenwärtigen Zustand zu einem Engpassfaktor der wirtschaftlichen Entwicklung der MOE-Staaten zu werden. Angesichts dieser Probleme ist die Planung der leistungsfähigen Verkehrsinfrastruktur notwendig, die insbesondere darauf gerichtet werden muss

- leistungsfähige, integrationsfördernde Verkehrsnetze zu schaffen,

- eine ausgewogene Entwicklung aller Verkehrszweige für den grenzüberschreitenden Verkehr zu gewährleisten,

- wettbewerbsfähige multimodale Verkehrsknotenpunkte zu entwickeln,

- leistungsfähige Umschlaganlagen und Güterverkehrs- und Verteilzentren in den Quell- und Zielgebieten aufzubauen.

8.5   Transeuropäische Netze

Die frühere Entwicklung der Verkehrsinfrastruktur in Europa war durch nationale Planung geprägt[213]. Das entsprach in Vergangenheit den realen Verkehrsverhältnissen, die zum Großteil durch die innerstaatlichen Verflechtungen geprägt waren[214]. Die starke Zunahme der grenzüberschreitenden Güterverkehre durch die Effekte des einheitlichen europäischen Wirtschaftsraumes und der Öffnung osteuropäischer Wirtschaft haben die Schwäche dieser nationalen Verkehrsinfrastrukturplanung gezeigt[215]:

- unzureichender Ausbau wichtiger internationalen Verkehrsachsen (z. B. im alpenquerenden und internationalen Ost-West-Verkehr);

- Engpässe und mangelnde Verknüpfung der Verkehrsinfrastrukturen in den Grenzräumen;

- mangelnde Kompatibilität der Verkehrssysteme, insbesondere im Schienenverkehr;

- mangelnde intermodale Verknüpfungen d.h. Verknüpfungen zwischen den Verkehrsträgern;

- Abstimmungsprobleme bei den grenzüberschreitenden Infrastrukturplanungen;

- Finanzierungsengpässe, die zu einer allgemeinen Verlangsamung des Infrastrukturausbaus geführt haben.

Bei den meisten nationalen Verkehrsinfrastrukturplanungen ging es in erster Linie um die Entwicklung der Verkehrsnetze bestimmter Verkehrsträger und nicht um das Verhältnis dieser Netze zueinander und um ein integriertes Verkehrssystem[216]. Die Unterschiede bei den geographischen Gegebenheiten und der Wirtschaftspraxis führen außerdem dazu, dass die Qualität der Verkehrsinfrastruktur der einzelnen Länder stark von einander differiert. Durch die Osterweiterung der EU wird diese Entwicklungsdifferenz noch weiter verstärken.

Von der EU werden diese Probleme als ein Hemmfaktor der Entwicklung europäischer Wirtschaft angesehen[217]. Es besteht die Möglichkeit, dass die EU-Wirtschaft dadurch nachhaltig geschwächt wird. Infolge dieser Entwicklungen stellt die Schaffung der Transeuropäischen Netze für die EU-Kommission die oberste Priorität dar.

---

[213] Vgl. *EU Kommission* (1995)

[214] Vgl. *Fonger* (1994, S. 621)

[215] Vgl. *Fonger* (1994, S. 621)

[216] Vgl. *EU-Kommision* (1995)

[217] Vgl. *Kinnock* (1999)

Die Aufnahme der mittel- und osteuropäischen Länder in die EU und die zunehmende Verflechtung zwischen Ost und West erfordert durchgehende leistungsfähige Verbindungen über den gesamten Kontinent hinweg. Der Ausbau und Verbund der Transeuropäischen Netze gewinnt vor dem Hintergrund der anstehenden Erweiterung der EU nach Osten große Bedeutung, so dass eine intensive Zusammenarbeit zwischen der Europäischen Union und den beitrittswilligen Ländern, gerade in der Vorbereitungsphase besonders wichtig für eine gemeinsame Verkehrspolitik ist. Die Verwirklichung des Transeuropäischen Verkehrsnetzes ist eine der Voraussetzungen für die gesamteuropäische Verkehrspolitik[218], da es durch die Erweiterung der EU auch zu einer Ausdehnung der TEN auf die neuen Mitgliedstaaten kommen wird.

8.6 Pan-europäische Transporträume

Das pan-europäische Transportnetzwerk stellt sich in seiner heutigen Form dar als die Gesamtheit von

- zehn Transportkorridoren

- vier pan-europäischen Transporträumen (Pan-European Transport Areas, PETRAs) und

- drei regional definierten euro-asiatischen Transportverbindungen.

Es erfasst damit das östliche Europa in seiner Ausdehnung von den Außengrenzen der EU bis Nishnij Nowgorod in Ost-West-Richtung und von Helsinki und Tallinn im Norden bis an die griechische Grenze im Süden (vgl. Abb. 21). Die Korridore verstehen sich grundsätzlich als multimodale Transportverbindungen, überwiegend mit der Alternative Schiene - Straße.

Die Korridore verbinden wirtschaftliche, kulturelle und politische Zentren. Sie schlagen damit Brücken nicht nur zwischen den Ländern der EU und den Endpunkten in den osteuropäischen Ländern, sondern auch zwischen den Brückenpfeilern innerhalb Mittel- und Osteuropas. Dennoch hat sich dieses Konzept im Rahmen der Netzwerkstrategie als nicht immer ausreichend herausgestellt, um den Bedürfnissen der Entwicklung der Transportinfrastruktur zu entsprechen. Das betrifft insbesondere Regionen mit maritimer Anbindung. So wurden vier „Pan-European Transport Areas definiert:

-   der euro-arktische Raum mit der Barentssee,
-   das Schwarzmeer-Bassin,
-   das Mittelmeer-Bassin und
-   der Raum Adriatisches/Ionisches Meer.

---

[218] Vgl. *EU-Kommission* (2001)

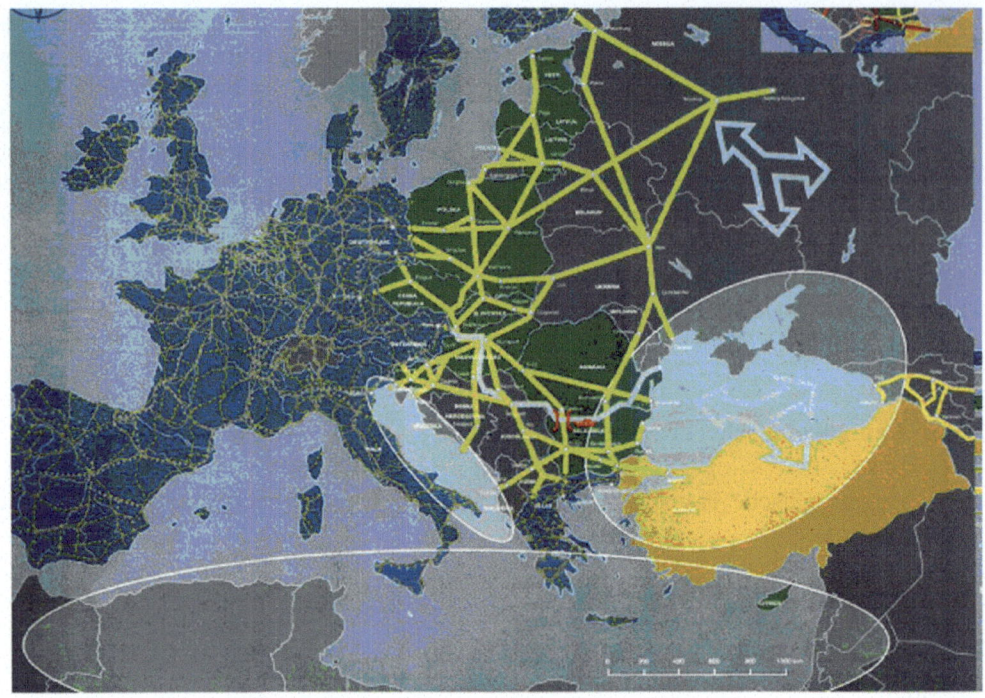

Abbildung 20: Pan-European Transport Areas
(Quelle: Intergovermental Commission TRACECA)

Die Idee von den Transport Areas soll das Korridorkonzept ergänzen. Sie zielt darauf, dass die involvierten Staaten und die jeweiligen regionalen Organisationen Entwicklungspläne für die Verkehrsinfrastruktur des Großraumes abstimmen. Diese sollen sowohl den intraregionalen Verkehr erfassen als auch die Anschlüsse an das Transeuropäische Netz, insbesondere jedoch die Anbindungen an die Korridore und die euro-asiatischen Verbindungen.

Die Netzwerkstrategie schließt die euro-asiatischen Transportverbindungen ein (vgl. Abb. 20). Das sind von Norden nach Süden

- der Weg von Finnland über Karelien, Archangelsk, Republik Komi und Perm zum Ural,

- der zentralrussische Weg von Nishnij Nowgorod nach Jekaterinburg und

- die transkaukasische Route, die das Schwarze Meer, die Staaten des südlichen Kaukasus passiert und dann via Iran oder Kaspisee nach Zentral- und Südasien führt.

Der arktische Raum mit den EU-Ländern Schweden und Finnland auf der einen Seite und dem Norden Russlands als eigenständigem Wirtschaftsgebiet, aber auch Transitraum nach Osten bleibt auf russischer Seite teilweise unerschlossen. Dabei befinden sich beachtliche Rohstoffreserven im Norden Russlands. Das sowjetische Verkehrssystem war auf Moskau konzentriert. Die Straßen- und Schienenverbindungen verlaufen auch dementsprechend. West-Ost-Verbindungen sind unterentwickelt. Es bestehet keine Bahnverbindung zwischen Karilien, Archangelsk, der Republik Komi und Ural. Die Straßenverbindung ist nur mangelhaft ausgebaut. Es gibt immer wieder Lücken und Engpässe, besonders Brücken, die dem modernen Straßenverkehr im Wege stehen.

8.7 Einbindung der MOE-Länder in die TEN

Die Osterweiterung der EU macht die Anbindung des Transeuropäischen Verkehrsnetzes an die neuen Mitgliedstaaten wichtiger und dringender als je zuvor[219], so dass die Schaffung neuer Verbindungen zu den Beitrittskandidaten primäres Ziel ist. Mit der Einbindung der MOEL in die TEN soll nun ein effizientes Transeuropäisches Verkehrsnetz geschaffen werden, das neben den Bedürfnissen der Verkehrsströme auch die gestiegenen Umweltinteressen berücksichtigt.

Das TEN-Konzept ist nicht nur geographisch auf die MOE-Länder ausgeweitet, es hat auch eine inhaltliche Ausdehnung erfahren: die pan-europäischen Korridore sollen zu einer flächen- und damit netzbezogenen Konzeption fortentwickelt werden[220]. Diese führen nicht nur zur Verbesserung der Infrastruktur, sondern - durch die Übernahme des „acquis communautaire" - zu einer Verbesserung der organisatorischen, betriebstechnischen und rechtlichen Rahmenbedingungen und zu einer nachhaltigen Effizienzsteigerung des gesamten Verkehrsystems.

Die Pan-Europäischen Korridore gelten als Grundlage der Verknüpfung von mittel- und osteuropäischen Ländern mit dem Transeuropäischen Netz. Die Korridore sollen die infrastrukturelle Erschließung der MOEL nachhaltig verbessern.

Bei diesen Verkehrskorridoren[221] (vgl. Abb. 21) handelt es sich in erster Linie um die Straßen-, Schienen-, und Wasserstraßenverbindungen zwischen den größeren

---

[219] Vgl. *Kinnock* (1999)

[220] Vgl. *Kinnock* (1999)

[221] Auf der dritten Pan-Europäischen Konferenz 1997 in Helsinki wurde das Korridorkonzept angepasst, welches auf der vorangegangenen Konferenz in Kreta erarbeitet wurde, indem die Ausweitung der vorhandenen neun Korridore und die Schaffung eines neuen zehnten Korridors beschlossen wurde. Damit enthält also das TINA-Verkehrsinfrastrukturnetz die festgelegten zehn paneuropäischen Helsinki-Korridore:
I. Helsinki – Tallinn – Riga – Kaunas – Warschau Zweig Riga – Kaliningrad – Danzig
II. Berlin – Warschau – Minsk – Moskau – Nizhny Novgorod
III. Berlin/Dresden – Breslau – Lvov – Kiev
IV. Berlin/Nürnberg – Prag – Budapest – Bukarest – Konstanta – Sofia – Thessaloniki – Istanbul
V. Venedig – Triest/Koper – Ljubljana – Budapest – Uzgorod – Lviv mit

Bevölkerungs- und Wirtschaftszentren. Sie umfassen rd. 20 000 km Eisenbahnstrecken, 18 000 km Straßen, 38 Flughäfen, 13 Seehäfen[222] und 49 Binnenhäfen. Die Korridore sind multimodal ausgelegt und decken alle im jeweiligen Korridor in betracht kommenden Verbindungen zwischen den großen Städten oder den Wirtschaftszentren der beteiligten Länder ab. Sie sind verkehrsübergreifend konzipiert, wobei nicht nur die Entwicklung einzelner Verkehrsträger betrachtet wird, sondern auch deren aufeinander bezogene Vernetzung.

Die Korridore II, III und IV, im Prinzip auch Korridor X, beginnen bzw. enden derzeit in Deutschland. Wie die Entwicklungen zeigen[223], wird der eine oder andere dieser Korridore im weiteren Verlauf der Entwicklung nach West- oder Nordeuropa verlängert und auch als „Trans European Rail Freight Freeway" ausgewiesen. Diesen Korridoren wird für MOE in Zukunft eine große wirtschaftliche Bedeutung beigemessen.

Durch den Korridor II wird Russland mit Westeuropa - über die Transsibirische Eisenbahn - und mit den Ländern Ostasiens verbunden. Der Korridor III verbindet die Ukraine, mit ihren riesigen Rohstoffreserven, mit Deutschland.

- Zweig A: Bratislava/Zilina – Kosice – Uzgorod
- Zweig B: Rijeka – Zagreb – Budapest
- Zweig C: Ploce – Sarajevo – Osijec – Budapest
VI.   Danzig – Grudziadz/Warschau – Kattowitz – Zilnia mit
- Zweig A: Kattowitz – Ostrava zum Korridor IV
VII. Donau
VIII. Durres – Tirana – Skopje – Sofia – Varna ("Via Egnatia", Römerstraße)
IX.   Helsinki – St. Petersburg – Moskau/Pskov – Kiev – Ljubasevka – Chisinau – Bukarest – Dimitrovgrad
– Alexandroupoli mit
X.   Salzburg – Ljubljana – Zagreb – Belgrad – Nis – Skopje – Veles – Thessaloniki mit
- Zweig A: Graz – Maribor – Zagreb
- Zweig B: Budapest – Novi Sad – Belgrad
- Zweig C: Nis – Sofia zum Korridor IV nach Istanbul
- Zweig D: Veles – Bitola – Florina

[222] Vgl. *Transport Infrastructure Needs Assessment* (Schlussbericht vom Oktober 1999)

[223] Vgl. *Deutsches Verkehrsforum* (2002)

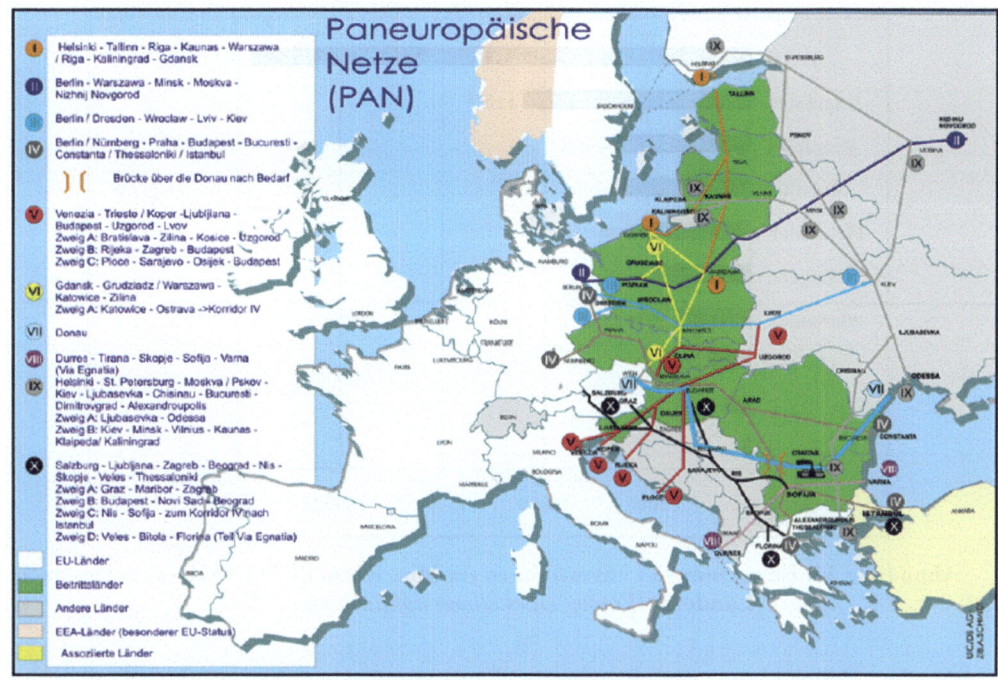

Abbildung 21: Pan-Europäische Verkehrskorridore *(Quelle. ECMT)*

Die Korridore II, IV und V stellen die Verbindung nach Asien her: Der Korridor II geht in die nördliche Haupteisenbahnmagistrale Moskau-Irkutsk-Wladiwostok mit dem Zweig Brest-Saratow-Uralsk-Aktjubinsk-Taschkent über. An den Korridor V schließt die mittlere Haupteisenbahnmagistrale Cop-Kiev-Taschkent ab. An den Korridor IV schließen die südlichen Haupteisenbahnmagistralen an: Constanta-Poti-Baku-Aschchabad-Taschkent sowie Istambul-Teheran-Taschkent-Almaty-Urumschi-Xian-Ljanjugan.

Die Kosten für den Aufbau des gesamten TEN werden bis 2010 grob auf 400-500 Mrd. ECU geschätzt[224]. Hiervon entfallen etwa 60 % auf das Schienen- und KV-Netz, 30 % auf das Straßennetz und die verbleibenden 10 % auf die Netze der Binnenwasserstraßen und -häfen, Seehäfen und Flughäfen sowie den Bereich der Verkehrskontrolle und des Verkehrsmanagements[225].

---

[224] Vgl. *EU-Kommission* (1995)

[225] Vgl.*Transport Infrastructure Needs Assessment* (1999)

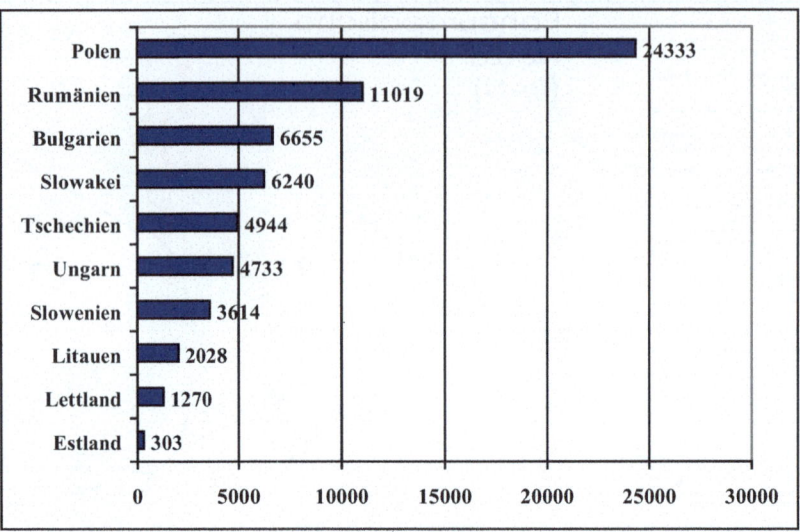

Abbildung 22: Bewertung der Investitionen (in Mio. Euro) des TINA-Kernnetzes nach Ländern *(Eigene Darstellung auf Basis der TINA)*

Bei der Entwicklung des Konzeptes Pan-Europäischer Korridore hat die EU-Kommission ein Strategiepapier vorgelegt[226]. Das Papier definiert qualitative Rahmenbedingungen für die Entwicklung des Netzes, die in der Deklaration der Konferenz „Für eine europaweite Transport-Politik" ihren Niederschlag haben.

Der Grundgedanke besteht darin, nachhaltige Mobilität auf pan-europäischem Niveau zu erreichen. Dieses soll Multimodalität und eine intelligente Nutzung der Netze einschließen. Intelligente Nutzung definiert hierbei teilweise den Qualitätsstandard:

- Schaffung von Rahmenbedingungen, die auf die Nutzung der jeweils effizienten und sichersten Verkehrsträger orientiert sind,
- Schaffung von intermodalen Schnittstellen zur Entfaltung der Multimodalität,
- Nutzung der komparativen Kostenvorteile,
- Schonung von Ressourcen und Umwelt,
- hohe Qualität und Sicherheit der Leistungen,
- Nutzung der Telematik.

---

[226] Vgl. *EU-Kommisiion* (2001)

8.8 Korridore II und IX als Hauptachsen im osteuropäischen Verkehr

Die Verkehrskorridore II und IX nehmen den Löwenanteil des mittel- und osteuropäischen Verkehrs im Rahmen der Transeuropäischen Netze auf. Das sind die Güterströme, die ihren Ursprung in der EU haben bzw. dorthin führen (vgl. Abb. 21), die aber auch überseeischen Ursprungs sein können. Für diese Verkehre stehen der Korridor II und Korridor IX mit seinem Hauptzweig Helsinki - St. Petersburg - Moskau in alternativer Wechselbeziehung, wenn nicht im gegenseitigen Wettbewerb. Der europäische Exporteur hat die Wahl zwischen dem Landweg - Straße oder Schiene - über Warschau und Minsk nach Moskau und weiter nach Osten oder dem Weg über die Ostsee. Dabei stehen ihm Kaliningrad, die Häfen des Baltikums sowie St. Petersburg und Helsinki/Kotka zur Auswahl.

Durch diesen Überblick ist klar, dass Russland eine zentrale Stelle im transeuropäischen Netzwerk einnimmt. Es ergibt sich einerseits aus der Größe des Marktes als Quell- und Zielgebiet internationaler Verkehre und andererseits aus der geographischen Lage als Transitland für den Verkehr mit Asien. Von den zehn definierten Korridoren führen drei durch Russland. Zwei der PETRAs tangieren das Land jeweils im Norden und im Süden, und zwei der drei euro-asiatischen Verbindungen führen durch russisches Territorium.

Drei Korridore passieren das Territorium der Russischen Föderation:

- Korridor II von Berlin über Warschau, Minsk, Smolensk, Moskau nach Nishnij Nowgorod,

- Korridor IX mit seinen beiden Zweigen von Helsinki über St. Petersburg, Moskau, bzw. von St. Petersburg über Pskow nach Weißrussland,

  - beide Zweige treffen sich in Kiew, um dann über Rumänien und Bulgarien nach Alexandroupoli in Griechenland zu laufen,

  - von Kiew wiederum geht ein Zweig nach Norden, der über Minsk, Vilnius mit einem Abzweig in Kaliningrad und mit dem anderen in Klaipeda endet.

- Durch das Kaliningrader Gebiet verläuft ebenfalls Korridor I auf dem Wege von Helsinki nach Gdansk.

Korridor I leitet seine Bedeutung aus dem intraregionalen Handel zwischen Westeuropa und dem Baltikum ab. Er hat bereits heute eine verbindende Wirkung zwischen den Anrainern der östlichen Ostsee untereinander und in deren Verkehr mit dem Westen. Dabei wird diese Bedeutung mit der bevorstehenden Osterweiterung der EU wachsen.

8.9 Aufbau des Transeurasichen Verkehrskorridors

Mit dem Aufbau des Transeurasichen Verkehrskorridors[227] soll ein Netz von Verkehrswegen vom Balkan bis nach China reaktiviert werden. Der Verkehrskorridor stellt eine kürzeste Verbindung zwischen dem europäischen und asiatischen Kontinent dar (vgl. Abb. 23.), wobei im Westen die Anbindung an die Transeuropäischen Netze erfolgt.

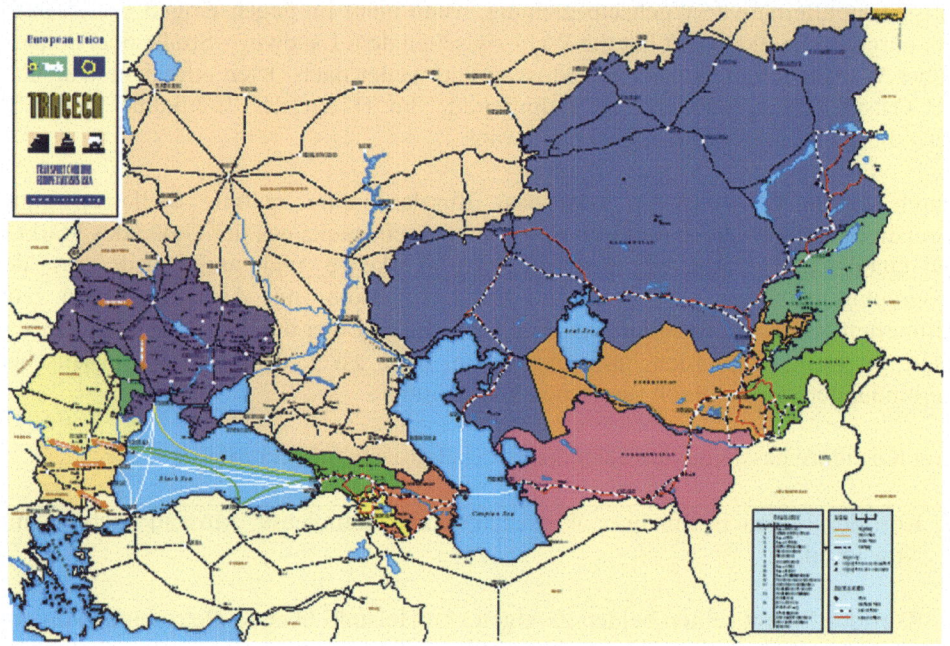

Abbildung 23: Transeurasicher Verkehrskorridor
(Quelle: Intergovermental Commission TRACECA)

Die Entwicklung des Transeurasichen Verkehrskorridors ermöglicht den Mitgliedstaaten[228] den Ausbau neuer Märkte für ihre Produkte sowie eine bessere Zugang zu den europäischen Märkten.

---

[227] Die legendäre Seidenstraße verband seit dem 2. Jahrhundert vor unserer Zeitrechnung anderthalb Jahrtausende lang die Völker Ost-, Zentral- und Vorderasiens mit Südeuropa kommerziell. Nach dem Zusammenbruch der Sowjetunion im Jahr 1991 und der Unabhängigkeit der osteuropäischen und kaukasisch-asiatischen Staaten wurde dem Aufbau der „Neuen Seidestraße" eine große Bedeutung beigemessen. Mit Unterstützung der Europäischen Union wurde 1993 das Förderprogramm TRACECA (Transport Corridor Europe-Caucasus-Asia) ins Leben gerufen. Auf der Konferenz der Transport- und Handelsminister der EU und der acht zentralasiatischen und südkaukasischen Staaten in Brüssel (Mai 1993) wurde die Realisierung und Finanzierung des TRACECA-Programms durch die Europäische Union entschieden.

[228] TRACECA umfasst bereits heute 13 Mitgliedstaaten: Armenien, Aserbeidschan, Bulgarien, Georgien, Kasachstan,, Kirgistan, Moldavien, Rumänien, Tadschikistan, Türkei, Turkmenistan, Ukraine und Usbekistan.

Mit der marktwirtschaftlichen Öffnung stellten sich bald erste Erfolge ein. So haben sich beispielsweise die usbekischen Baumwollexporte durch die Benutzung des euroasiatischen Verkehrskorridors in einem Jahr verfünffacht[229] (2002). Trotzdem bestehen entlang des Verkehrskorridors noch erhebliche Mängel. Während der Straßengüterverkehr sich bestmöglich an die Straßenverkehrverhältnisse anpasst, ist der Schienengüterverkehr stark zurückgegangen[230]. Erkennbare Schwachstellen im Eisenbahngüterverkehr sind der Mangel an flexiblen, bedarfsgerechten Transportangeboten und die niedrige Qualität der Schieneninfrastruktur.

Gerade hier werden mit Unterstützung der EU und der Weltbank große Anstrengungen zur Ertüchtigung der Eisenbahn unternommen. Insbesondere werden von Seiten der EU in den Aufbau von multimodalen Transportketten große Hoffnungen gesetzt. Ein erfolgsversprechendes Vorhaben im Rahmen des TRACECA-Programms stellt die Einrichtung eines Express-Shuttle im Kombinierten Verkehr zwischen dem Hafen Poti[231] (Georgien) und Baku (Aserbaidschan) dar. Aufgrund der großen Aufkommensschwankungen, einer unzureichenden technisch-organisatorischen Terminalausstattung in den Knoten und fehlenden Vor-/Nachlauf Managements wurde die Realisierung des Projektes verschoben[232].

Eine wichtige Rolle bei der Entwicklung des Transeurasichen Verkehrskorridors spielen die kaukasischen Staaten, insbesondere Georgien und Aserbaidschan. Aufgrund der geopolitischen Lage bildet die Landbrücke zwischen dem Schwarzen Meer und dem Kaspischen Meer die kürzeste landseitige Verbindung zwischen Südosteuropa und Zentralasien (vgl. Abb. 24.). Diese Länder verfügen über eine Transitfunktion für Industrie- und Konsumgüter (in west-östlichen Richtung Öl, landwirtschaftliche Produkte und Baumwolle in ost-westliche Richtung) und bilden einen wichtigen Transportknotenpunkt in diesem Korridor.

---

[229] Vgl. *Intergovermental Commission TRACECA* (2003)

[230] Vgl. *Intergovermental Commission TRACECA* (2003)

[231] Die straßen- und schienenseitige Verkehrverbindung zwischen den Häfen Poti/Batumi und dem Hafen Baku beträgt 360 km.

[232] Vgl. *Ministerium für Verkehr und Kommunikation Georgiens* (2003)

Abbildung 24: Güterfluss in ost-westliche Richtung
(Quelle: Intergovermental Commission TRACECA)

9 Entwicklung von Informations- und Kommunikationssystemen zur Schaffung intelligenter Güterverkehrsnetze in MOE

Der Aufbau von innovativen Informations- und Kommunikationstechnologien in MOE spielt eine wichtige Rolle bei der Schaffung intermodaler Logistiknetze und bei der Entwicklung der Infrastruktur. Dies ist von zentraler Bedeutung für die Steigerung der Wettbewerbsfähigkeit und Wirtschaftlichkeit der gesamten Region. Die Entwicklung der Logistik in den MOE-Ländern ist ohne angemessene Systeme der Verkehrstelematik nicht vorstellbar. Durch den Einsatz dieser Systeme im Güterverkehr wird die Vernetzung von Verkehrsträgern gewährleistet, und die Integration in logistische Prozesse vereinfacht. Durch elektronischen Datenaustausch entlang der Transportkette wird es möglich, den Güterverkehr besser in Logistikprozesse zu integrieren.

Die vergangenen Jahrzehnte waren durch eine rasche Entwicklung und Ausweitung von informations- und kommunikationstechnischen Lösungen innerhalb der bestehenden Strukturen der Transportwirtschaft geprägt[233]. Die Beherrschung komplexer logistischer Prozesse erfordert sach- und zeitgerechte Informationen, die durch die Übermittlung des Wissens dem Empfänger bei den Entscheidungen und Handlungen helfen. Das Denken und Handeln in logistischen (Transport-) Ketten wird in seiner Effizienz durch die Nutzung der **rechnergestützten Informationssysteme** gefördert.

Die realen Güter des Materialflusses haben keine logistischen Informationen über Transportwege, Zielorte oder Termine - erst die ihnen zugeordneten Informationen lösen definierte Güterflüsse aus. Die Steuerung der Güterbewegungen ist durch die Vorgabe und Weiterleitung der Steuerungsinformationen an die sich im logistischen Netzwerk befindlichen - stationären und mobilen - Einheiten möglich[234]. Die Überwachung der Abläufe erfordert jeweils Standort- und Statusinformationen[235]; sie werden als Ist-Informationen - einschließlich zufällig anfallender Störgrößen - aus dem real ablaufenden Prozess gewonnen, für notwendige Entscheidungen ausgewertet und als zielorientierte Optimallösung für den weiteren Ablauf der Güterbewegungen vorgegeben. Sie unterstützen die Transport-, Umschlag-, Lagerungs-Aktivitäten (TUL-Prozess) während der Beschaffung, der Produktion und des Vertriebs von Gütern.

Der Datenfluss in Transportketten bezieht neben dem physischen Güterstrom die *vorauseilenden Informationen* ein[236]. Dazu gehört aber auch die *begleitende*[237] und *nachfolgende* Information. Den Vorteilen der Schnelligkeit der DFÜ-Systeme,

---

[233] Vgl. *Philipps/Zackor* (2000, S. 7)

[234] Vgl. *Barth* (1997)

[235] Vgl. *Mokrani* (2000, S 448-449)

[236] Beispielsweise Auftragsdaten, Mengen und Arten der Abgefertigten Sendungen, Positionierung von Containern, Reihung von Waggons in Zügen u. ä.

[237] Z. B. Frachtbriefe, Ladelisten, Statusmeldungen über die räumliche Positionierung von Verkehrsmitteln und den Zustand der Güter bei temperaturgeführten oder Gefahrgütersendungen.

© Springer Fachmedien Wiesbaden GmbH, ein Teil von Springer Nature 2005
G. Doborjginidze, *Analyse der Entwicklung intermodaler Logistik-Netzwerke in mittel- und osteuropäischen Ländern*, Edition KWV, https://doi.org/10.1007/978-3-658-24046-2_9

verbunden mit einem Verzicht des aufwendigen Transports von Dokumenten und realisierbarer Ersparnisse aufgrund reduzierter Papierflut und einer nur einmaligen Dateneingabe steht das Schnittstellproblem aus Inkompatibilitäten in den Übertragungsstandards gegenüber.

9.1 Begriffsdefinition der Verkehrstelematik

Telematik verbindet die Begriffe Telekommunikation und Informatik. **Verkehrstelematik** ist demnach Telematik, die sich auf den Verkehr bezieht. „Auf den ersten Blick scheint der Begriff für sich selbst zu sprechen: Verkehrstelematik ist Telematik im Verkehr. Tatsächlich soll Verkehrstelematik als ein Teil des Gesamtsystems Verkehr verstanden werden.[238]"

Die am Verkehrsgesamtsystem orientierte Definition der Verkehrstelematik kann interpretiert werden als: ein Sammelbegriff für die Erfassung, Übermittlung, Verarbeitung und Nutzung von verkehrsbezogenen Daten mit dem Ziel der *Organisation*, *Information* und *Lenkung* des Verkehrs[239]. Verkehrstelematik umfasst also Anwendungen von Datenverarbeitungs- und Telekommunikationstechniken für die Betreiber bzw. Nutzer von Verkehrsmitteln und/oder -infrastruktur.

9.2 Funktionen und Anwendungsbereiche der Verkehrstelematik

Die Verkehrstelematik ist ein Innovationsfeld mit sehr unterschiedlichen Technologien, Sach- und Dienstleistungen. Zur Erhöhung der Transparenz, scheint es sinnvoll, den stark differenzierten Markt der Verkehrstelematik nach **Geschäftsfeldern** zu strukturieren. Dabei beschreibt ein Geschäftsfeld die strategische Kombination der Telematik-Funktionen, der Technologien und Dienste sowie der Kundengruppen. Letztere sind nach privaten und industriellen Kundengruppen zu unterteilen, so dass im Folgenden lediglich die Funktionen und die ihnen zugrunde liegenden Technologien genauer betrachtet werden sollen.

Im Allgemeinen spielt Telematik eine große Rolle im Verkehrsbereich zur:

- Informationsverbesserung der Verkehrsteilnehmer,
- Steuerung der Verkehrsabläufe,
- Erfassung von Zeitlichen und Räumlichen Verkehrströmen und
- Erhöhung der Verkehrssicherheit.

---

[238] Vgl. *Mühlethaler* (1998)
[239] Vgl. *Mühlethaler* (1998)

Die Verkehrstelematik dient auch zur verbesserten Nutzung der Verkehrsinfrastrukturkapazitäten, insbesondere im Straßen- und Schienenverkehr.

Die **Telematik-Funktionen** bilden die Basis für alle Anwendungen, da sie beschreiben, welche Funktionalitäten und Fähigkeiten der Kunde von einem System erwartet. Es sind fünf Zentralfunktionen der Verkehrstelematik zu unterscheiden:

- Überwachung und Ortung
- Fahrerunterstützung
- Zielführung und Information
- Verkehrsvermeidung
- Verkehrsmanagement

Spezifische Kombinationen aus Technologien und Diensten bilden die Anwendungen zur Erfüllung dieser Funktionen, wobei die Grenzen der jeweiligen Funktionalitäten oft fließend sind und eine exakte Zuordnung nicht immer gegeben ist.

9.3 Überwachung und Ortung

Der Funktionsbereich der Überwachung und Ortung kann unterteilt werden in die *allgemeine Verkehrserfassung* z. B. über Induktionsschleifen, Lichtschranken oder auch straßenseitige Kameraüberwachung sowie die *individuelle Ortung* mittels **Global Positioning System** (GPS) oder dem GSM[240]-Zellenortungsverfahren mobiler Endgeräte.

Die zur allgemeinen Verkehrsüberwachung notwendigen straßenseitigen Sensoren werden dabei durch Sender im Auto ersetzt. Diese Sender können einfache Mobiltelefone oder GPS-Systeme sein, die von jedem Fahrzeug aus Daten an einen zentralen Verkehrsrechner übermitteln. Aus der Menge an Einzeldaten kann dann ein detailliertes Bild von der aktuellen Verkehrssituation simuliert werden. Davon ausgehend, dass jedes Fahrzeug laufend Daten übermittelt, nennen die Ingenieure das Verfahren *Floating Car Data System* (FCD). Der große Vorteil liegt vor allem in den gegenüber einem festen Messnetz wesentlich genaueren, dynamischen Verkehrsinformationen, die Prognosen über die kommende Verkehrssituation erheblich verbessern können.

---

[240] Global System for Mobile Communication

9.4 Fahrerunterstützungssysteme

Im Bereich der Fahrerunterstützungssysteme gibt es zahlreiche Anwendungen, die den Fahrkomfort und die Fahrsicherheit erhöhen. Bezüglich ihres Potentials zur Verbesserung der Gesamtverkehrssituation sind besonders die sicherheitsfördernden Systeme von Interesse, die zur Unfallvermeidung und damit zur Staureduktion beitragen. Vor allem die Technologien zur *Mensch-Maschine-Kommunikation* über Sprachein- und Sprachausgabe sowie zur *Maschine-Maschine-Kommunikation* für die zunehmende Vernetzung des Fahrzeugs und die damit verbundene, zentrale Steuerungsmöglichkeit, spielen hierbei eine wichtige Rolle.

9.5 Radio Data System

Insbesondere steht heute Telematik für den Straßenverkehr im Mittelpunkt des Interesses. Hier soll Telematik die Kapazitätsauslastung sowie eine höhere Sicherheit gewährleisten. Hierbei geht es um das *Radio Data System* mit dem TMC-Verkehrsnachrichtenkanal - *Traffic Message Channel Systems* (RDS/TMC). Mit Hilfe von digital kodierten Kurznachrichten, die an das analoge Radiosignal gekoppelt werden, ist es möglich, die Verkehrsinformationen getrennt zu erfassen, abzuspeichern, über einen Routenfilter einzugrenzen und bei Bedarf über ein Display oder ein Sprachmodul auszugeben. Seit 1997 wird z. B. in Deutschland das *Digital Audio Broadcast* (DAB) betrieben. Dieses völlig neue Übertragungssystem basiert auf Digitalisierung mit hochwirksamer Datenkompression und einem neuartigen, sicheren Übertragungsverfahren auch und gerade für mobilen Empfang breitbandiger Dienste. DAB hat das Potential, als Rundfunkverfahren langfristig etabliert zu werden und eine hohe Wertschöpfung zu erschließen. Entscheidender Vorteil gegenüber dem RDS/TMC-Standard im Sinne eines modernen Verkehrsfunks ist die Übertragung von langsamen Bewegtbildern und somit eine höhere Genauigkeit der Informationsdarstellung und besserer Komfort beim Abruf.

9.6 Verkehrsvermeidung

Alle bisher angeführten Funktionen der Telematik zielen darauf ab, den entstandenen Verkehr in seinem Fluss zu verbessern oder intelligent zu lenken, jedoch nicht das Verkehrsaufkommen auf der Straße zu reduzieren. An dieser Stelle sind besonders die Verkehrsverlagerung auf öffentlichen Verkehrsmittel, Konzepte zum *Car-Sharing* oder das Mobilitäts-Konzept von Smart zu nennen[241] sowie die Auswirkungen von **Telearbeit** und *E-Business* auf den Verkehr. Konzepte zum Car Sharing oder auch das Mobilitätskonzept von Smart zielen auf eine bewusstere Nutzung des Autos im

---

[241] Vgl. *Fraunhofer Institut Materialfluss und Logistik* (2000)

Alltag ab und versprechen eine Reduzierung der Kosten für die individuelle Mobilität ohne Komforteinbußen[242].

Das Potential im *E-Business* liegt jedoch weniger in der wirklichen Verkehrsvermeidung als in der optimierten Verteilung der gehandelten Güter. Im Gegensatz zum konventionellen Handel kann beim E-Business der Weg zu einem Marktplatz eingespart werden und darüber hinaus weitere Wege, wenn das gesuchte nicht auf Anhieb gefunden wird. Da eine gehandelte Ware jedoch trotzdem noch den Weg zum Käufer finden muss sind die Auswirkungen auf das Verkehrsaufkommen vor allem im Bereich des Güterverkehrs zu finden, der durch logistische Optimierung und Bündelungseffekte reduziert werden kann.

Die *Telearbeit* trägt aus rein verkehrspolitischer Sicht äußerst effektiv zur Reduzierung des Verkehrsaufkommens bei[243], da der Weg zum Arbeitsplatz völlig eingespart wird. Jedoch erwies sich diese Art der Arbeit für die Unternehmen nicht als attraktiv, so dass eine weitere Verbreitung der Telearbeit und ihre Auswirkungen auf den täglichen Berufsverkehr bislang ausblieben. Es ist jedoch anzumerken, dass die Attraktivität all dieser Konzepte eng mit der Situation auf den Straßen im Zusammenhang steht. So besitzen öffentliche Verkehrsmittel in Großstädten mit hohem Stauaufkommen eine wesentlich höhere Akzeptanz als in kleineren Städten, in denen weniger die Gefahr von Verkehrsstockungen besteht. Ebenso verhält es sich mit der Telearbeit. In einer Stadt wie z.B. New York mit täglich, stundenlangen Staus auf dem Weg zur Arbeit ist die Akzeptanz dieser Arbeitsform ungleich höher als in den mittel- und osteuropäischen Städten. Diese Korrelation solcher Konzepte mit der Situation auf osteuropäischen Straßen muss bei einer Prognose stets mitberücksichtigt werden[244].

9.7 Flottenmanagementsysteme

Der Einsatz der Telematik zum Flottenmanagement (im Wesentlichen zur Fracht- und Fahrtendisposition vor und während der Fahrt in Verbindung mit dynamischen Tourenplanungs-/zielführungssysteme) ermöglicht eine Effizienzsteigerung im Güterverkehr. Der Gütertransport und die Frachtübergaben werden besser planbar und schneller. Darüber hinaus ist es möglich, durch die Nutzung von Bündelungseffekten die Transport- und Infrastrukturkapazität der Verkehrsmittel besser auszulasten und die umweltfreundlicheren Verkehrsträger Schiene und Wasserstraße stärker am Wachstum des Güterverkehrs zu beteiligen. Durch optimierte Transportplanung können sowohl Emissionsminderungen als auch betriebswirtschaftliche Kosten-ersparnisse erreicht werden. Um solche Ergebnisse zu erreichen, ist es neben der Transportoptimierung erforderlich, die einzelnen Verkehrsträger durch technische und organisatorische Abstimmungen und Verknüpfungen zu einem integrierten

---

[242] Vgl. *Fraunhofer Institut Materialfluss und Logistik* (2000)

[243] Vgl. *Fraunhofer Institut Materialfluss und Logistik* (2000)

[244]Vgl. *Heinonen/ Weber* (2001)

Gesamtverkehrssystem zusammenzufügen. Dafür sind die Leistungsangebote innerhalb der Verkehrsträger zu verbessern, zudem müssen die Schnittstellen zwischen den Verkehrsträgern kompatibel gestaltet werden.

Die Tourenplanung kann durch Rückfrachtannahme und Zusammenführung von Teilladungen optimiert und dadurch die mittlere Auslastung der Fahrzeuge gesteigert werden[245]. Bei gleicher Güterverkehrsnachfrage geht mit der besseren Auslastung der Fahrzeuge die Fahrleistung insgesamt zurück. Dadurch kann es direkt zu einer Netzentlastung und einer fluideren Verkehrsabwicklung kommen[246].

9.8 Einsatz der Verkehrstelematik in Transportketten

Durch den Einsatz von Telematiksystemen in Transportketten wird die Möglichkeit zur Vernetzung von Verkehrsträgern erleichtert, zudem wird eine Integration in logistische Prozesse vereinfacht. Die effiziente Gestaltung von Transportketten erfolgt jedoch in einem sensiblen privatwirtschaftlichen Betätigungsfeld. Viele Unternehmen nutzen schon heute hochspezialisierte Telematiksysteme, die auf die jeweiligen betrieblichen Anforderungen - darunter auch die Verkehrsbedingungen - abgestimmt sind[247]. Derartige In-House-Systeme sind im Allgemeinen nicht geeignet, um umfassende Kooperationen zu unterstützen. Ein verkehrsträgerübergreifender Einsatz telematischer Systeme in Transportketten auf breiter Basis, der einen hohen gesamtwirtschaftlichen Nutzen erwarten lässt, stößt noch auf Schwierigkeiten. Häufig fehlt die Bereitschaft oder die Einsicht der im Wettbewerb stehenden Unternehmen, sich auf durchgängige Datensysteme zu verständigen, obwohl auch betriebswirtschaftliche Synergieeffekte zu erwarten sind. Im Güterverkehr fehlt zudem noch die durchgängige Anwendung von Standards (z. B. *EDIFACT*[248]) für elektronischen Datenaustausch zwischen den einzelnen Verkehrsträgern.

Auch im Kombinierten Verkehr bieten die Telematiksysteme vielfältige Vorteile. Die verkehrsübergreifenden Telematikanwendungen mit ihren Verknüpfungs- und Vernetzungsmöglichkeiten bieten die technische Basis für leistungsfähige Schnittstellen zwischen den verschiedenen Verkehrsträgern[249]. Durch eine einheitliche, transparente Informationskette der beteiligten Bahnen, Terminalbetreiber, KV-Agenturen, Speditionen und Verlader lassen sich die intermodalen Transportketten

---

[245] Vgl. *Grandjot* (2000, S. 95-96)

[246] Das größte Potential zur Optimierung liegt im Güterfernverkehr, wobei im Güternahverkehr nur sehr geringe Möglichkeiten zur Optimierung vorhanden sind. Verschiedene Untersuchungen geben die Reduktionspotentiale der Fahrleistung bei den Fahrzeugflotten, die an Flottenmanagementsysteme angeschlossen sind, in der Größenordnung von 2 bis 10 % an. (vgl. *Schmeck* 1995 sowie *Prognos* 1999). Hiermit einhergehende Verkürzungen der Reisezeiten liegen in der Größenordnung von 1 bis 4 % (vgl. *Kühne/Neumann* et al. 1998).

[247] Vgl. *Philipps/Zackor* (2000, S. 7)

[248] Electronic Data Interchange for Administration, Commerce und Transport.

[249] Vgl. *Müller* (1999, S. 323-324)

optimieren. Um einen reibungslosen Informationsfluss zwischen den Akteuren der Transportkette zu gewährleisten, müssen neutrale (akteursunabhängige) Informationsschnittstellen durch entsprechende Informationssysteme an den Umschlagbahnhöfen geschaffen werden.

Die Systeme zur Steigerung des physischen Transports müssen sich darauf konzentrieren, dass die Transportkette ohne zeitliche Verzögerungen erfolgt. Die Übermittlung der Statusdaten muss darauf abzielen, eine durchgängige transportvorauseilende Informationskette auf nationaler und internationaler Ebene zu verwirklichen. Die automatische Frachtgütererfassung und -begleitung, die während des gesamten Transportvorgangs die Identifikation und damit Standortbestimmung des Frachtguts ermöglichen, können den Aufwand für administrative Tätigkeiten (wie z. B. Erfassen von Wagen oder die Bestandsaufnahme in einem Terminal des KV) reduzieren.

Durch die effektive Ausschöpfung von Rationalisierungspotentialen in Form einer informationstechnischen Vernetzung aller Beteiligten innerhalb der Logistikkette lassen sich die wesentlichen Verzögerungen an den Terminals und somit Mehrkosten vermeiden[250]. Dadurch können Übergangswiderstände zwischen den Verkehrsträgern verringert und die Effizienz des Kombinierten Verkehrs gesteigert werden.

---

[250] Hierbei ergeben sich die Kosteneinsparungspotentiale an den Terminals von 10 % bis 15 % (vgl. *Hansmann,* 1998, S. 42-44).

10 Leitlinien für die Entwicklung intermodaler Logistiknetzwerke in MOEL

10.1 Definitorische Abgrenzung und Zielsystem „Intermodale Netzwerke"

Die Begriffe „Intermodale Logistiknetzwerke" wie auch „Intermodale Verkehre", „Intermodale Systeme" und andere Wertschöpfungen mehr, werden derzeit vielfältig und mit variierenden Bedeutungsinhalten gebraucht. Diesen Begriffen liegt die Erkenntnis zugrunde, dass die geteilten Logistik- und Transportabschnitte eines oder mehrerer Logistikobjekte in ihrem Zusammenwirken einer kompletten quelle-ziel-bezogenen Betrachtungsweise unterzogen werden. Die Zielgröße der intermodalen Erkenntnisse kann mit der (auf ein vorgegebenes oder zu definierendes Ziel ausgerichteten) systematischen Verknüpfung mehrerer unterschiedlicher Anbieter von Verkehrs- und Logistikleistungen für eine integrierte Gesamtlogistikleistung beschrieben werden. Die Zielfunktion beinhaltet somit die optimale Nutzung der spezifischen Vorteile der einzelnen (Sub-) Systeme zur Verbesserung des gesamten Logistikprozesses.

10.2 Leitlinien für ein funktionales System logistischer Knoten

Für den Aufbau intermodaler Logistiknetzwerke ist die Schaffung des funktionalen Systems der **logistischen Knoten** erforderlich. Der begriff *„funktional"* steht für das Zusammenwirken durch Vernetzung der einzelnen Teilsysteme des Gesamtsystems.

Die Vernetzung der Verkehrsträger zur Bildung leistungsfähiger **Transportketten** im Güterverkehr erfordert optimale Schnittestellen für den Wechsel zwischen den Verkehrsträgern. Voraussetzung hierfür ist der Aufbau von logistischen Knoten und deren Einbindung in regionale und überregionale Logistiknetze.

10.2.1 Aufbau logistischer Knoten

Der Aufbau logistischer Knoten ist auf zwei Ebenen zu betrachten. Die beiden Ebenen sind die *überregionale* Ebene und die *regionale* Ebene, wobei die überregionale Ebene ein hohes Maß der Güterverflechtung aufweisenden Räume darstellt. Es sind die Standorte die aufgrund ihrer Lage eine bedeutende Schnittstellenfunktion im internationalen Güterverkehr wahrnehmen.

Die regionale Ebene sind die Standorte, die sich mit der nationalen und internationalen Fernverflechtung charakterisieren.

Für die **Standortlage** und **Ausstattung** der logistischen Knoten sind insbesondere folgende Kriterien zu nennen:

© Springer Fachmedien Wiesbaden GmbH, ein Teil von Springer Nature 2005
G. Doborjginidze, *Analyse der Entwicklung intermodaler Logistik-Netzwerke in mittel- und osteuropäischen Ländern*, Edition KWV, https://doi.org/10.1007/978-3-658-24046-2_10

Ebene 1: Überregionale logistische Knoten

Die *Standortlage* eines überregionalen logistischen Knotens in MOE soll sich in einem Wirtschaftsraum von überregionaler Bedeutung und mit einem hohen verlagerbaren Güterpotential befinden. Die überregionale Bedeutung eines Wirtschaftsraumes muss in diesem Fall aus Anzahl und Größe der in der Region ansässigen Industrie- und Handelsunternehmen, deren Empfangs- und Versandaufkommen im Güterverkehr und der Intensität des Güteraustausches mit anderen Standorten im In- und Ausland festgestellt werden. Ein hohes, vom Straßen- auf den Schienengüterverkehr verlagerbares Potential ist die Voraussetzung für Intensivierung des kombinierten Verkehrs in der Region

Die überregionalen logistischen Knoten liegen im Schwerpunkt der Verkehrskorridore des grenzüberschreitenden Straßengüterverkehrs und der Hauptstrecken der Bahnen. Zur Gewährleistung einer leistungsfähigen Schienenverbindung, die den Standort mit den großen Wirtschaftsräumen des In- und Auslandes verbindet, soll sich die Lage im Netz der Hauptstrecken der Bahnen befinden.

Der Standort muss mit einer Umschlagsanlage des kombinierten Verkehrs mit ganzzuglangen Ladegleisen ausgestattet werden. Der wirtschaftliche Betrieb einer Umschlagsanlage, die Zusammenstellung von direkten Logistikzügen zu Wirtschaftszentren und der schnelle Umschlag vom Lkw auf die Bahn erfordern die Einhaltung von Mindeststandards bezüglich der Ausstattung.

Ebene 2: Regionale logistische Knoten

Der regionale logistische Knoten stellt einen Standort für logistische Dienstleistungen in einer verkehrsgünstigen Lage dar. Die Erbringung der logistischen Dienstleistungen, die auf die Belange des regionalen Standortes zugeschnitten sind, erfordert einen verkehrsgünstig gelegenen Standort. Dies betrifft die Einbindung in das Schienennetz und das Netz der Fernstraßen. Die Entwicklung der logistischen Dienstleistungspakete soll sich an den regionalen Bedürfnisse der verladenden Wirtschaft orientieren. Die regionalen logistischen Knoten müssen zur Gewährleistung der stadtnahen Güterversorgung beitragen. Voraussetzung ist hierbei die Zusammenarbeit der Unternehmen der Verkehrswirtschaft und der Standort des Knotens.

10.2.2 Abgestuftes System regionaler Güterverkehrsknoten

Die Vernetzung der Verkehrsträger zur Bildung leistungsfähiger Transportketten im Güterverkehr erfordert den **Aufbau eines flächendeckenden Netzes abgestufter logistischen** Knoten mit einer bedarfsgerechten verkehrlichen Ausstattung. Für die Ebene 1 (überregionale logistische Knoten) ist die Einrichtung von *Güterverkehrszentren* zur Schaffung der Logistikeffekte in einem Logistiknetzwerk notwendig. Auf der Ebene 2 (regionale logistische Knoten) sind *Transportgewerbegebiete* (TGG) und Warenverteilzentren zu entwickeln.

Ebene 1: Entwicklung von Güterverkehrszentren

- In einem Güterverkehrszentrum werden Nah- und Fernverkehr verschiedener Verkehrsträger in funktionaler Weise systematisch zusammengeführt[251]. Die Güterstrome, die aus dem Fernverkehr in einen Wirtschaftsraum hineinfließen, werden im GVZ dekonsolidiert, um dann im Einzugsbereich feinverteilt zu werden. Zwischen diesen beiden Vorgängen sind Umschlag, ggf. Lagerung und Behandlung (z. B. Verpackung) erforderlich[252]. Die Zusammenführung der Gütermengen im Nah- und Fernverkehr ermöglicht die Bündelung der Güterströme und begünstigt damit die Verkehrsträger mit hoher Massenleistungsfähigkeit. Die Integration eines Terminals des kombinierten Verkehrs ist deshalb eine notwendige Bedingung.

- Die Entstehung von Güterverkehrszentren in MOE ermöglicht die Entwicklung der Schnittstellen zur Optimierung der Güterumschlag-, Lager-, Service- und Dienstleistungsfunktion von überregionaler Bedeutung. Das GVZ gibt den Logistikunternehmen, die ein spezialisiertes Aufgabenspektrum haben, die Möglichkeit für die Kooperation zur Erbringung von Verbundleistungen[253]. Von der Entwicklung eines verbesserten Leistungsangebots werden in erster Linie die Unternehmen der verladenden Wirtschaft profitieren. Die Integration der Bahn mit einer optimierten Schnittstelle zum Schienengüterverkehr erhöht die Flexibilität bei der Verkehrsträgerwahl.

- Über die logistischen Knoten GVZ ist es möglich, die Wirtschaftszentren- und Räume in MOE miteinander zu verbinden und zu vernetzen. Die organisatorische und informatorische Vernetzung der GVZ sichert ein Höchstmaß an Effizienz im Ablauf mehrfach gebrochener Transportketten.

---

[251] Vgl. *Kracke* (1998, S.444)

[252] Vgl. *Kracke* (1998, S.448)

[253] Vgl. *Leekamp/Nobel* (1999. S.328)

Ebene 2: Entwicklung der Transportgewerbegebiete

- Die Transportgewerbegebiete entstehen durch die Zusammenführung von Logistik- und Dienstleistungsunternehmen an einem verkehrsgünstigen Standort. In den Transportgewerbegebieten (TGG) müssen die Unternehmen angesiedelt werden, die den Umschlag, die Lagerung, die Behandlung und den Transport von Gütern abwickeln, wobei der Verkehrträger Schiene mit einem nachgeordneten Terminal des kombinierten Verkehrs integriert ist. Das logistische Leistungsprofil des TGG ist auf die Regionale Güterver- und -entsorgung abzustimmen. Ein TGG muss keine überregionalen Funktionen erfüllen (z. B. als Umschlagspunkt für Transitverkehre), sondern sollte in seinem Leistungsprofil an den Anforderungen der im Einzugsbereich ansässigen Unternehmen der Industrie und des Handels ausgerichtet sein.

- TGG sind als Verkehrsknotenpunkt mit einem ergänzenden Logistikangebot zu charakterisieren[254]. Sie stellen keine Konkurrenz zu regional etablierten logistischen Einrichtungen, wie z. B. Speditionsanlagen oder Distributions- zentren des Handels dar. Die Zielrichtung ist die Verbesserung des regionalen Angebots unter Integration in das vorhandene logistische Umfeld. TGG ist eine flächendeckende Ergänzung zu den Güterverkehrszentren mit einem abgestuften logistischen Angebot. TGG sind mit den GVZ zu vernetzten, um einen Zugang der regionalen Standorte zu dem leistungsstarken GVZ-Netz zu gewährleisten. Das logistische Angebot eines TGG ist gegenüber dem GVZ abgestuft, d. h. es wird beispielsweise im kombinierten Verkehr kein Direktzugverkehr mit hoher Frequenz angeboten.

10.2.3 Struktur eines funktionalen Systems logistischer Knoten

Das funktionale System logistischer Knoten (vgl. Abb. 25) ermöglicht die **Vernetzung der Verkehrsträger über leistungsfähige Schnittstellen**. Die günstige verkehrs- geographische Lage des Standortes von GVZ und TGG und die **Einbindung in regionale und überregionale Verkehrsnetze** sind hierfür eine wichtige Voraussetzung.

Die Entwicklung des Systems logistischen Knoten in MOE ist in drei Ebene zu gliedern:

Ebene 1:   bilden Güterverkehrszentren als **überregionale bzw. internationale logistische Knoten;**

---

[254] Vgl. *Ihde* (1991)

Ebene 2:   setzt die Transportgewerbegebiete voraus, die die Funktion eines **regionalen logistischen Knotens** erfüllen und mit den GVZ vernetzt sind um Regionen eines Landes den Zugang zu den internationalen Netzen zu ermöglichen.

Ebene 3:   des Systems der logistischen Knoten bilden die **Verteilzentren einzelbetrieblicher logistischer Dienstleister**, wobei die TGG eine Schnittstelle zu den Fernverkehrszentren (insbesondere im kombinierten Verkehr) für diese Betriebe darstellen.

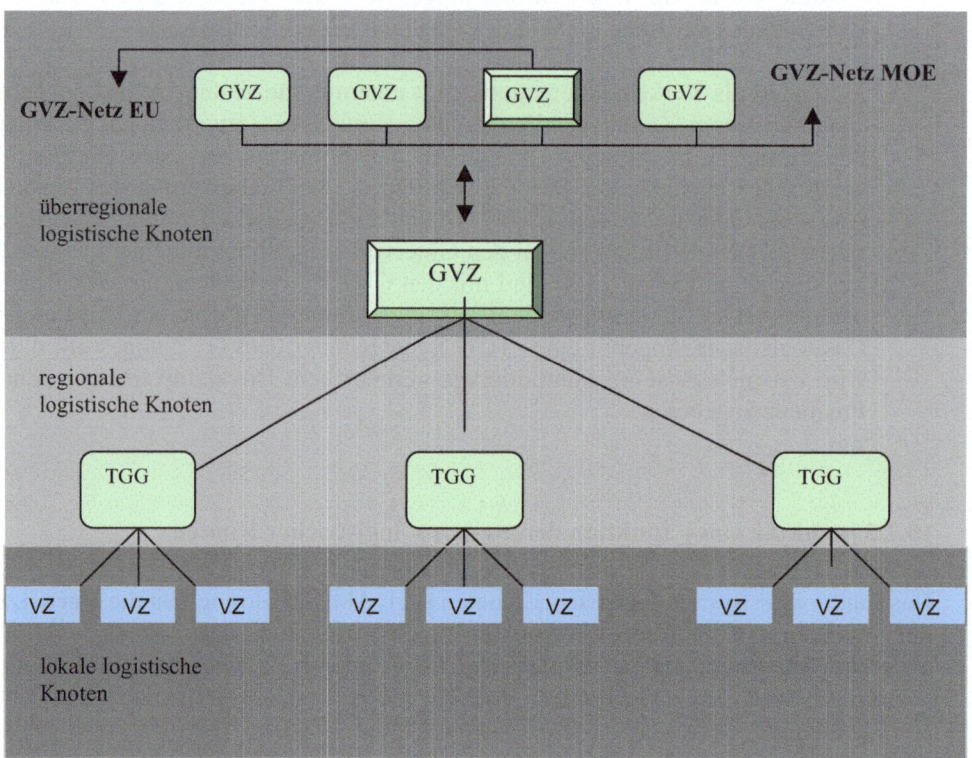

Abbildung 25: Funktionales System logistischer Knoten *(Quelle: Eigene Darstellung)*

10.3 Güterverkehrszentren

Unter der Bezeichnung „Güterverkehrszentrum" wird ein regionaler Standort für Logistikleistungen verstanden, der in funktioneller Weise die Güterströme im Nah- und Fernverkehr zusammenführt[255]. Ein GVZ ist des weiteren gekennzeichnet durch eine verkehrsgeographisch günstige Lage sowie Zentralität zu den verkehrserzeugenden und verkehrsempfangenden Betriebsstätten und Einrichtungen.

Die Güterverkehrszentren stellen **multimodale** und **multifunktionale** logistische Knoten in einem logistischen Netzwerk dar, wo sich - mindestens zwei unterschiedliche - Verkehrsträger und Spediteure des Nah- und Fernverkehrs treffen (Schnittstellen, Umschlagpunkte) mit dem Ziel, eine bessere Kooperation zwischen den einzelnen Verkehrsträgern, sowohl zwischen Handel und Industrie als auch zwischen Produzenten und Verbrauchern[256] zu gewährleisten. Die Zusammenführung der verschiedenen Verkehrsträger wird unter Ausnutzung der *verkehrsspezifischen logistischen Vorteile* im Fern- und Nahverkehr eingesetzt. Durch ein bedarfsgerechtes, auf Industrie und Handel zugeschnittenes Dienstleistungsangebot schaffen GVZ die Voraussetzung für leistungsfähige und kostenoptimale Transportketten[257].

Die Güterverkehrszentren sind als Scharniere im Nah- und Fernverkehr zu interpretieren[258]. Sie bieten im Fernverkehr durch eine Vernetzung dieser Zentren (makrologistische Netze) den Einsatz zielreiner Ganzzüge oder Binnenschiff-/Flugverbindungen im Streckenverkehr und erlauben im Nahverkehr (Flächenverkehr), durch vernünftiges Zusammenarbeiten von Anbietern und Nachfragern, leistungsfähige Versorgungs- und Entsorgungskonzepte, logistische Kooperationen aller beteiligten Unternehmen und koordinierte Tourenplanungen[259].

In einem GVZ können klein- und mittelständische Unternehmen angesiedelt werden, Kooperationen bilden und dadurch effizienter ihre Logistikleistungen erbringen. Das stärkt ihre Wettbewerbsfähigkeit und ermöglicht ihnen, am wachsenden Güterverkehrsmarkt teilhaben zu können. Die Güterverkehrszentren sollen zentral in der Nähe bestehender Verkehrswege oder in günstiger Lage zu den Ballungsgebieten und als Knotenpunkte verschiedener Verkehrswege angesiedelt werden, um die vorhandene Verkehrsinfrastruktur für den nationalen oder internationalen Güterverkehr auf allen Verkehrswegen möglichst effizient auszunutzen. Eine wünschenswerte Lage an Schienen- und Wasserwegen kann die Dominanz des Straßengüterverkehrs eindämmen.

---

[255] Vgl. *Ihde* (1991)

[256] Vgl. *Eckstein/ Werner* (1985)

[257] Vgl. *Leekamp/Nobel* (1999. S.326)

[258] Vgl. *Krampe* (1993)

[259] Vgl. *Kracke* (1998)

10.3.1 Merkmale

Die wesentlichen Merkmale[260] von Güterverkehrszentren sind ihre

- Multimodalität,
- Multifunktionalität und
- Überregionalität.

Aufgrund dieser Merkmale sind GVZ von Güterverteilzentren und Transportgewerbegebieten zu unterscheiden. Das Merkmal **Multimodalität** besagt, dass sich in einem Güterverkehrszentrum mehrere Verkehrsträger (i. d. R. Straßen- und Schienenverkehr) treffen und ergänzen[261]. Das Vorhandensein einer Umschlaganlage für den Kombinierten Verkehr Straße/Schiene (sowie ggf. Binnenschiff) ist damit unverzichtbarer Bestandteil[262]. Daher ist die Beteiligung der Bahn mit einem KV-Terminal eine wichtige Voraussetzung.

Die **Multifunktionalität** von Güterverkehrszentren bedeutet, dass von den dort angesiedelten Unternehmen eine Vielzahl von transportvor- und -nachgelagerten sowie transportbegleitenden Dienstleistungen erbracht werden können. Die lokale Zentralisierung von Anbietern logistischer Dienstleistungen eröffnet Möglichkeiten zur Kooperation und Koordination, so dass ein umfassendes, profiliertes Leistungsspektrum angeboten werden kann und die Spezialisierungsvorteile der einzelnen Betriebe für alle genutzt werden können[263]. Je mehr Unternehmen sich im Güterverkehrszentrum etablieren, umso höher ist das Angebot an logistischen Fähigkeiten.

Mit der **Überregionalität** wird zum Ausdruck gebracht, dass das Güterverkehrszentrum den Umschlagknoten für Nah- und Fernverkehr bildet.

10.3.2 Funktionen eines GVZ

Zu den Hauptfunktionen eines Güterverkehrszentrums gehören:

- die Umschlagfunktion,
- die Lagerfunktion und
- die Transportfunktion.

---

[260] Vgl. *Aberle* (1996 S. 483)

[261] Vgl. *Kracke* (1994 S. 362)

[262] Vgl. *Siegmann* (2002, S. C3-26)

[263] Vgl. *Jodin/Möller* (1999, S.11)

> **Die Umschlagfunktion**

Die Umschlagfunktion beinhaltet das Bilden und Auflösen von Ladungseinheiten an der Schnittstelle zwischen dem Nah- und Fernverkehr. Umschlagsvorgänge in einem GVZ sind nach folgenden Kriterien zu gliedern[264]:

- nach der Transportrichtung,
- nach Güterarten,
- nach Zwischenlagerfunktion.

> **Die Lagerfunktion**

Die Lagerfunktion in einem Güterverkehrszentrum setzt die Pufferung zwischen Input- und Outputgrößen von Gütern voraus. Entsprechend den logistischen Funktionen wird zwischen Beschaffungs-, Produktions- und Distributionslägern unterschieden[265]. Zu den Aufgaben im Lager gehört es auch, Güter zu verpacken und Ladeeinheiten zu bilden sowie die Ladeeinheiten an den Schnittstellen zwischen dem Lager und den vor- und nachgelagerten Materialflusssystemen umzuschlagen[266]. Für die Aufgabe des Bevorratens, Puffens und Verteilens dienen entsprechende Lagertypen[267]:

- Typische Merkmale von Vorratslagern sind die ungleichmäßigen Warenströme im Ein- und Ausgang.

- Für einen kurzzeitigen Warenausgleich, z. B. zwischen verschiedenen Arbeitsvorgangsfolgen in der Produktion, werden Pufferlager eingesetzt.

- Bei der Zusammensetzungsänderung von Ladeeinheiten zwischen Zu- und Abgang werden Verteillager benötigt.

> **Die Transportfunktion**

Die Transportfunktion erstreckt sich auf die Güterzufuhr oder Güterabfuhr in bzw. aus dem GVZ mit unterschiedlichen Transportmitteln. Im Nahverkehr werden hierzu fast ausschließlich LKW eingesetzt[268], während im Fernverkehr Lkw, Bahn, Flugzeug und Binnenschiff zur Verfügung stehen. Auch innerhalb eines GVZ können Transportvorgänge sinnvoll sein, um einen GVZ-spezifischen Güteraustausch zwischen den einzelnen Betriebsstätten herbeizuführen.

---

[264] Vgl. *Arnold/Rall* (1996, S. 198)

[265] Vgl. *Jünemann/Scheid* (1990)

[266] Vgl. *Arnold/Rall* (1996, S. 198)

[267] Vg. *Jansen/Gruenberg* (1992, S. 11)

[268] Vgl. *Kracke* (1994)

> **Die Ergänzungsfunktionen**

Neben den Hauptfunktionen des Umschlags, der Lagerung und des Transports der Güter in einem GVZ gewinnen eine Vielzahl Ergänzungs- und Nebenfunktionen eine stetig zunehmende Bedeutung im Rahmen logistischer Leistungserstellungen. Mit diesen vor-, neben- oder nachgelagerten Tätigkeiten entstehen logistische Dienstleistungspakete, die am Markt nachgefragt werden. Folgende Ergänzungsfunktionen stehen dabei im Vordergrund:

- Ergänzungsdienste für Umschlag-, Lager- und Transportaufgaben,

- Hilfs- und Servicedienste für Fahrzeuge, Umschlag- und Transportgeräte,

- Technische Dienste für Fördermittel und Spezialgeräte.

10.3.3 Schnittstellen zum Fern- und Nahverkehr

Güterverkehrszentren sind charakterisiert als logistische Systeme mit definierten **Schnittstellen** nach außen. Durch optimale Gestaltung und Anpassung an die Bedürfnisse der GVZ-Nutzer tragen sie zur Senkung der Logistikkosten, Erhöhung des Servicegrades und zur verbesserten Zusammenarbeit mit den Kunden bei. Dafür ist die Schaffung und Abstimmung der Systemübergänge zwischen GVZ und deren Außenbeziehungen in technischer, organisatorischer und informativer Hinsicht notwendig. Ebenso sind nach innen zwischen den Kooperationspartnern optimale Schnittstellenkonfigurationen herzustellen.

10.3.4 Schnittstellen zum Fernverkehr

Hierbei sind vorzugsweise die Schnittstellen zum Straßengüterfern- und Schienengüterverkehr zu betrachten. Richtig dimensioniert und organisiert reduzieren sie Wartezeiten, erhöhen den Komfort und verbessern die Wirtschaftlichkeit. Hierbei sind folgenden Schnittstellen von besonderer Wichtigkeit:

> **Technische Schnittstellen im Straßengüterverkehr**

- Übergänge zwischen Fern- und Nahverkehr an Umschlaganlagen und Auslieferungslagern in Form von Rampen, Tore;

- Übergänge beim Einsatz von Behältern wie Container, Wechselbehälter und Sattelauflieger in kombinierten Transportketten;

- Schnittstellen im Bereich der Ladehilfsmittel (Paletten, Behälter) und Fördermittel (Gabelstapler, Hubfahrzeuge, Transportgeräte).

> **Organisatorische Schnittstellen**

- Bereitstellung von Betriebspersonal bei Eintreffen der Fernverkehrslastzüge,
- Disposition der Betriebsmittel (Geräte, Anlagenkapazitäten u. ä.),
- Organisation der Qualitätssicherung (Stichproben, Fehlersuche u. ä.),
- Organisation des Datenaustauschs und Anpassung der Formate.

> **Technische Schnittstellen im Schienengüterverkehr**

- Schnittstellen im Bereich des Kleingut- und Stückgutverkehrs in Form der eingesetzten Ladehilfsmittel und Fördergeräte;

- Übergänge zwischen Straße und Schiene durch angepasste Ladeeinheiten (Container, Wechselbehälter und Sattelauflieger) und Umschlagsysteme.

10.3.5 Schnittstellen zum Nahverkehr

Schnittstellen im Nahverkehr entstehen auf der Kundenseite und an der Übergabestelle zum Umschlag- oder Lagerbereich in den Verteilzentren[269]. Sind sie richtig gestaltet und organisiert, können sie mit dazu beitragen, Zeit und Kosten einzusparen. Typische Schnittstellen im Nahverkehr sind:

- Übergänge beim Kunden,
- Organisation der Warenannahmeplätze und Abhol-/Anlieferzeiten,
- Bereitstellung von Personal für die Be-/Entladung,
- Disposition der Frachtdokumente und Lieferscheine,
- Kontrolle und Überwachung des Lade-/Entladevorgangs.

10.3.6 Erwartete Effekte durch die Entwicklung von GVZ in MOE

Durch die Entwicklung von Güterverkehrszentren in MOE lassen sich in den Wirkungsbereichen die folgenden positiven Effekte ausfindig machen:

- Einzelunternehmerische Effekte,
- Regionale Effekte,

---

[269] Vgl. *Kracke* (1994)

- Standortpolitische Effekte,
- Volkswirtschaftliche Effekte.

> **Einzelunternehmerische Effekte**

Durch die Zusammenführung einer größeren Zahl von eigenständischen Transport- und Logistikdienstleistern an einem Standort[270] mit einem differenzierten, logistischen Leistungsangebot entsteht eine Reihe einzelunternehmerischer Effekte. Dies gilt vor allem dann, wenn die Möglichkeiten zur Kooperation genutzt werden. Je nach Eignungsfähigkeit, Zielsetzungen und Bereitschaft lassen sich sowohl vertikal (z.B. Speditionen und Transportunternehmen mit individuellen, sich ergänzenden logistischen Leistungen) als auch horizontal (z.B. Speditionen - Speditionen oder Transportunternehmen - Transportunternehmen mit ergänzenden, logistischen Dienstleistungspaketen) Kooperationen bilden. Durch gemeinsames Auftreten am Markt entstehen Synergieeffekte[271], erhöhen sich die Wettbewerbsfähigkeiten wodurch neue Auftragspotentiale erschlossen werden können.

Zusammenfassend lassen sich folgende einzelunternehmerische Effekte ausmachen:

- Integration klein- und mittelständischer Unternehmen in ein umfassendes, logistisches Angebot,

- Verbesserung des Servicegrades und des Qualitätsniveaus durch Kooperationsbildung,

- Erhöhung des Nutzungsgrades gemeinsam angeschaffter, hochwertiger Geräte und Einrichtungen,

- Ausschöpfung vorhandener Rationalisierungspotentiale,

- Senkung von Kosten und damit Erhöhung der Wettbewerbsfähigkeit.

> **Regionale Effekte**

In Anlehnung an regionalwirtschaftliche Zielsetzungen, eine ausgewogene und optimale Wirtschaftstätigkeit herzustellen, lassen sich mit der Entwicklung von GVZ die Güterver- und -entsorgungsaufgaben von Wirtschaftsräumen spürbar verbessern. Gleichzeitig stellt sich durch ein höherwertiges Verkehrsangebot ein höheres Bedienungsniveau ein.

> **Standortpolitische Effekte**

---

[270] Vgl. *Siegmann* (2002 S. C3-26)
[271] Vgl. *Jodin/Möller* (1999, S.14)

Die Einrichtung von Güterverkehrszentren in MOE hat direkte Auswirkungen auf die Erhöhung der Standortattraktivität der Region. Für klein- und mittelständische Unternehmen der Transportwirtschaft können beispielsweise gute Voraussetzungen geschaffen werden, um in Kooperation mit Partnerunternehmen wettbewerbsfähige logistische Dienstleistungen zu produzieren.

Einzeln lassen sich folgende standortpolitische Effekte aufzeigen:

- Verbesserung der Standortattraktivität,
- Erhöhung der Wettbewerbsfähigkeit der Unternehmen.

> **Volkswirtschaftliche Effekte**

Entwicklungen, die im logistischen Prozess der Güterherstellung, des Gütertransports und der Güterverwendung stehen, haben Auswirkungen auf die Volkswirtschaft. Verbesserungen innerhalb dieses Logistikprozesses wirken sich somit unmittelbar auf die Allgemeinheit aus und tragen damit zum volkswirtschaftlichen Nutzen bei. Mit der Errichtung von Güterverkehrszentren werden an den Schnittstellen zwischen dem Nah- und Fernverkehr durch Optimierung der Umschlag- und Transportvorgänge sowie der Systemwechsel Zeit und kostenoptimale Verkehrsknoten geschaffen.

Kostenreduzierung erhöht die Wettbewerbsfähigkeit, stärkt die Wirtschaftskraft und verbessert den Standortfaktor der Region. Durch Vernetzung der GVZ untereinander wird dieser Effekt nochmals gesteigert.

Zusammenfassend entstehen folgende volkswirtschaftliche Effekte:

- Verbesserung der Arbeitsteilung zwischen den Verkehrsträgern und Bildung von Transportketten,
- Schaffung höherwertiger Transport- und Logistikangebote durch GVZ-Vernetzung
- Stärkung der internationalen Wettbewerbsfähigkeit.

10.4 Definitionen zum Transportgewerbegebiet und Güterverteilzentrum

Das **Transportgewerbegebiet** charakterisiert sich als ein Standort, wo mehrere Speditionen und Logistikunternehmen ansiedeln - aus betrieblichen Rationalisierungsgründen und ihren logistischen Leistungsprofilen - um ein gemeinsames logistisches Produkt zu produzieren. Insbesondere für kleine und mittlere Unternehmen bieten sich durch Kooperation gute Chancen, ihre Produktpaletten auszuweiten.

In einem TGG werden logistische Produkte erbracht, die in Hauptfunktionen des Umschlags, der Lagerung, der Ladungsbildung und des Transports ihren

Niederschlag finden. Daneben wird eine breite Palette an Ergänzungs- und Komplementärfunktionen angeboten, wie

- Bewirtschaftungsfunktion (z. B. von Lagern),
- Verpackungsfunktion,
- Sendungsbezogene Manipulation,
- Kommissionierungsfunktion,
- Fördermittelbereitstellung.

Im Zusammenwirken mit den Güterverkehrszentren erfüllen Transportgewerbe-gebiete wichtige Ergänzungsfunktionen und bieten dem Wirtschaftsraum ein flächendeckendes Leistungsangebot.

Ihrem Zweck entsprechend sind **Güterverteilzentren** einzelbetriebliche Anlagen von regionaler Bedeutung. Sie dienen als Relaisstationen für den Straßengüternah- und -fernverkehr und bieten, je nach Größe und Ausstattung, ein mehr oder weniger komplettes logistisches Dienstleistungsprogramm.

10.5 Beschreibung logistischer Leitbilder

Wesentliche Ursache für den seit geraumer Zeit anhaltenden Trend der Zunahme des Güterverkehrs sind die veränderten Angebots- und Nachfragestrukturen in einem sich stetig wandelnden Güterverkehrsmarkt der MOE-Länder. Veränderte Anforderungen führen zu veränderten Marktstrukturen, auf die sich die logistischen Dienstleister mit einem adäquaten Logistikangebot einstellen müssen. Die Folgen dieser Entwicklung werden in vielfältiger Weise sichtbar und kommen zum Ausdruck in:

- der Erweiterung der Produktpaletten,
- der Verkürzung der Produktionszyklen,
- der Zunahme der just-in-time-Produktionen,
- der kurzfristigen Bereitstellung der Waren und Leistungen sowie
- einer zunehmenden räumlichen und funktionalen Arbeitsteilung in den Güterverkehrsabläufen.

Die Qualität der Abläufe wird geprägt von den Produktions-, Verteil- und Konsumstrukturen und deren Besatz in den städtischen Versorgungsräumen. Ausschlaggebend hierfür sind jedoch auch die Verkehrsinfrastruktur sowie der Organisationsgrad transportwirtschaftlicher Aktivitäten.

Für den Entwurf zukunftsweisender Logistikkonzepte in MOE spielen neuartige Logistiksystemansätze eine entscheidende Rolle. Kennzeichnend dabei ist die ganzheitliche Betrachtungsweise, welche die gesamte Transportkette von der Beschaffung über die Produktion bis hin zu den Absatzgebieten in den Mittelpunkt stellt. Das am besten geeignete Transportsystem wird in diese Transportkette integriert.

Der logistische Denkansatz beinhaltet jedoch auch, bestehende Engpässe oder freie Potentiale zu berücksichtigen sowie Synergieeffekte ausfindig zu machen.

10.6 Logistische Leitbilder und ihre Entwicklungslinien

Für den Aufbau intermodaler Logistiknetzwerke in MOE sind die Erkenntnisse der logistischen Leistungsprozesse ein wesentlicher Bestandteil. Dabei ist so zu verfahren, dass die Entwicklungen unter Berücksichtigung der regionalen Randbedingungen MOEs und spezifischen Anforderungen der am logistischen Prozess Beteiligten konkretisiert werden. Es gehört somit zur Methodik dieser Untersuchung, die praxisorientierten Handlungs- und Gestaltungsempfehlungen zu entwickeln. Diese umfassen die Voraussetzungen und Instrumente zur Bildung multifunktionaler Verkehrsknoten in MOE.

Ausgangspunkt für die Erfassung logistischer Leitbilder stellen die folgenden Thesen dar:

- die mittel- und osteuropäische Verkehrswirtschaft befindet sich im Umbruch;

- die sich entwickelnden Güterströme erfordern eine Koordination der Zusammenarbeit zwischen allen Beteiligten entlang einer logistischen Kette;

- die Akteure der Verkehrswirtschaft in MOE werden von der Industrie und vom Handel herausgefordert, eine effiziente Gestaltung der logistischen Kette sowie eine entsprechende Strukturierung der physischen Güterströme zu gewährleisten

- die Konzentration der produzierenden Wirtschaft auf ihre Kernbereiche, die eine Ausgliederung zahlreicher vor- und nachgelagerter Funktionen mit sich bringt, erfordert den Aufbau von neuen wertschöpfungsattraktiven Logistikangeboten in der mittel- und osteuropäischen Verkehrswirtschaft.

Diese Aufgabenstellungen erfordern die Leitbilder

- der Verlader
- der Speditionen
- des Schienengüterverkehrs
- des Seeverkehrs
- der Binnenschifffahrt und
- des Luftfrachtverkehrs

mit ihren charakteristischen Angebotsmerkmalen und logistisch relevanten Aspekte zu beschreiben und zu analysieren.

10.6.1 Logistisches Leitbild der Verlader

Die Veränderungsprozesse der Produktionsstrukturen in der verarbeitenden Industrie in MOE bedingen angepasste Angebote logistischer Dienstleister. Strategische Zielgrößen wie Marktvorteile und Rationalisierungseffekte gegenüber den Mitwettbewerbern sind durch Leistungsverbesserungen zu erreichen. Als Quellen zukünftiger Wettbewerbsvorteile werden seitens der Unternehmer schwerpunktmäßig angesehen:

- Vorteile aus Rationalisierungsmaßnahmen,
- Einführung neuer Technologien,
- ausschöpfbare Strukturpotentiale durch Standortwahl, Absatzmärkte, Materialflüsse, Management und Logistik.

Fasst man die wesentlichen strategischen Unternehmensziele zusammen, so müssen
- die Unternehmensrentabilität gesteigert,
- die Produktivität entlang der gesamten Transportkette von der Materialbeschaffung bis zum Absatzmarkt des Käufers optimiert,
- die Produktionsflexibilität verbessert und
- die Organisationsstrukturen den geänderten Marktanforderungen angepasst werden.

Bei der Auswahl der logistischen Dienstleister stehen die Kriterien Qualität (z.B. Lieferzeit und Flexibilität) und Preis an erster Stelle[272]. Da immer mehr Logistikdienstleister in diese neue Rolle hineinwachsen, verstärkt sich die Bereitschaft der Verlader, ihren eigenen Werkverkehrsfuhrpark aufzugeben und ihn durch Fremdleistungen zu substituieren. Als Folge dieser Entwicklung übernimmt der logistische Dienstleister zunehmend Aufgaben wie Lagern, Kommissionieren, Montieren, Verpacken, Auszeichnen sowie andere Dienstleistungen. Insbesondere an den Schnittstellen zum Kunden bieten sich neue Aufgabenfelder wie Regaldienste, Auszeichnung, Montage. Aufgrund der steigenden Verladeranforderungen an den Logistikdienstleister in Form von:

- flächendeckenden Sammel- und Verteilangeboten,
- strukturellen Änderungen im Produktionsprozess (JIT-Konzept),
- bedarfsgerechten Dienstleistungen aus einer Hand und
- einem dem Käufermarkt angepasstem Serviceangebot

---

[272] Vgl. *Bretzke* (1998, S.394)

entsteht eine Neuverteilung des Güterverkehrsmarktes. Erkennbares Zeichen dieser Entwicklungen sind beispielsweise Paket- und Expressdienste, 24-Stunden-Dienste, Gefahrgut- oder Kühlgut-Spezialdienste, die an der Marktneuverteilung partizipieren.

Aus Sicht der Verlader werden Qualität und Servicegrad zu den herausragenden Entscheidungskenngrößen für die Auswahl der Lieferanten[273]. Gerade im Hinblick auf die zunehmende Bedeutung der Serviceleistungen hat diese Strategierichtung für den Verlader steigende Priorität.

10.6.2 Logistisches Leitbild der Speditionen und Transportunternehmer

Die Neuorientierung der produzierenden Wirtschaft in MOE wird auch ihre Auswirkungen auf die Tätigkeiten des Spediteurs haben. Waren früher Speditionen ausschließlich für den Transport zwischen dem Versender "A" zum Empfänger "B" zuständig, hatten also relativ einfache Transportaufgaben zu lösen, so werden sie in Zukunft mit komplexen Transportproblemen konfrontiert. Zu der Entwicklung des Aufgabenspektrums zählen:

- den Transport von Gütern für den Handel und die Industrie nach logistischen Prinzipien zu organisieren,

- die Verkehrsnachfrage der Verlader nach Logistikpaketen auf das Angebot der Verkehrsträger - verkehrsträgerneutral - bestmöglich aufeinander abzustimmen,

- die Integration verschiedener Verkehrsleistungen wie Planung, Steuerung, Kontrolle von Transport, Lager- und Umschlagprozessen und logistischen Dienstleistungen aus einer Hand anzubieten,

- neue preisgünstige und qualitativ hochwertige Transportleistungen zu entwickeln.

Für den Spediteur in MOE ergibt sich daraus die Konsequenz, komplexe Transportketten aufzubauen und den gesamten Güter- und Warenfluss nach logistischen Gesichtspunkten und wirtschaftlichen Prinzipien zu optimieren. Dieses beinhaltet folgende Funktionen:

- die richtigen Güter nach Art und Menge, zum richtigen Zeitpunkt der Abholung und Zustellung, in der richtigen Qualität, d.h. zuverlässig und sicher, zu den richtigen Kosten, d.h. wirtschaftlich, an den richtigen Ort zu bringen;

- die Übernahme von zusätzlichen Dienstleistungen (wie z. B. Vermittlung von Lademitteln, Besorgung von Transportdokumenten, Abschluss von

---

[273] Vgl. *Aden* (1993, S. 189)

Transportversicherungen, Durchführung von Schadensreklamationen);

- die Lagerhaltung von Gütern in eigenen oder fremden Lagern, insbesondere auch Zwischenlagerung, Verpackung und Kommissionierung.

Mit der Aufgabe, die Verkehrsnachfrage für die verschiedenen Transportgüter der Versender nach den Bedürfnissen der Industrie und des Handels sicherzustellen, müssen zunehmend Flächen zur Zwischenlagerung sowie Fremdleistungen Dritter hinzugezogen werden[274]. Dies führt häufig auch zu *kombinierten Transportketten*, an denen mehrere Transportträger beteiligt sind. Insbesondere über größere Entfernungen ist es sinnvoll, kombinierte Transportketten zu bilden. Flexibel einsetzbare Ladungsgefäße, z.B. Container, Wechselbehälter und Sattelauflieger, ermöglichen dabei den leichten Systemwechsel. Durch die räumliche Trennung von Spedition und Umschlaganlage entsteht zusätzlicher Verkehr.

Eine weiter wachsende Aufgabe stellt sich durch den zunehmenden Anteil von Gefahr- und Spezialgütern. Spezielle Sicherheitsvorschriften erfordern neben fachlichen Kenntnissen auch sichere Standorte für den Gefahrgutumschlag und die Gefahrgutlagerung. Hierbei können beispielsweise *Transportgewerbegebiete* wie auch *Güterverkehrszentren* einen bedeutenden Beitrag leisten.

Flächendeckende, termingeführte Verkehre sind das Kennzeichen leistungsfähiger Logistiksysteme, die eine mehrstufige Distribution über regionale Auslieferungslager zu den Zentrallagern erst ermöglichen. Hinzu kommen *Linien- und Expressgutverkehre*[275] mit zunehmender Technologisierung der Umschlageinrichtungen.

Diese neuen Anforderungen erfordern neue Lösungskonzepte, die auch die Gewährleistung der Information und Kommunikation zwischen Hersteller, Spediteur und Zulieferer sicher stellen, wobei der elektronische Datenaustausch die Transportabwicklung und die Steuerung des Transportablaufs beschleunigt.

> **Leitbild 1: Logistische Produktion**

Von allen Verkehrsorientierten Unternehmen sind die Speditionen am besten geeignet, den Schritt zum Logistikpartner der verladenden Wirtschaft erfolgreich zu vollziehen. In erster Linie muss der Spediteur mit dem Sammelverkehr eine erste und wichtige logistische Leistung erbringen. Er soll die erforderlichen Voraussetzungen schaffen, um die entscheidenden Segmente eines marktausgerichteten Paketangebots auszufühlen:

---

[274] Vgl. *Jünemann/Scheid* (1990)

[275] Vgl. *Aden* (1993)

112

- Transportvorbereitung;

    - Angebotsformulierung und Frachtführerwahl (evtl. Selbsteintritt),
    - Kapazitätsreservierung bei weiteren Verkehrsmittel wie Binnen-, Seeschifffahrt und Luftverkehr, im kombinierten Verkehr,
    - Beladen und Verstauen der Frachtgüter,
    - Wahl der Empfangsspediteure,
    - Lagerhaltung und Tourenplanung;

- Transportdurchführung und transportbegleitende Tätigkeiten;

- Überwachung des Transportvorgangs;

- Transportnachfolgende Tätigkeiten
    - Innerbetrieblicher Transport beim Versender/Empfänger,
    - Lagereinordnung, Lagerpflege und Lagerbestandskontrolle,
    - Rücknahme und Verrechnung von Retouren.

Der Spediteur muss in der Lage sein, die *Synergieeffekte* zu schaffen, die durch die Organisation der gemeinsamen Lager, teilweise auch durch gemeinsame Strecken- und Auslieferungstransporte für mehrere Kunden der verladenden Wirtschaft zu erreichen sind.

Informationsvermittlung gehört auch zu den wichtigsten Aufgaben von Spediteuren. Hierbei geht es um die Organisierung der durchlaufenden und vorauseilenden Informationen im Sinne von Logistikketten. Damit erfolgt nur eine einmalige Datenerfassung, was die Fehlerhäufigkeit durch (wiederholte) Dateneingabe vermeidet. Stichwort hierbei ist der beleglose Datenaustausch zur Reduzierung der Papierflut. Die DFÜ-Daten stehen dann nicht nur für Transportzwecke, sondern auch für Warenwirtschaftssysteme, die Lagerlogistik für Zollformalitäten und sonstige Zwecke zur Verfügung.

Solche logistischen Aufgabenstellungen setzen allerdings weit überdurchschnittliche Betriebsgrößen wegen des erforderlichen Know-how und des Kapitals für Anlage und DV-Investitionen voraus. Für mittlere Speditionsbetriebe kann die Lösung des Problems in der Bildung von Kooperationen[276] liegen. Hierbei sind allerdings einige Hindernisse zu berücksichtigen:

---

[276] Gute Beispiele hierbei sind die internationalen Speditionskooperationen, die durch Strategische Allianzen bzw. speditionelle Netzwerke gebildet werden, die sich aus marktführenden nationalen Speditionen zusammensetzen und die Leistungsqualitäten, DV-Systeme und gemeinsame Preisregeln festlegen.

- Erfolgreiche Kooperationen[277] erfordern die Zusammenarbeit leistungsfähiger und wirtschaftlich gesunder Betriebe.

- Es muss hierbei Bereitschaft vorhanden sein, eigene Geschäftsfelder in die Kooperation einzubringen.

- Erforderlich ist Bereitschaft, gemeinsame Regeln für Vor- und Nachteilausgleiche zu erarbeiten und zu praktizieren.

10.6.3 Logistische Leitbilder des Schienengüterverkehrs

Die Chancen - nach teilweise erfolgreicher Umstrukturierung - der Bahnen in MOE in einem sich wandelnden Verkehrsmarkt sind insbesondere dann vorhanden, wenn es ihnen gelingt, die entscheidenden Systemvorteile gegenüber den Wettbewerbern - schnellere und günstigere Güterbeförderung großer massenhafter und gebündelter Gütermengen über weite Entfernungen - zu realisieren.

Das setzt jedoch eine umfassende Kenntnis des derzeitigen und zukünftigen Marktgeschehens, die Entwicklung neuer, bedarfsgerechter Produktionsideen sowie eine aktive und systematische Vermarktung der Leistungen voraus.

Durch die Integration von Leistungselementen kompetenter Partner kann sowohl die Qualität als auch die Flexibilität und der Servicegrad erkennbar verbessert werden. Sollen diese Ziele erreicht werden, sind wirkungsvolle Strategien der Eisenbahnen in MOEL zur Produktionsverbesserung, Leistungserstellung und Kooperations-bereitschaft erforderlich.

➢ Leitbild 1: Logistische Produktion

Generell sind im Schienengüteverkehr die folgenden **logistisch relevanten** systemspezifischen *Vorteile* zu berücksichtigen:

- Massenleistungsfähigkeit,
- Schnelligkeit bei Ganz- und Direktzügen ohne Rangiervorgänge,
- informationstechnische Durchbringung des Schienenverkehrssystems mit eigenen Datenübertragungsnetzen,
- niedrige Einzelkosten der Produktion, die jedoch von hohen Gemeinkosten begleitet sind,
- sichere Transportabwicklung, insbesondere bei den Gefahrgütern.

---

[277] Die empirischen Untersuchungen zeigen, dass die Kooperationen von Spediteuren besonders gute Ergebnisse erbringen, wenn es sich vor allem um neue Produkt- und Marktkombinationen handelt. Hierbei sind beispielsweise so genannte KEP-Dienste zu nennen.

Neben den Vorteilen sind auch spezifische *Nachteile* der Bahn zu nennen:

- begrenzte Haus-Haus- bzw. Band-Band-Beförderungsmöglichkeiten (Gleis-anschlüsse, Containerverkehre) mit den hieraus folgenden kosten- und zeitintensiven Umschlag- /Umladenotwendigkeiten[278],

- häufig niedrige Transportgeschwindigkeiten insbesondere bei Einzelwagen und Wagengruppen,

- hohe Abhängigkeit im Vergleich zum Straßengüterverkehr beim grenzüberschreitenden Verkehr von Grenzabfertigungsstörungen durch Spezialkontrollen[279].

Wie die Analyse des mittel- und osteuropäischen Güterverkehrsmarktes zeigt, wird die Eisenbahn ihre Leistungsbereiche auf neue Wachstumsmärkte ausrichten müssen. Während durch tiefgreifende Strukturveränderungen im Montanbereich (Eisen-, Stahlindustrie und Kohle) das Transportaufkommen weiter schrumpfen wird, ist im Bereich der Halb- und Fertigwaren mit einem überproportionalen Wachstum zu rechnen. Zukünftige Wachstumspotentiale des Eisenbahngüterverkehrsmarktes in MOE sind in

- hochwertigen Gütern,
- Teilladungsverkehren

auf Hauptkorridoren zwischen den Wirtschaftsräumen im nationalen und internationalen Verkehr zu sehen.

Sie müssen von der Bahn in Kooperation mit kompetenten Partnern systematisch erschlossen werden. Unter besonderer Beachtung der Systemstärken der Bahn muss sie sich dabei auf bestimmte Marktsegmente konzentrieren und daraus ein logistisches Produkt definieren. Dabei reicht der Marktanspruch vom klassischen Massengut- /Montanverkehr als Ganzzugverkehr über konsolidierte Komplett- und Teilladungsverkehre mit höherwertigen Gütern bis zum Stückgut, Express- und Kurierdienst[280].

> ➤ **Leitbild 2: Optimierung der Kapazität**

Grundvoraussetzung für die Einführung eines marktgerechten Gesamtproduktes der Bahn ist die Bereitstellung einer innovativen Systemtechnik, die Anpassung der Kapazitäten an die Markterfordernisse sowie der Ausbau einer bedarfsgerechten Infrastruktur. Nur auf diese Weise können die Schnittstellen, z.B. Schiene-Straße,

---

[278] Vgl. *Wildemann* (1993)

[279] Vgl. *Deutsches Verkehrsforum* (2002)

[280] Vgl. *Wildemann* (1993)

optimiert und eine Integration bahnspezifischer Leistungselemente in den logistischen Transportablauf erreicht werden. Dabei stehen seitens der Bahn folgende Zielvorstellungen im Vordergrund:

- Verbesserung der schienenseitigen Sammel- und Verteilvorgänge im Wagenladungsverkehr,
- Ausweitung und Qualitätssteigerung der Direktverbindungen,
- Erhöhung/Verbesserung der Leistungs- und Qualitätsparameter (Schnelligkeit, Pünktlichkeit, Wirtschaftlichkeit),
- Beseitigung von Engpassfaktoren an den Schnittstellen und Modernisierung in diesen Bereichen (KV-Terminals, Frachtzentren),
- Entwicklung durchgängiger, transportkettenübergreifender Ladegefäße,
- Automatisierung der internen Materialflüsse,
- Förderung und Entwicklung des kombinierten Verkehrs.

> **Leitbild 3: Optionen auf Schnittstellen**

Der Erfolg einer Realisierung des bahnunternehmerischen Leitbildes hängt nicht zuletzt auch von ihrer Kooperationsbereitschaft ab. Neben der Konzentration auf die Systemstärken der Bahn und einer ständigen Verbesserung der Produktivität durch den Abbau nicht mehr nachgefragter Kapazitäten gilt es vor allem, die logistischen Fähigkeiten der Wettbewerber durch neue Kooperationsformen zu nutzen und anzuerkennen. Dazu werden insbesondere im Schnittstellenbereich, z.B. Umschlagterminal, Frachtzentren, kompetente Partner benötigt.

Es sind transportkettenübergreifende Lösungskonzepte zu entwickeln. Hierbei spielt auch eine rechnerunterstützte transportvorauseilende, transportbegleitende und transportnacheilende Informationskette für den Gütertransport eine entscheidende Rolle.

Dabei muss angesichts der Schnittstelle auf die Potentiale eines GVZ hingewiesen werden. Sollen im GVZ die Produkte der Bahn optimal etabliert werden, so ist neben der organisatorischen Schnittstelle vor allem nach Standorten zu suchen, die eine effiziente Schienenanbindung erlauben. Effizient heißt dabei: schnelle Einspeisung der Züge und Gruppen in das höherwertige Netz und Vermeiden zeitaufwendiger Rangiervorgänge. Nur auf diese Weise kann eine ausreichende Servicebereitschaft der Schiene in MOE gewährleistet werden.

10.6.4 Logistisches Leitbild des Seegüterverkehrs

Da der weit überwiegende Teil des interkontinentalen Waren- und Güterverkehrs auf dem Seewege abgewickelt wird, wirken sich Veränderungen des Welthandelsvolumens sowie der Weltkonjunktur direkt auf den Seeverkehr aus. Dies hat insbesondere für den Verkehr MOEs mit den Industriezentren in Westeuropa zu spürbaren Zuwächsen geführt.

Mit Recht kann davon ausgegangen werden[281], dass in den nächsten zehn bis zwanzig Jahre ein überproportionales Wachstum des Seegüterverkehrs zwischen Ost und West stattfinden wird, insbesondere unter dem Gesichtspunkt der anstehenden EU-Osterweiterung.

Leitziel für MOE im Seegüterverkehr könnte es deshalb sein, die Wachstumschancen für eine Neuorientierung in der Sammlung und Verteilung der Güterströme hin zu neuen logistischen Produktionskonzepten zu nutzen. Dazu ist eine weitere Umstrukturierung von Häfen zu einem zukunftsweisenden logistischen Dienstleistungszentrum erforderlich.

> **Leitbild 1: Optimierung der Kapazitäten**

Die Innovationsfähigkeit von Häfen (Baltische- und Schwarzmeer Häfen wie z. B Ventspils, Talin, Klaipeda, St. Petersburg, Constanta, Burgas, Odessa) im Schnittpunkt der Verkehrsströme zwischen West-, Mittel- und Osteuropa muss aufgrund der sich verstärkt abzeichnenden Wachstumschancen genutzt werden, um die Standorte MOEs zu hochwertigen, zukunftsträchtigen Verkehrsknoten auszubauen. Daraus resultieren neue Anforderungen an künftige Hafenanlagen. Im Rahmen des Umstrukturierungsprozesses sind:

- die Standorte für die Umschlags-, die Lagerungs-, Distributions- und Dienstleistungsfunktionen zu entwickeln,
- Verkehrsengpässe zu beseitigen,
- die logistischen Leistungsfähigkeiten von Häfen auszubauen,
- Schnittstellen zu den Häfen zu optimieren durch Einbeziehung moderner Kommunikationseinrichtungen und Hafentelematiksysteme sowie Umschlaganlagen für den Kombinierten Verkehr.

Die Standortattraktivität und günstige verkehrsgeographische Lage von mittel- und osteuropäischen Ländern müssen genutzt werden, um die Funktions- und Leistungsfähigkeit weiter auszubauen. Dabei sind die Häfen als logistisches Zentrum im Mittelpunkt der strategischen Planungsziele zu betrachten.

---

[281] Vgl. *Prognos* (2002)

10.6.5 Logistische Leitbilder der Binnenschifffahrt

Bei der Erarbeitung innovativer Konzeptionen zum Aufbau eines funktionalen Systems logistischer Knoten in MOE, geht es vor allem darum, das Zusammenwirken der Verkehrsträger Straße, Schiene, Binnenschiff und Luftverkehr - unter Ausschöpfung der verkehrlichen Infrastruktur und Verkehrskapazitäten - durch die Entwicklung wirtschaftlicher, integrierter Transportketten vom Versender zum Empfänger zu gewährleisten. Unter diesem Gesichtspunkt kann auch die Binnenschifffahrt einen spürbaren Beitrag leisten.

> **Leitbild 1: Logistische Produktion**

Die Güterstruktur der Binnenschifffahrt und die Infrastruktur der Binnenhäfen sind vom Massengut geprägt. Hierbei bestimmen Güter wie Brennstoffe, Baumaterialien, Mineralölerzeugnisse, chemische Grundstoffe und landwirtschaftliche Erzeugnisse das Transportgeschehen[282]. Für den Güterumschlag hält der Binnenhafen leistungsfähige Hafenanlagen und auf hohen Güterdurchsatz zielende Fördereinrichtungen vor.

Neben dem Umschlag zeichnet sich der Standort Binnenhafen durch Verwalten der Guteingänge und -abgänge sowie der Lagerbestandsführung aus. Dies reicht jedoch nicht aus, um an den Güterverkehrsmarkt von Morgen, der im Bereich der höherwertigen, containerisierbaren Güter liegt, heranzukommen.

Soll die gute Standortbedingung von Binnenhäfen in MOE wirkungsvoller genutzt werden, müssen im interessanten Markt der Containertransporte neue Marktchancen genutzt werden. Hierzu sind geeignete Marktstrategien erforderlich. Marktpotentialanalysen müssen verlagerbare Güterpotentiale sichtbar machen, damit auf bestimmten Transportrelationen fahrwürdige Containeraufkommen akquiriert und vermarktet werden können. Regelmäßige Containerverkehre mit festen Abfahrt- und Ankunftszeiten müssen angeboten werden. Dies macht den Transportvorgang kalkulierbar und lässt sich in logistische Produktionsketten integrieren[283]. Auf diese Weise lassen sich Transportzeitnachteile gegenüber den Wettbewerbern "Straße" und "Schiene" kompensieren.

Leitziel der Binnenschifffahrt in MOE ist es, mit überzeugenden neuen Produktionskonzepten und offensiven Marktstrategien die Systemstärken des Verkehrsträgers Binnenschiff (sicherer, zuverlässiger und wirtschaftlicher Transport mit freien Kapazitäten) auf den Markt zu bringen.

---

[282] Vgl. *Zachcial* (1998, S.142)

[283] Vgl. *Zachcial* (1998, S.144)

> **Leitbild 2: Optimierung der Kapazität**

Die Binnenschifffahrt hat noch zahlreiche freie Kapazitäten sowohl in den Verkehrswegen als auch in den Binnenhäfen. Sollen sie genutzt werden, müssen sich die Binnenhäfen und die Binnenschifffahrt auf die veränderten Bedürfnisse der Verlader einstellen. Dafür muss allerdings intensiv investiert werden, um den Umstrukturierungsprozess beschleunigen zu können.

Durchgängige Transportketten sind unter Einbeziehung des Spediteurs und in Kooperation mit Partnern zu organisieren. Dazu gehört eine Vielzahl von verschiedenartigen Warenbewegungen, -behandlungen, -manipulationen und logistischen Dienstleistungen. Dies erfordert jedoch die Gewährleistung einer angemessenen Infrastruktur.

Handlungsleitendes Ziel muss es deshalb sein, ein neues Leistungspaket zu schnüren, aus dem erkennbar wird, dass die Binnenschifffahrt in MOE durch Integration in Transportketten und durch die Bereitstellung logistischer Dienstleistungen (Informations- und Kommunikationssysteme) ein attraktiver Partner für logistische Aufgaben der Verlader geworden ist.

> **Leitbild 3: Optionen auf Schnittstellen**

Die Entwicklung von leistungsfähigen Informations- und Kommunikationssystemen ist für die Binnenschifffahrt in MOE die Voraussetzung, um in Transportketten zwischen Verlader und Empfänger mit einer Vielzahl an dem Transport beteiligter Partner wie Spediteure, Befrachter, Reeder, Lager- und Umschlagbetriebe kommunizieren zu können.

Neben der *kommunikativen Schnittstelle* sind in kombinierten Transportketten die *technischen Schnittstellen* so zu gestalten, dass zeitsparende und kostenminimierende Übergänge beim Systemwechsel entstehen.

Im Einzelfall ist es zu prüfen, welche Güterpotentiale sich von anderen Verkehrsträgern auf das Binnenschiff verlagern lassen und welche Transportrelationen bedient werden können. Dabei sind sowohl schwankende Wasserstände als auch Größenklassen der jeweiligen Containerschiffe zu beachten.

Das logistische Leitbild für die Binnenschifffahrt in MOE hat dabei folgendes Aussehen:

- Die Entwicklung der Güterverkehrsströme hin zu höherwertigen und logistisch anspruchsvolleren Kaufmannsgütern erfordert eine qualitative Anpassung der Hafeninfrastruktur.

- Binnenhäfen müssen sich dieser Herausforderung stellen und eine Modernisierung und Umstrukturierung der Anlagen und Einrichtungen einleiten.

- Leistungsfähige Datenkommunikation ist die Voraussetzung für die informationstechnische Vernetzung zwischen allen an der Transportkette Beteiligten.

- Binnenhäfen müssen sich mit eigenen Informations- und Kommunikationssystemen in die kombinierte Transportkette einschalten. Die Informationskette gehört zu den wichtigsten Strukturbereichen eines modernen Binnenhafens.

10.6.6 Logistische Leitbilder des Luftfrachtverkehrs

Die Liberalisierung der Luftverkehrsmärkte und die Anpassung an veränderte Marktsituationen stellen den Luftverkehr in MOE-Ländern vor immer größere Herausforderungen. Steigendes Luftfrachtaufkommen[284] bewirkt zusätzliche Anforderungen an die Bodenverkehrseinrichtungen und führt bei fehlenden Erweiterungsflächen häufig zu Engpasssituationen.

Der Luftverkehr in MOE war in den letzten Jahren der Verkehrszweig mit den höchsten Zuwachsraten (32 % Wachstum seit 1995 bis 2001)[285]. Nach Auffassung der Experten wird sich dieser Trend fortsetzen[286] und im Bereich der Flugzeugabfertigung zu steigenden Problemen führen.

Die enormen Steigerungsraten sowohl im Linien- wie im Charter- als auch im Frachtverkehr und der damit einhergehende verstärkte Wettbewerbsdruck zwischen den Luftverkehrsgesellschaften hat auch die Flughäfen in MOE in eine neue Konkurrenzsituation gestellt. Sie müssen in Zukunft mehr denn je ihre verkehrspolitische Aufgabe, die Versorgung der Wirtschaftszentren der mittel- und osteuropäischen Region mit Luftverkehrsleistungen, in angemessener Weise erfüllen. So sind z. B. die Flughäfen Prag, Warschau, Bukarest und Sofia eine Drehscheibe für viele Ziele in MOEL und für den Anschluss an den internationalen Luftverkehr. Somit stellen sie ein wichtiges Verbindungsglied zu den wirtschaftlichen Zentren im In- und Ausland und deren Absatz- und Beschaffungsmärkten dar. Diese wichtigen Funktionen gilt es zukünftig zu erhalten und auszubauen. Dazu müssen Erweiterungsmöglichkeiten genützt und Modernisierungsmaßnahmen durchgeführt werden.

---

[284] Vgl. *Beder* (1998, S. 128)

[285] Vgl. *Eurostat* (2002)

[286] Vgl. *Deutsche Bank Research* (2001)

> ## Leitbild 2: Optimierung der Kapazität

Die Einbeziehung des Luftfrachtspediteurs in die Transportkette erfordert im Nahbereich von Flughäfen Flächen für Umschlag- und Lagerfunktionen. Dies entlastet die Flughäfen und fügt sich bei richtiger Optimierung des Transportablaufes nahtlos in die Transportkette ein.

> ## Leitbild 3: Optionen auf Schnittstellen

Ein entscheidendes Kriterium im Luftverkehrssektor ist neben der physischen Gestaltung der Komponenten und Schnittstellen die abgestimmte EDV-Vernetzung der Beteiligten. Ziel ist es, den Zeitverlust an der Schnittstelle Luftverkehr zum Vor- und Nachlauf, der überwiegend landseitig entsteht, zu minimieren.

Nach Untersuchungen der **IATA** (International Air Transport Association) betragen die Bodenzeiten (Transport vom Versender zum Flughafen und vom Flughafen zum Empfänger, Umschlag, Lagerung, Zollabfertigung) im Luftfrachtverkehr rd. 73 % der Gesamttransportzeit[287].

Als Ursachen sind zu nennen:

- Bei den eingehenden Transporten in der Luftfracht ist der Verzollungsprozess sehr zeitaufwendig. Diese Abläufe müssen durch den Einsatz der EDV unterstützt und beschleunigt[288] werden Dies ist mit Rechnerkoppelung von Zollverwaltung und Luftfrachtspediteuren zu realisieren[289].

- Ein erheblicher Teil der Luftfracht wird mit Passagiergerät (Belly-Ladung oder in M-Versionen) transportiert. Hier haben Passagiere und Gepäck stets Vorrang vor der Fracht. Das gilt auch für das Rollen des Flugzeuges zum Frachtterminal. Hinzu kommt, dass die Passagierflughäfen oft räumlich ungünstiger zu den Frachtkunden liegen.

---

[287] Vgl. *International Air Transport Association* (2003)

[288] Automatisches Luftfrachtabfertigungsverfahren

[289] Als Beispiel kann hier der Frankfurter Flughafen genannt werden, wo 200 Spediteure sowie das Frachtsystem von Lufthansa, der Fluggesellschaft (FAG) und der Luftfrachtumschlaggesellschaft angeschlossen werden. In Großbritannien und Frankreich werden ähnliche Systeme betrieben. Die Schwierigkeiten entstehen dadurch, dass die DV-Kommunikation zwischen Luftfrachtspediteuren und den LVG's aufgrund sehr unterschiedlicher Computersysteme nur begrenzt möglich ist, etwa um eine maschinell ausgedruckte Airway bill (AWB) zu erhalten. Jedoch arbeiten rd. 70 LVG's mit etwa 150 IATA-Frachtagenten zusammen. Diese Probleme sind durch Community systems zu lösen. (*Bachmeier*, 1999)

- Das Markteindringen der Integratoren[290] beruht auf besonderen Angebotsqualitäten im wachstumsintensiven Segment der Kurier-, Express- und Paketdienste (KEP-Markt).

Bei den integrierten Diensten, die nicht zuletzt durch die Deregulierung des inneramerikanischen Verkehrsmarktes entstanden sind, handelt es sich um die Einheit (Integration) von Produktion und Absatz, den Aufbau von Hub-Spoke-Systemen und das Angebot von Door-to-Door-Diensten mit garantierten Laufzeiten und Preisen[291]. Dabei können sich die Integrators, anders als die Luftfrachtgesellschaften mit Belly-Kapazitäten und Kombigerät, unabhängig von der Passage auf kleinere, gering ausgelastete offene Flughäfen stützen, die als zentrale Umschlagsknoten von den Sammel- und Verteilstellen im Nachtsprung bedient werden. Damit entsprechen die integrierten Dienste genau den Anforderungen der verladenden Wirtschaft in Verbindung mit der Einführung logistischer Konzepte zur bestandsarmen und reaktionsschnellen Versorgung und Distribution[292].

> **Leitbild 4: Logistische Produktion**

Für die Zukunft kann davon ausgegangen werden, dass das Wachstum des Luftfrachtmarktes in MOE vor allem von Haus-Haus-Verkehre bestimmt sein wird und Flughafen-Flughafen-Beförderungen relativ an Bedeutung verlieren werden. Dabei löst sich das Frachtnetzwerk mehr und mehr vom Passagiernetzwerk, zumal weniger Geschäftsreisende als vielmehr Urlaubsreisende das Personenverkehrsaufkommen bestimmen. Für die konventionelle Luftfracht erfordert dies die Einbeziehung von Nurfrachtflugzeugen, den Aufbau weltumspannender Transportnetze und eine veränderte Kooperation in der Wertschöpfungskette, insbesondere mit den logistischen Dienstleistern. Als virtuelle Anbieter komplexer Dienstleistungen stehen diese Kooperationen dann in einem völlig anderen wettbewerblichen Umfeld als (Nur-) Carrier mit austauschbaren Leistungen.

Es werden folgende Entwicklungstrends definiert: Auf die steigende Präferenz der Verlader für weltweite Haus-Haus-Dienste und den Frachteinkauf aus einer Hand zur Minimierung der Kommunikationsschnittstellen und der Transaktionskosten sowie

---

[290] Bestimmter Typ von Transportunternehmen, die sich vornehmlich in dem Markt für Haus-Haus-Verkehr von Dokumenten und Paketen betätigen. Die prominentesten sind z. B. FedEx (Federal Express), UPS (United Parcel Service), DHL (Desley, Hilblbrom, Lynn), TNT (Thomas Nationwide Transport). Die Verkehrsnetze des Integrators sind nach dem "Hub-and-Spoke"-System konfiguriert. Für den Leistungserstellungsprozess ist somit charakteristisch, dass die Integrators die Güter am Tage im Vorlauf einsammeln und zu den Spokeniederlassungen fahren. In der Nacht wird der Hauptlauf zum zentralen Hubknoten durchgeführt, wo dann die Transportgüter auf die Zielorte sortiert und transportiert werden. Der Aufgabenbereich des Anbieters bezieht sich auf das Sammeln und Abfertigen, den Transport, das Abzollen, (Hauptaufkommen im Gewichtsbereich bis 30 kg) und die Zustellung an den Empfänger weltweit zu garantierten Zeiten.

[291] Vgl. *Bachmeier* (1999)

[292] Vgl. *Ihde/Bjelicic* (1989); *Hector* (1987)

nachhaltigen Sicherung der Qualität antworten die Luftfrachtcarrier mit einer Strategie der Vertikalisierung der Wertschöpfungskette durch die engere Zusammenarbeit mit einzelnen Speditionen. Während diese in der Vergangenheit mit mehreren Fluggesellschaften, häufig wechselnd nach aktueller Preis- und Konditionensituation, zusammengearbeitet haben, müssen heute Carrier und Speditionen in MOE vermehrt Partnerschaften eingehen, um Integratoren vergleichbare Angebote machen zu können. Dies ist um so eher der Fall, als die Fluggesellschaften beginnen, ähnlich wie bei der Passage, auch für das Fluggeschäft horizontale Allianzen zu bilden, um eine weltweite, qualitativ standardisierte und gesicherte Abdeckung mit hochfrequenten und zeitdefinierten Diensten zu erreichen.

Neben der Kombination Flugzeug/Lkw stellt kombinierte See-Luft-Fracht eine wichtige Verkehrsleistung dar. Unpaarige Luftverkehrsrelationen, das steigende Interesse an gegenüber dem reinen Seeverkehr kürzeren, aber zuverlässigen Transferzeiten in Verbindung mit kleineren Liefermengen und höheren Lieferfrequenzen[293], die vergleichsweise attraktiven Ratenmischsätze und der Einsatz intermodaler Ladeeinheiten haben zu einem starken Wachstum der Sea-Air-Verkehre geführt. Dabei treten die See- bzw. Luftfrachtspediteure als Multimodal Transport Operators (MTO) auf[294], übernehmen die Beförderungsverpflichtung für den gesamten Transport, garantieren Laufzeiten und weitgehende Haftung.

Für die Effizienzsteigerung in der Luftfracht in MOE sind folgende Faktoren bedeutungsvoll:

- ein weltweit funktionierendes Flugnetz,
- flexible Preisangebote, auf den Kunden „maßgeschneiderte" Leistungen,
- Entwicklung der Komplettangebote aus einer Hand.

Die individuellen Kundenanforderungen an die Luftfrachtleistung in MOE werden definiert als[295]:

- permanente Laufzeit und Wegknotenkontrolle,
- Differenzierung in Leistung und Preis für einzelne Produkte,
- Produkt- und Servicequalität,
- maßgeschneiderte Transportlösungen Door-to-Door,
- einheitliche und zentrale Kundenbetreuung,
- Auskunftsbereitschaft durch entsprechende Informationssysteme.

Dies lässt den Schluss zu, dass ein reines Transportmanagement nicht mehr zeitgemäß ist und durch ein Logistikmanagement zu ersetzen ist. Fluggesellschaften und Logistikdienstleister in MOE haben an Kooperationen und Zusammenschlüssen zu denken, mit dem Ziel auf globaler Basis EDV-Verarbeitungs- und

---

[293] Vgl. Just-in-time-Philosophie

[294] Vgl. *Beder* (1998)

[295] Vgl. *Steinbuch* (2001)

Kommunikationssysteme zu entwickeln und mit einheitlichem, internationalem Standard zu verbinden (UN Edifact-Standard). Das Ergebnis soll eine Steuerung und Kontrolle der gesamten Transportkette vom Versender bis zum Empfänger mit einem ungebrochenen Informationsfluss sein.

11 Leitlinien für ein effizientes Managementsystem zur Gestaltung von Logistiknetzwerken in MOE

11.1 Anforderungen der verladenden Wirtschaft an die Bildung logistischer Netze

Die wirtschaftliche Entwicklung der letzten Jahre ist durch einen Trend zur Spezialisierung und Bildung geographisch weit verteilter Unternehmensbeziehungen gekennzeichnet. Neben der intensivierten wirtschaftlichen Integration der MOE-Länder in die EU und der Globalisierung der Produktionsmärkte macht sich die Veränderung der logistischen Anspruchsprofile der verladenden Wirtschaft in MOE bemerkbar. Es muss heute davon ausgegangen werden, dass lokale Optimierung in einzelnen Unternehmen nicht mehr ausreicht, um wettbewerbsfähig sein zu können. Dies bedeutet für die Unternehmen in MOE, dass sie ihre Prozesse miteinander abstimmen und koordinieren müssen, um den künftigen europäischen und weltweiten Herausforderungen gerecht zu werden.

Die heutigen Anforderungen des Marktes zwingen die Unternehmen in MOE, logistische Netzwerke und Wertschöpfungskooperationen zu bilden und erbrachte Produktionsleistungen effizient miteinander zu knüpfen. Durch die Optimierung der ganzheitlichen Logistikkette und einer „kontinuierlichen Neuorientierung"[296] sind erhebliche Potentiale vorhanden. Diese Optimierungen sind nur durch gemeinsames und interaktives Handeln aller Akteure entlang der Logistikkette möglich.

Logistiknetzwerke sind heute durch eine Vielzahl von Akteuren gekennzeichnet, welche eine große Zahl unterschiedlicher logistischer Objekte (Güter, Informationen) mittels wechselnder Verkehrsträger über mehrere Netzwerkknoten transportieren bzw. transferieren.

Die Entwicklung innovativer Produktionssysteme in MOE erfordert verkürzte Produktlebenszyklen sowie schnelle und leistungsfähige Logistiksysteme. Folge des globalen Marktes ist ein interdependentes, hochkomplexes, sich stetig erweiterndes Wirkungsszenario mit entscheidendem Einfluss auf die Logistik. Durch flexible, global und kooperativ geführte Netze wird die Verkehrswirtschaft in MOE herausgefordert, bei steigendem Güteraufkommen mit hohen Belieferungsfrequenzen und geringeren Sendungsgrößen noch engere Zeitfenster zu bedienen, um dadurch auch den steigenden Serviceanforderungen zu genügen.

---

[296] Vgl. *Baumgarten* (2001)

© Springer Fachmedien Wiesbaden GmbH, ein Teil von Springer Nature 2005
G. Doborjginidze, *Analyse der Entwicklung intermodaler Logistik-Netzwerke in mittel-und osteuropäischen Ländern*, Edition KWV, https://doi.org/10.1007/978-3-658-24046-2_11

11.2 Aufbau des Logistikmanagements in Netzwerken

Aufgrund der räumlich und zeitlich verteilten Wertschöpfung in logistischen Netzwerken kommt der Logistik besondere Bedeutung zu. Der Aufbau eines ganzheitlichen integrativen Logistiksystems erfordert von allen Akteuren unternehmensübergreifendes Systemdenken. Diese Aufgabe muss das Logistikmanagement übernehmen.

Aufbauend auf die im Kapitel 4 dargestellten Netzwerkdefinitionen werden im Folgenden die Aufgaben und Bedeutung des Logistikmanagements in Netzwerken abgegrenzt und ausführlich erläutert.

11.2.1 Begriffsabgrenzung

Die Aufgabe des Logistikmanagements in Netzwerken besteht in der effizienten Gestaltung der Netzwerkbeziehungen zur bestmöglichen Realisierung der Netzwerkinhalte[297]. Zur Abgrenzung von Netzwerkmanagementaufgaben kann auf die klassischen Managementfunktionen Organisation, Planung, Kontrolle und Personalführung zurückgegriffen werden[298].

Beim Netzwerkmanagement handelt es sich um die Gestaltung und Entwicklung der Beziehungen zwischen selbstständigen Netzwerkunternehmen. Hierbei bestehen stets Wechselwirkungen zwischen den internen Managementfunktionen der einzelnen Netzwerkpartner und dem Netzwerkmanagement.

Zu wesentlichen Aufgaben des Netzwerkmanagements zählen der Aufbau von Netzwerkbeziehungen und die Koordination der Netzwerkpartner[299].

- Zum Aufbau der Netzwerkbeziehungen fallen als Aktivitäten die Analyse der Ausgangssituation des eigenen Unternehmens sowie der Umweltbedingungen, die Partnersuche, -bewertung und -auswahl, die Koordination der Interessenslagen der potentieller Partner und deren Gewinnung für das Netzwerk an. Des Weiteren zählen dazu die organisatorische Gestaltung der Netzwerkstrukturen, d. h. die Aufteilung und Zuordnung der Netzwerkaufgaben, die Festlegung der Abstimmungsprozeduren sowie die Zuweisung von Verantwortungen und Befugnissen.

- Zu den weiteren Managementaufgaben zur Abwicklung des Leistungsaustausches zwischen den Netzwerkpartnern gehören Planung und Steuerung der Zusammenführung von Leistungen verschiedener

---

[297] Vgl. *Sydow/Windeler* (1994, S.3)
[298] Vgl. *Ulrich/Fluri* (1995, S.17)
[299] Vgl. *Männel* (1996, S. 83)

Netzwerkpartner in konkreten Transaktionen, sowie die Überwachung der Auftragsabwicklung, und die Pflege der Kommunikationsbeziehungen.

Unter dem netzwerkbezogenen Logistikmanagement ist der Teilbereich des Netzwerkmanagements zu verstehen, in dem es sich um die Gestaltung, Lenkung und Entwicklung der logistischen Beziehungen zwischen den Netzwerkpartnern handelt[300]. Das Logistiknetzwerksystem umfasst alle logistischen Aufgaben, die im Zusammenhang mit der Erstellung der Netzwerkleistung erforderlich sind. Als logistische Kernprozesse bezeichnet man die Transporte und Lagerung der Güter in unterschiedlichen Bearbeitungszuständen von den Lieferanten bis zu den Endkunden unter Involvierung verschiedener Netzwerkpartner[301]. Ergänzend dazu sind es Umschlags-. Verpackungs-, Signierungs-, Auftragsübermittlungs- und Bearbeitungsprozesse, welche die logistische Determiniertheit der Güter bestimmen[302].

Zum Logistikmanagement zählen alle zur Bestimmung der Logistikziele, der Struktur des Logistiksystems und der logistischen Handlungsweisen eines Unternehmens notwendigen Aufgaben sowie die nicht ausführenden Aktivitäten, die zu deren Verwirklichung erforderlich sind. Auf der Handlungsebene können netzwerkgestaltende Logistikmanagementaufgaben mit vorwiegend strategischer und taktischer Natur sowie Aufgaben zur Erstellung der Logistikleistung innerhalb des konzipierten interorganisatorischen Logistiksystems mit vorwiegend operativem Charakter unterscheiden werden[303].

- Zu den *netzwerkgestaltenden Aufgaben* zählen alle Aktivitäten[304], die dem Aufbau und der Weiterentwicklung des interorganisatorischen Logistiksystems dienen, insbesondere die Logistiksystemplanung, ihre organisatorische Gestaltung sowie wiederholte Evaluation und Anpassung der logistischen Strukturen.

- *Operative Logistikmanagementaufgaben* umfassen die Erstellung der Logistikleistungen innerhalb des bestehenden interorganisatorischen Logistiksystems[305]. Dazu zählen folglich die Planung, Steuerung und Überwachung der Logistikprozesse.

---

[300] Vgl. *Sydow/Windeler* (2000, S. 19)

[301] Vgl. *Männel* (1996, S. 83)

[302] Vgl. *Pfohl* (1996, S.8)

[303] Vgl. *Weber/Kummer* (1998, S. 352)

[304] Vgl. *Staber* (2000, S. 63)

[305] Vgl. *Staber* (2000, S. 64)

11.2.2 Netzwerkrelevante Logistikmanagementaufgaben

Die genannten Aufgabenbereiche des netzwerkgestaltenden Logistikmanagements sind im Folgenden anhand der Schritte des strategischen Managementprozesses zu untersuchen. Hierbei wird zunächst auf den strategischen Planungsprozess hingewiesen.

Der **strategische Planungsprozess** lässt sich in die Schritte Situationsanalyse und Strategieentwicklung untergliedern[306]. Im Rahmen der Situationsanalyse werden Informationen über die Ist-Situation der potentiellen Netzwerkpartner in Bezug auf ihre Logistikkompetenz und die vorhandenen logistischen Ressourcen beschafft. Hierbei sind Stärken und Schwächen der logistischen Ressourcen der Netzwerkpartner zu analysieren und die Potentiale für eine Weiterentwicklung ihrer Logistikkompetenz zu bewerten. Über die Unternehmensgrenze hinaus bilden die Ausprägungen der drei Beziehungsebenen in Logistiknetzwerken wesentliche Rahmenbedingungen für die Gestaltung des interorganisatorischen Logistiksystems und sind folglich in die Situationsanalyse einzubeziehen. Beispielsweise erleichtert eine bereits enge informatorische Kopplung der Netzwerkpartner die Realisierung DV-gestützter Auftragsabwicklungsprozesse. Ebenso stellen die geplanten Netzwerkinhalte einen Ausgangspunkt der netzwerkbezogenen strategischen Logistikplanung dar. Daraus lassen sich Anforderungen an das interorganisatorische Logistiksystem ableiten, beispielsweise Anforderungen an die Massenleistungsfähigkeit, Anforderungen an die Schnelligkeit, an die Flexibilität der Prozessabläufe oder an die Fähigkeit, Komplexität zu bewältigen[307].

Schließlich sollte die Situationsanalyse auch die Beschaffung von Informationen über die Umwelt des Produktionsnetzwerkes umfassen. Aktivitäten konkurrierender Unternehmen oder Netzwerke im Bereich der Logistik oder neue wissenschaftliche Erkenntnisse können die Gestaltung und insbesondere die Weiterentwicklung des interorganisatorischen Logistiksystems anregen. Entsprechendes gilt für Informationen über logistische Fähigkeiten bislang nicht ins Netzwerk einbezogener Unternehmen, welche jedoch einen Beitrag zur Verbesserung des interorganisatorischen Logistiksystems leisten könnten.

Basierend auf den in der Situationsanalyse ermittelten Informationen und Anforderungen an das interorganisatorische Logistiksystem sind im Rahmen der Strategieentwicklung die Zielvorstellungen zu konkretisieren, *Strategien für die Gestaltung des Logistiksystems* zu entwickeln und auszuwählen. Die Entwicklung eines logistischen Leitbildes, welches diese Elemente beinhaltet, kann für das gesamte Netzwerk aufgrund der Vielzahl von Netzwerkpartnern schwieriger sein als für einzelne Unternehmen.

---

[306] Vgl. *Ulrich/Fluri* (1995, S.128)

[307] Vgl. *Erster* (1997, S.219)

Als logistische Ziele in einem Netzwerk kommen

- eine Reduktion der netzwerkweiten Logistikkosten,
- eine hohe Anpassungsfähigkeit des Logistiksystems zur Bewältigung wechselnder Transaktionsinhalte,
- eine niedrige Störanfälligkeit des Systems oder
- die Erreichung kurzer Liefer- bzw. Versorgungszeiten

zwischen den Netzwerkpartnern in Betracht[308]. Unter logistischen Strategien und Gestaltungsprinzipien werden die anhand der formulierten logistischen Ziele konkretisierten Stoßrichtungen zur Weiterentwicklung des Logistiksystems verstanden[309].

Ausgehend von den wettbewerbsorientierten Grundstrategien, welche in umfassende Kostenführerschaft, Differenzierung und Konzentration auf Schwerpunkte differenziert werden können, sind operationale logistische Basisstrategien für das Netzwerk zu entwickeln[310].

Zu den wesentlichen logistischen Basisstrategien zählen:

- die Vereinfachung der Strukturen und Abläufe unter Synchronisation der Informations- und Materialflüsse,

- die Ausrichtung der Leistungsfähigkeit des Logistiksystems an der individuellen Bedeutung des Produktes oder des Kunden (beispielsweise selektive Lagerhaltung),

- die Substitution von Beständen und logistischen Ressourcen durch geeignete Informationen,

- die Reduktion der Durchlaufzeiten und Erhöhung der Umschlagshäufigkeit der Lagerbestände,

- das Verschieben von Entscheidungen auf einen möglichst bedarfsnahen Zeitpunkt[311].

Diese logistischen Strategien stellen jeweils unterschiedliche Ansatzpunkte zur Gestaltung bzw. Verbesserung von Logistiksystemen dar. Wenngleich sie sich nicht gegenseitig ausschließen, sondern vielmehr ergänzen, wird man in der Praxis Schwerpunkte setzen müssen, die mit den an das interorganisatorische Logistiksystem gestellten Anforderungen korrelieren sollten. Beispielsweise wird der Vereinfachung

---

[308] Vgl. *Pfohl* (1994, S.137)

[309] Vgl. *Pfohl* (1994, S.137)

[310] Vgl. *Porter* (1992, S.62)

[311] Vgl. *Pfohl* (1994, S.138)

von Strukturen und Abläufen durch Standardisierungen bei der Gestaltung eines Logistiksystems, welches kontinuierlich große Mengenleistungen im Rahmen inhaltlich gleich bleibender Transaktionen erbringen soll, eine größere Bedeutung zukommen als in einem Logistiksystem, welches wechselnde Transaktionsinhalte diskontinuierlich bewältigen muss.

An die Auswahl der Strategie schließt sich die **Umsetzung der logistischen Strategien** durch eine geeignete Gestaltung v. a. der Organisations- und Führungssysteme an. Bei der organisatorischen Gestaltung der Logistik handelt es sich um die Festlegung der Logistikaufgaben zu den Beteiligten an einem Netzwerk sowie die Entwicklung von Koordinationsmechanismen zur zielorientierten Abstimmung der einzelnen logistischen Aktivitäten.

Die logistischen Aufgaben lassen sich nach verschiedenen Kriterien aufteilen und den Netzwerkpartnern zuordnen. Eine Zusammenfassung der logistischen Netzwerk- aufgaben nach dem häufig in der Logistik verwendeten Kriterium Verrichtung zu den Teilaufgaben Auftragsabwicklung, Transport, Verpackung, Lagerbestands- und Lagerhausmanagement führt zur Einbeziehung entsprechend *spezialisierter Logistikdienstleister* ins Netzwerk. Die Zusammenfassung aller logistischen Tätigkeiten, die zur Bereitstellung eines bestimmten Produktes bzw. einer Produktgruppe am Empfangspunkt erforderlich sind, kann sinnvoll sein, wenn sich die Wertschöpfungsprozesse im Netzwerk für einzelne Produktgruppen stark unterscheiden. Dies führt zur Entwicklung differenzierter Logistiksysteme für verschiedene Produktgruppen, welche sich beispielsweise hinsichtlich der Anlieferungsform unterscheiden[312]. Nach dem Kriterium Kunde bzw. Netzwerkpartner lassen sich alle Logistikaufgaben zusammenzufassen, die sich auf die Zusammenarbeit mit einem bestimmten Netzwerkpartner beziehen. So können z. B. alle Logistikaufgaben, die den Güterfluss verschiedener Produkte von mehreren Zulieferern zum selben Endabnehmer betreffen, gebündelt von einem Netzwerkpartner erfüllt werden. Neben der bereits erwähnten Einbindung spezialisierter Logistikdienstleister ins Netzwerk, kann die Aufgabenverteilung auch lediglich zwischen den produzierenden Unternehmen des Produktnetzwerkes erfolgen.

Aus der Zuordnung logistischer Aufgabenbereiche zu verschiedenen Organisationseinheiten des Netzwerkes entsteht die Notwendigkeit der *Koordination dieser Netzwerkpartner*. Abgesehen von der aus logistischer Sicht meist nicht erwünschten Entkoppelung der Netzwerkpartner durch die Bildung von Pufferlagern eröffnet die Festlegung von Standards für logistische Größen im Vorfeld einer Transaktion die Möglichkeit, den Koordinationsbedarf gering zu halten[313]. Beispielsweise werden Zeitfenster für die Anlieferung der Güter vereinbart, wodurch Koordinationsbedarf hinsichtlich der Abstimmung des Lieferzeitpunktes nur noch in Ausnahmesituationen entsteht. Bedeutungsvoll ist hierbei, ob es sich um bilaterale oder netzwerkweite Standards handelt. Netzwerkweite Standards verfügen über den

---

[312] Konventionelle Belieferung, ship-to-stock, ship-to-line, line to-line (*Wegner* 1996, S. 21).

[313] Vgl. *Pfohl* (1994, S.229)

Vorteil, ohne großen Koordinationsbedarf eine wechselnde Zusammenarbeit verschiedenen Partner zu ermöglichen, da eine einfache Kopplung der Logistiksysteme der Partner möglich ist[314].

11.3 Anwendung innovativer Logistikkonzepte in MOE

11.3.1 Strategische Trends und logistische Herausforderungen für die Industrie und den Handel in MOE

Im Zuge der zunehmenden Globalisierung und Internationalisierung der Produktion sind in den Volkswirtschaften der MOE-Staaten Entwicklungstendenzen festzustellen, die zu kritischen Herausforderungen für die Logistik von Industrie- und Handelsunternehmen werden.

Hierbei sind folgende Trends zu beobachten:

1) Individualisierung der Nachfrage; steigende Innovationsraten; verkürzte Produktionszyklen

    Herausforderungen für die Logistik:

- abnehmender Lagerumschlag, Erhöhung der Bestände an Endprodukten, Teilen und Materialen,
- steigende Komplexität der Lagerbewirtschaftung und der Beschaffungs-, Fertigungs- und Distributionssteigerung,
- abnehmende Sendungsgrößen, zunehmende Sendungshäufigkeiten,
- höhere Anforderungen an die Marktreaktionsfähigkeit.

2) Zunehmende Dynamik und Unsicherheit der wirtschaftlichen Umwelt

    Herausforderungen für Logistik:

- Einbau einer hierarchischen Flexibilität in das Produktions- und Logistiksystem zur Bewältigung der Schwankungen und Unsicherheiten,
- Erhöhung der Sicherheitsbestände im Logistikkanal,
- Aufrechthaltung der strategischen Flexibilität zur Anpassung des Logistiksystems an langfristige Entwicklungen,
- rechtzeitiges Erkennen logistisch relevanter Umweltveränderungen.

---

[314] Vgl. *Pfoh/Busel* (1998, S.53)

3) Zunehmende Arbeitsteilung; Tendenz zur Verringerung der Schnittstellen mit Lieferanten und Transportdienstleistern

Herausforderungen für die Logistik:

- zunehmende zwischenbetriebliche Transporte,
- komplexe Vernetzung des Materialflusses,
- Tendenz zum Outsourcing logistischer Funktionsbereiche,
- erhebliche Anforderungen an Qualität der angelieferten Teile und Funktionsgruppen (Modular Sourcing),
- zunehmende Anforderungen an Schnittstellenreduktion zu den Lieferanten und Logistikdienstleistern, um die Transportkosten zu reduzieren und gleichzeitig das Niveau der Logistikservicequalitäten zu sichern (Single Sourcing).

4) Integration der Region Mittel- und Osteuropa in die EU; zunehmende Wirtschaftsverflechtungen, Globalisierung der Produktion

Herausforderungen für die Logistik:

- räumliche Konzentration der Produktionsstandorte in der Industrie,
- zunehmende Erschließung der Produktionsstandorte in MOE durch die niedrigen Produktionskosten,
- Neuausrichtung der Produktion teilweise in globalen Dimensionen als Folge der Marktausweitungen.

11.3.2 Bildung neuer Organisations- und Kooperationsformen in der Industrie und im Handel

Die Entwicklung der Logistik in MOE als Rationalisierungspotential und als strategischer Wettbewerbsfaktor in der Industrie und im Handel erfordert die Entwicklung innovativer Organisations- und Kooperationsformen.

Hierbei sind folgende Kooperationen in Betracht zu ziehen:

a) **Vertikale Kooperationen**[315] aufeinanderfolgender Produktions- und Handelsstufen zur *Integration* und *Synchronisation* der gemeinsamen Material- und Produktionsflüsse zur *Senkung* der Durchlaufzeiten, Bestände, Flussschwankungen und Lieferunsicherheiten[316].

---

[315] Vgl. *Staber* (2000)

[316] Vgl. JIT-Philosophie

b) **Horizontale Kooperationen** konkurrierender oder komplementärer Produktions- und Handelsstufen[317] zum *Aufbau* und zur *Nutzung gemeinsamer Beschaffungs-* und *Distributionssysteme,* um die logistischen Größen- oder Synergievorteile zu gewinnen.

c) **Einbeziehung von Logistikdienstleistern** als Kooperationspartner einzelner Industrie- oder Handelsunternehmen oder als Partner in vertikalen oder horizontalen Industrie- und Handelskooperationen zur *Schaffung* von *logistischen Spezialisierungsvorteilen* zusätzlich zu den bereits vorhandenen Synchronisierungs-, Größen- und Verbundsvorteilen[318].

Logistische Kooperationen sind einem hohen logistischen Qualitätsniveau verpflichtet, und i. d. R. gestützt auf JIT-Prinzipien[319] (Synchronisation der Prozesse, Senkung der Durchlaufzeiten, Bestände, Flussschwankungen und Lieferunsicherheiten). Der Steuerungs- und Kommunikationsbedarf auf den operativen Ebenen ist so hoch, dass er nur mit hochwertigen rechnergestützten Systemen befriedigt werden kann.

11.3.3 Das Konzept der virtuellen Bestände

Nach dem Prinzip der Logistik sind die Gesamtbestände in einem mehrstufigen Distributionssystem umso höher, je mehr diese Bestände auf unterschiedliche Artikel und dezentrale Lagerstellen verteilt sind[320]. Dies gilt insbesondere für die Sicherheitsbestände, die in vielen Branchen einen erheblichen Anteil der Gesamtbestände umfassen. Deshalb müssen insbesondere die global agierenden Unternehmen in MOE ihre Bestandshaltung auf wenige Standorte konzentrieren, um Bestands- und Lagerkosten gering halten zu können. Die Nachteile dieser

---

[317] Vgl. *Staber* (2000)

[318] Als Beispiel hierfür können Gebietsspediteursysteme genant werden, wobei ein großer Industriebetrieb die Standorträume seiner zahlreichen, weit verstreuten Lieferanten in geschlossene Beschaffungsgebiete aufteilt, die jeweils ausschließlich von einem Gebietsspediteur bedient werden. Die rechnergestützte Steuerung der Materialsströme zu den Produktionsstätten erfolgt zentral durch den Industriebetrieb nach seinen Produktionsbedürfnissen. I. d. R. müssen die steuernden Industriebetriebe, die Lieferanten und Gebietspediteure durch ein elektronisches Kommunikationsnetz verknüpft sein. Der Gebietsspediteur sammelt die tagesgenauen Lieferabrufe des Industriebetriebs in dem ihm zugeordneten Beschaffungsgebiet, bündelt sie zu Wagenladungen und bringt sie im Ferntransport zu den empfangenden Fertigungsstätten. Die Vorteile dieser Kooperation gegenüber der unkoordinierten Anlieferung durch die Lieferanten sind: hohe Lieferzuverlässigkeit, Kostenersparnisse durch hohe Abholdichte im Liefergebiet und durch Transportbündelung im Fernverkehr, starke Absenkung des Lkw-Verkehrs und der Wartezeiten an den Entladungen der empfangenden Werke sowie Verbesserung des Leergutrücklaufes durch Verwendung gemeinsamer Behältersysteme und in Verbindung damit eine bessere Stauraumausnutzung (Vgl. *Steinmann/Schreyögg,* 1997).

[319] Vgl. *Vahrenkamp* (2000)

[320] Vgl. *Kotzab* (1997)

Zentralisierungsstrategie liegen allerdings in der größeren Kundenferne und in höheren Transportkosten.

Die Bestandsenkungen sind aber auch realisierbar, wenn die Bestände nicht physisch, sondern *informatorisch zentralisiert*[321] (virtuelle bzw. elektronische Bestände) werden.

Hierfür sind

- ein elektronisches Kommunikationsnetz, das sämtliche Bestände und Bestandsbewegungen an allen, möglicherweise weit entfernten Lagerstellen in Echtzeit erfasst, und

- ein zentrales rechnergestütztes Bestandsplanungs- und -steuerungssystem, das alle lokalen Lagerzu- und -abgänge und Querlieferungen unter Berücksichtigung der relevanten Kosten und Lieferqualitäten optimal disponiert,

erforderlich.

Im Gegensatz zur physischen Zentralisierung bietet das Konzept der virtuellen Bestände bei der physischen Bestandslokalisierung erhebliche Freiheitsgrade, die dazu genützt werden können, die oben dargestellten Nachteile abzumildern oder lokale Besonderheiten im Artikelabsatz zu berücksichtigen.

11.3.4 MRPII-Konzept

Das MRPII-Konzept stellt ein umfassendes Produktionsplanungs- und - steuerungssystem (PPS-System) dar. Das Konzept basiert auf einer hierarchischen Planungskonzeption, wodurch sämtliche Planungs- und Steuerungsaufgaben für alle Produktionsbereiche zentralisiert wahrgenommen werden[322]. Die operative Produktionsplanung bestimmt die zu produzierenden Mengen an Enderzeugnissen, um daraus den Bedarf an Vorerzeugnissen der verschiedenen Produktionseinheiten abzuleiten. Im Rahmen der Termin- und Kapazitätsplanung werden die Start- und Endzeitprodukte der einzelnen Fertigungsaufträge ermittelt, anschließend die Aufträge veranlasst und die Bearbeitungsfortschritte überwacht[323].

Eine zentralisierte Planung und Steuerung aller Wertschöpfungsaktivitäten in einem Produktionsnetzwerk nach dem MRPII-Konzept ist aufgrund der dazu erforderlichen tiefgreifenden Einschränkungen der Autonomie von Netzwerkpartnern kaum denkbar. Als vorteilhaft erweist sich jedoch die unternehmensübergreifende Nutzung der aus

---

[321] Vgl. *Amberg* (1999)

[322] Vgl. *Corsten* (1996, S.497)

[323] Vgl. *Zäpfel* (1996, S. 55)

den MRPII-Systemen der Netzwerkpartner resultierenden Informationen. Aus der Sicht des auftraggebenden Netzwerkpartners kann die Produktionsleistung des Zulieferers einem internen Fertigungsbereich gleichgesetzt werden mit einer vereinbaren Kapazität, aber - im Gegensatz zu eigenen Unternehmensbereichen - nur beschränkter Einflussnahme. Sofern das nachfragende Unternehmen im Rahmen seiner Mengen- und Terminplanung von Netzwerkpartnern zur Verfügung gestellte Informationen über dessen Kapazitätsauslastung berücksichtigt, lässt sich ein besseres Planungsergebnis unter Reduktion der Anzahl an erforderlichen Rückkoppelungen im Planungsprozess erzielen. Die Weitergabe von Planungsdaten des Sekundärbedarfs des Endproduktherstellers erlaubt auf der anderen Seite dem Zulieferer eine exaktere Primärbedarfsplanung mit höherer Prognosegenauigkeit[324].

Die Steuerung des Materialflusses erfolgt in MRPII-Systemen nach dem Push-Prinzip, wodurch jeder Transport- und Lagerungsvorgang durch das Produktionsplanungs-ergebnis festgelegt wird. Die Informationen aus der Produktionsplanung können zur Planung der benötigten logistischen Kapazitäten herangezogen werden. In Logistiknetzwerken betrifft dies insbesondere die Planung des Bedarfs an Lagerkapazitäten an den Schnittstellen zwischen den Netzwerkpartnern und die Planung der unternehmensübergreifenden Transporte. Hierbei lassen sich z. B. *Bündelungseffekte* durch eine *Ladungskonsolidierung* erzielen. Die Kontrolle der Planeinhaltung erfolgt mit Hilfe von Soll-Ist-Vergleichen, beispielsweise hinsichtlich der Termineinhaltung oder der Bestandshöhen. Sofern die Planungsergebnisse ohne Änderungen realisiert werden, können sehr niedrige Lagerbestände an den Schnittstellen zwischen den Netzwerkpartnern erreicht werden.

Bei der Analyse des MRPII-Konzeptes ist es erforderlich, die Nachteile von MRP-Systemen in Betracht zu ziehen: Es geht nämlich um die vielfältigen nicht vorhersehbaren Störungen[325], wie z. B. Störungen im Produktionsablauf, Ausfall von Kapazitätseinheiten oder Veränderungen der Nachfrage[326], die wiederholte Modifikationen des ursprünglichen Plans erfordern. Davon ausgehend, dass dies aufgrund zeitlicher Restriktionen nicht möglich ist, sind die Entscheidungsträger zu Improvisationen gezwungen. Hierbei ist zu erwähnen, dass durch fehlende Berücksichtigung von Transportkapazitäten in der Produktionsplanung Wartezeiten zwischen den Bearbeitungsschritten nur als Schätzwerte eingehen[327]. Da in der Unternehmenspraxis Wartezeiten aus Sicherheitsgründen oft erheblich überschätzt werden, führt die daraus resultierende verfrühte Freigabe von Aufträgen zu hohen Zwischenlagerbeständen.

---

[324]Vgl. *Wildemann* (1997, S.75)

[325] Vgl. *Corsten* (1996)

[326] Vgl. *Pfohl* (1996. S. 175)

[327] Vgl. *Günther/Tempelmeier* (1997, S.288)

11.3.5 KANBAN-System

KANBAN stellt ein dezentrales, verbrauchsorientiertes System dar, wobei die Materialsteuerung nach dem Pull-Prinzip erfolgt. Der Grundgedanke des KANBAN-Systems besteht darin, eine Teileart erst dann zu produzieren, wenn ein bestimmter Mindestbestand durch den tatsächlichen Verbrauch der nachfolgenden Produktionseinheit unterschritten wurde[328]. Der nach dem Fliessprinzip gestaltete Produktionsablauf setzt sich aus verketteten dezentralen Regelkreisen jeweils zweier aufeinanderfolgender Produktionsstellen zusammen, zwischen welchen Pufferlager eingerichtet werden[329]. Die Erteilung von Produktionsaufträgen erfolgt über KANBAN, welches alle für die Produktion bzw. den Transport erforderlichen Informationen enthält.

Für eine effiziente Realisierung des KANBAN-Systems in der Produktion sind bestimmte Voraussetzungen zu erfühlen. Hierbei muss auf den steigenden Bedarf relativ konstanter Mengen eines Teils hingewiesen werden. Eine Variation der Karten-Zirkulationsfrequenz kann lediglich geringe Bedarfsschwankungen abfragen. Folglich eignet sich der Einsatz eines unternehmensübergreifenden KANBAN-Systems nur in Netzwerken, welche der kontinuierlichen Abwicklung inhaltlich gleich bleibender Transaktionen dienen. Der als Quelle des KANBAN-Regelkreises fungierende Netzwerkpartner muss absolute Mengen- und Termintreue sowie qualitativ einwandfreie Lieferungen sicherstellen. Zudem ist eine hohe Verfügbarkeit der Produktionsmittel bei geringen Rüstzeiten erforderlich, um unmittelbar nach Zugang eines KANBANs die geforderte Menge fertigen zu können. Die Mitarbeiter des als Senke des KANBAN-Regelkreises auftretenden Unternehmens müssen andererseits eine hohe Disziplin aufweisen. Die verfrühte bzw. verspätete Weiterleitung eines KANBANs führt zu erhöhten Beständen oder Fehlmengen.

Zur Errichtung niedriger Lagerbestände und kurzer Auftragsdurchlaufzeiten werden meist kleine KANBAN-Mengeneinheiten definiert, wodurch sich die Lieferhäufigkeit erhöht. Um die Kosten für ggf. erhöhte Transportfrequenzen niedrig zu halten, sind in das unternehmensübergreifenden KANBAN-System oftmals nur räumlich nahe zueinander angesiedelte Unternehmen einzubeziehen bzw. Gebietsspediteur-konzepte[330] zu verwirklichen. Für das KANBAN-System lässt sich aus der grundlegenden Forderung nach einem kontinuierlichen Teilbedarf auch ein regelmäßiger Bedarf an Transportkapazitäten ableiten. Die Bestandshöhe im Pufferlager zwischen den Netzwerkpartnern ergibt sich aus der Anzahl an KANBAN.

Die Funktionsfähigkeit des KANBAN-Systems erfordert keine zwingende Zuordnung dieses Pufferlagers zu einem bestimmten Netzwerkpartner. Während innerhalb eines Unternehmens meist räumliche Restriktionen den Ausschlag geben, weist die Festlegung des Pufferlagerorts in einem Produktionsnetzwerk die Lagerhaltungs-

---

[328] Vgl. *Corsten* (1996, S.48)

[329] Vgl. *Glaser/Geiger/Rohde* (1992, S.256)

[330] Vgl. *Wildemann* (1984, S.93)

aufgaben sowie ggf. die damit verbundenen Kosten einem Netzwerkpartner zu. Da sich für ein KANBAN-System die Einrichtung eines Behälterkreislaufs zwischen den Netzwerkpartnern anbietet, zählt zum operativen Logistikmanagement außerdem meist die Aufgabe der Behälterverwaltung.

Aufgrund der - im Vergleich zu unternehmensübergreifenden KANBAN-Systemen - größeren Entfernung zwischen den Produktionseinheiten eines Netzwerkes bieten sich bestimmte Formen des Informationsflusses für unternehmensübergreifende KANBAN-Systeme in besonderem Maße an. Eine physische Weitergabe der KANBANs ist lediglich bei sehr großer räumlicher Nähe der Netzwerkpartner und hohen Transportfrequenzen sinnvoll.

Aus dem hohen Standardisierungsgrad der KANBAN-Prozesse resultiert lediglich geringer Koordinationsbedarf zur Abwicklung der KANBAN-Aufträge. Dies gilt selbst beim Auftreten kleiner Störungen im Produktionsablauf oder geringfügiger Nachfrageschwankungen. Ein koordinierendes Eingreifen wird erst bei größeren Bedarfsschwankungen, bei Fertigungsproblemen (beispielsweise Qualitätsmängel, Lieferverzug) oder Änderungen der Einsatzvoraussetzungen (z. B. Veränderung der Behältergröße, langfristige Bedarfsänderungen) erforderlich.

11.3.6 Just-in-Time-Konzept

Das Just-in-Time-Konzept stellt eine flussorientierte Versorgung dar, wobei eine bestandsarme und lagerlose Versorgung der Leistungserstellung erreicht werden soll[331]. Voraussetzung für diese Optimierung ist die informationstechnische Integration von Zulieferern und Abnehmern. Die zeitgenaue Zulieferung basiert auf der Fertigungsablaufplanung der Abnehmer. Durch deren Ablaufpläne werden Einsatzzeitfenster bzw. -zeitpunkte, für die einzelner Materialen festgelegt[332].

Bei der Einschränkung von Zeit und Materialpuffern insbesondere bei hoher Variantenzahl sind die Auswahl von Lieferanten, Strukturierung des Unternehmens und Zulieferungspartner von großer Bedeutung. Dadurch werden Einsparungen an

---

[331] Vgl. *Ruppert* (1997)

[332] Dabei wird zwischen den block- und sequenzgerechten Anlieferungen unterschieden. Beim blockgerechten Abruf handelt es sich um die auf Bedarfe einzelner Zeitabschnitte abgestellten Teile, die untereinander austauschbar sind (Teile, die (noch) nicht bestimmten Aufträgen zugeordnet sind). Bei sequenzgerechter Zulieferung werden spezifische Teile geliefert, die für bestimmte Produkte vorgesehen sind und deren Zulauf mit der festgelegten Fertigungsreihenfolge (nach Freigabe und Einlastung) abzustimmen ist. Im Gegensatz zum blockgerechten Abruf, wobei die Lieferabrufe für einzelne Zeitabschnitte erfolgen, wird die sequenzgerechte Zulieferung durch Einbauimpulse aus der laufenden Produktion angestoßen, beispielsweise in der Automobilindustrie durch montagetaktgesteuerte Abrufe, wobei die Teilnummern den Fahrzeugnummern reihenfolgengenau zugeordnet sind.

Kapitalansatz oder Umschichtungen vom Umlaufvermögen zum Anlagevermögen (Kapazitätserweiterungen) möglich[333].

Es sind generell zwei Blickrichtungen der JIT-Strategie hervorzuheben:

- *Kostensenkungsmaßnahme* durch Bestandreduzierung in der Versorgungskette,
- *Absatzmarktorientierte Maßnahme* durch die Reduzierung von Durchlaufzeiten und damit Erhöhung der Lieferbereitschaft.

JIT-Strukturen sind als ganzheitliche Versorgungsstrategien zu betrachten. JIT bedeutet nicht, dass das Lagerrisiko auf die Zulieferanten verlagert wird. Die Maßnahmen einzelner Unternehmen als Einsparungshysterie, die möglicherweise zu erhöhten (umweltbelastenden) Transportfrequenzen der Anlieferung führen, sind durch kooperative, partnerschaftliche, ganzheitlich optimierte Strukturen zu ersetzen. Hierbei sind neben Bedürfnissen des Abnehmers auch kapazitive oder technologische Sachzwänge der Lieferbetriebe und Dienstleister zu berücksichtigen.

Bei der Optimierung der Zulieferer-Strukturen im Sinne von JIT-Konzepten handelt es sich um die *Lösung des direkten Verkehrs von Lieferanten zum Abnehmer*, d. h. der Lieferant soll den Abnehmer verbrauchssynchron versorgen. Dabei ist allerdings zu untersuchen, ob der Lieferant auch im gleichen Rhythmus fertigen kann wie der Abnehmer. Hierbei kann es für möglich gehalten werden, dass der Zulieferer nach anderen Gesichtspunkten fertigen muss als der Abnehmer, d.h. eine Verlagerung der Probleme vom Abnehmer zum Lieferanten. Dabei sind Produktion und Verbrauch zu entkoppeln, wobei Zulieferer oder Abnehmer Pufferlager für die gesamte produzierte Losgröße unterhalten können.

Die direkte JIT-Anlieferung ist auch eine Frage der räumlichen Entfernung. Die Erfahrungen haben gezeigt[334], dass eine Direktbelieferung im Umkreis von etwa 30-100 km realisiert werden soll. Daher müssen weitere ganzheitlich optimierte Konzepte erarbeitet werden[335]. Hierbei sind zwei Aspekte zu betrachten:

- *Nutzung von Logistikdienstleistern* zur Entkoppelung und Bündelung von Produktion und Verbrauch[336],

- *Einrichtung* von verbrauchernahen externen *Versorgungszentren*, die von Lieferanten und/oder dem Abnehmer oder Dritten betrieben werden.

---

[333] Vgl. *Grochla* (1992)

[334] Vgl. *Wildemann* (1989)

[335] Die Beispiele dafür sind: Lieferungen von Pegforum-Stoßgängern zu VW/Audi, Kieper-Recaro-Sitze in Bremen u. a.

[336] Das Angebot der „Dienstleister der Logistik", die neben der reinen Transportleistung sog. „Value-added-Services" (Mehrleistungen) erbringen, soll im Bereich der Absatzlogistik abgehandelt werden.

Durch die Einrichtung derartiger Versorgungszentren wird es möglich, Zuliefer-Abnehmer-Beziehungen mit nur einem Ausgleichs- und Sicherheitsbestand zu organisieren[337] und auch entfernt liegende Lieferanten sowie für sich allein nicht just-in-time-fähige Kaufteile in fertigungssynchrone Bereitstellungen zu integrieren.

Diese Versorgungs- und Bereitstellungszentren sollen von Speditionen und Logistikdienstleistern betrieben werden. Die Fremdvergabe der Beschaffungslogistik liegt insofern nahe, als die Speditionen ohnehin die Lieferverkehre organisieren. Durch eine Zuständigkeit, die Versorgung, Transporte, Zwischenlagerung und Umschlag umfasst, ergeben sich für die logistischen Dienstleister weitreichende Möglichkeiten der Optimierung.

Für eine effiziente Umsetzung der JIT-Konzepte muss die Einzelkomponente (JIT-Teile) identifiziert werden. Hierfür ist die ABC-Analyse[338] in Kombination mit der XYZ-Analyse[339] anzuwenden. Nach der Identifizierung von JIT-Teilen sind folgende Planungsmaßnahmen in Betracht zu ziehen:

- Lieferantenauswahl,
- Entwurf von Konzepten bezogen auf die Qualitätssicherung,
- Materialflussanalyse,
- JIT-Materialflussgestaltung (Soll),
- Auswahl des Logistikdienstleisters,
- Informationsflussgestaltung.

Bei der Gestaltung des Informationsflusses sind die vorhandenen und künftigen Kommunikationstechnologien zu berücksichtigen. Darüber hinaus ist es hierbei wichtig, die Zyklen von Informationsflüssen festzustellen (stündlich, wöchentlich usw.), wobei auch zu überlegen ist, in welchem Format die Informationen gesendet werden müssen[340].

In der Abbildung 26 wird ein Beispiel der Prozesskette von JIT dargestellt[341], wobei die Feinabrufe vom Hersteller generiert und über DFÜ an den Lieferanten übermittelt werden, wonach die geforderte Module vom Lieferanten produziert und zum Hersteller transportiert werden. Dort werden sie gepuffert und in der Endmontage vom Hersteller verbaut.

---

[337] Vgl. *Grochla* (1992)

[338] Universaleinsetzbares Verfahren zur Klassifizierung von Gesamtheiten. In der Materialwirtschaft wird die ABC-Analyse häufig zur Klassifizierung von Lagerartikeln verwendet.

[339] XYZ-Analyse strukturiert Bedarfsteile nach dem Grad ihrer Vorhersagegenauigkeit. (1) X-Teile: Material mit gleich bleibendem Bedarf und hoher Prognosegüte, (2) Y-Teile: Material mit trendförmigem Bedarf und mittlerer Prognosegüte, (3) Z-Teile: Material mit unregelmäßigem Bedarfsverlauf und minimaler Vorhersagegenauigkeit.

[340] Es gibt die Möglichkeit der Auswahl von verschiedenen Standardformaten, die häufig branchenbezogene Lösungen des weltweiten EDIFACT darstellen.

[341] Vgl. *Kuhn* (1995)

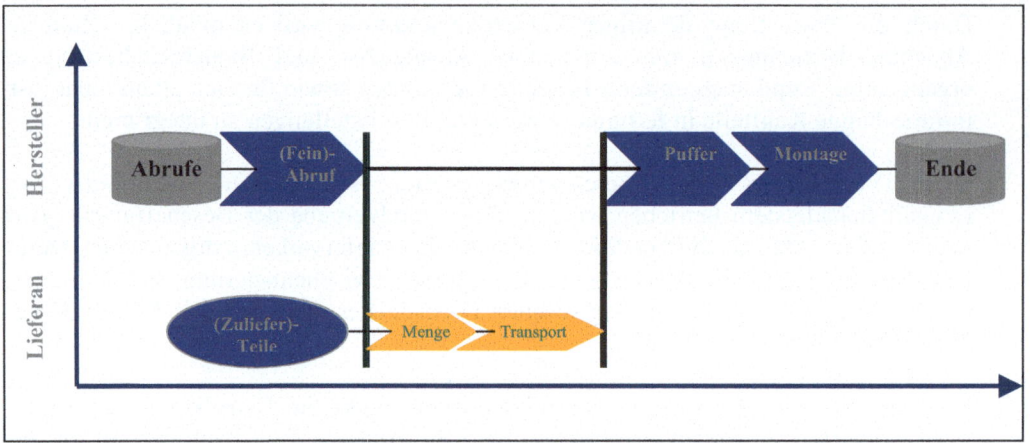

Abbildung 26: Aufbau der Just-in-Time-Kette

Um die Wirtschaftlichkeit der JIT-Kette gewährleisten zu können, ist die Kette über mindestens zwei Wertschöpfungsstufen zu gestalten. Die Voraussetzung für die Einführung des JIT-Konzeptes ist der Aufbau entsprechender informations- und materialflusstechnischer Prozesse.

Abbildung 27 veranschaulicht die Vielschichtigkeit der Informationsflüsse bei einer JIT-Kette.

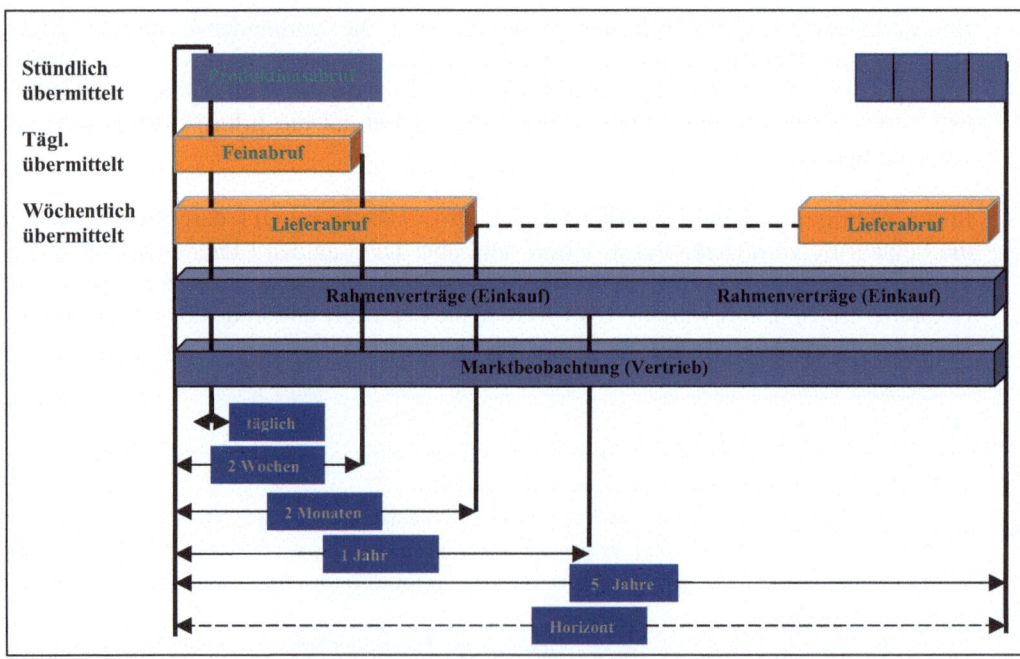

Abbildung 27: Planungsmodalitäten beim JIT-System

Im Zusammenhang mit JIT und den hiermit in enger Verbindung stehenden Veränderungen der Produktions- und Beschaffungsorganisation stellt sich die Frage der Fertigungstiefenreduzierung, wobei der störungsfreien Umsetzung von Flussoptimierungsprozessen eine hohe Bedeutung beigemessen wird. In den Unternehmen, die miteinander logistisch verbunden sind, sind bedeutsame Veränderungen bei den angewandten logistischen Prinzipien sowohl hinsichtlich der Anzahl und Struktur der Zulieferer als auch bezüglich der Ausdehnung des Beschaffungsgebietes vorzunehmen. Auf unterschiedlichen Betrachtungsebenen sind dabei folgende Aspekte zu berücksichtigen:

- Die Fertigungsreduzierung führt zu einer steigenden Zahl von Zulieferern[342].

- Im Rahmen der Internationalisierungsstrategie der Unternehmen und unter dem Aspekt der Kostensenkung ist eine europa- bzw. weltweite Beschaffungspolitik (Global Sourcing) zu verfolgen. Die Internationalisierung der Beschaffung stärkt zudem die Problemlösungskapazität durch den Zugang zu weltweit verfügbaren Ressourcen.

- Für die Umsetzung einer JIT-orientierten Produktion und Beschaffung sind nur hochwertige Zulieferteile relevant, die einem gleichmäßigen Verbrauch unterliegen (vgl. Abb. 28). Es kommt bei vielen Schnittstellen in der Beschaffung zu erheblichen logistischen Organisationsproblemen. Hierbei ist der Übergang von der Mehrquellenversorgung (Multiple Sourcing[343]) zum Single Sourcing denkbar. Das Ziel des Single Sourcing ist die Reduzierung der Koordinations- und Logistikkosten (Transaktionskosten), die durch die Integration von Informations- und Materialfluss bei produktionssynchroner Beschaffung entstehen

---

[342] Vgl. *Dichtl* (1991, S.54)

[343] Multiple Sourcing ist ein englischsprachiger Ausdruck für den Bezug von industriellen Roh-, Hilfs- und Betriebsstoffen von mehreren Lieferanten (Mehrlieferantenprinzip). Im Gegensatz zum Single Sourcing, bei dem eine vertraglich gesicherte, langfristige Bindung zwischen Lieferanten und Produktionsunternehmen angestrebt wird, strebt das Multiple Sourcing vorrangig nach Erzielung von Preisvorteilen im Einkauf durch einmalige Spotmarktbeziehungen.

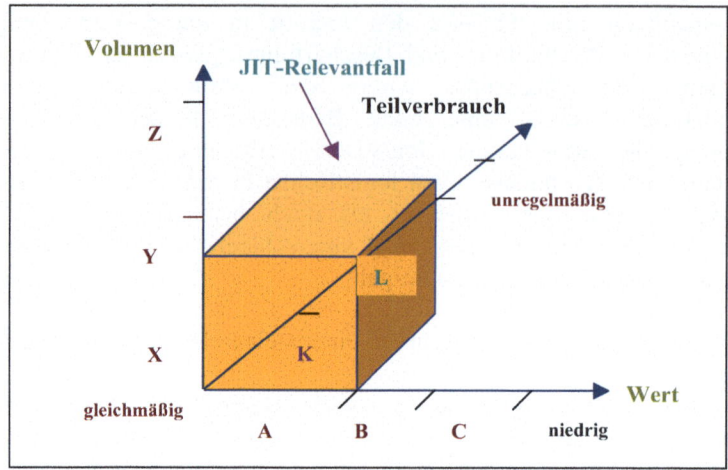

Abbildung 28: JIT-Relevanz der Zulieferteile

• Allerdings besteht ein „trade off"[344] zwischen der Verringerung der Zahl der Bezugsquellen und der Verringerung der Fertigungstiefe. Dieser Zeitkonflikt ist durch Modular Sourcing[345] zu lösen, d. h., dass die Nachfrager von Zulieferleistungen nicht mehr Einzelkomponenten beziehen, sondern ganze vormontierte Baugruppen (Module), die von Systemlieferanten angeboten werden. Dies kann bis zum Montageeinsatz eigener Mitarbeiter des Zulieferers in den nachfragenden Unternehmen führen. Damit vermindert sich beim Modular Sourcing die Zahl der direkten Zulieferer. Andererseits beziehen die Anbieter von Modulen selbst von einer größeren Zahl von Zulieferern die Einzelkomponenten und montieren sie, so dass eine Zulieferhierarchie entsteht.

---

[344] Vgl. *Tempelmeier* (1995)

[345] Modular Sourcing ist eine Beschaffungsstrategie, die durch die Fremdvergabe von Montagetätigkeiten an Systemlieferanten gekennzeichnet ist, die als Generalunternehmer die Koordination der Material- und Teilströme zwischen ehemaligen direkten Zulieferern und den Abnehmern eigenverantwortlich durchführen.

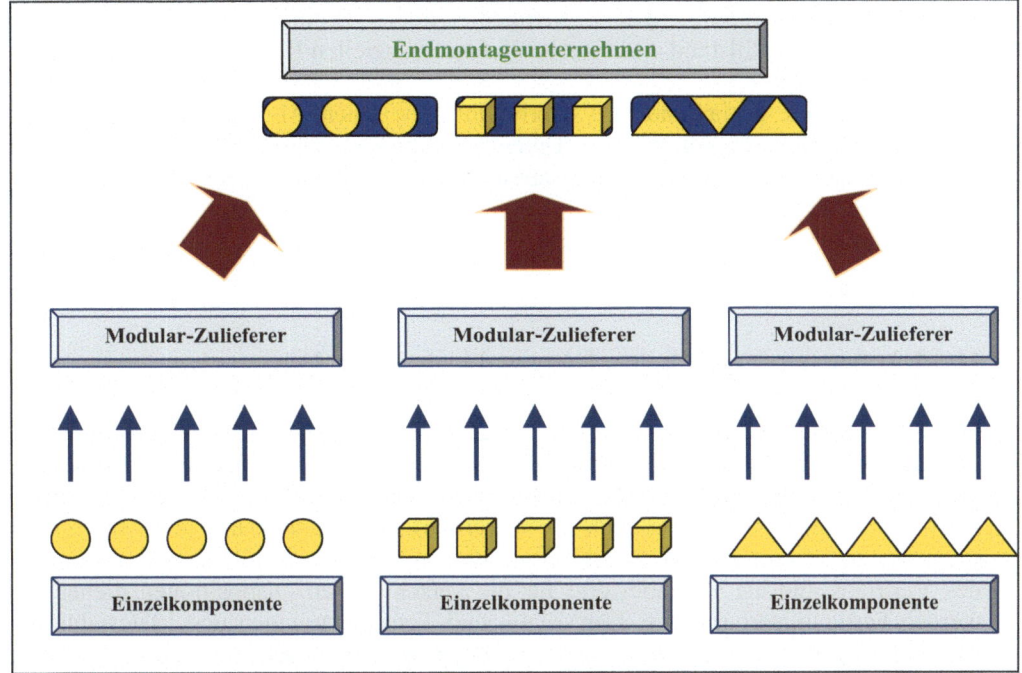

Abbildung 29: Hierarchie des Modular Sourcing

- In einigen Industriebereichen (beispielsweise in der Automobilindustrie) wird der Versuch unternommen, wichtige Zulieferer zu räumlich dichten Ansiedlung bei den Montagewerken zu veranlassen[346].

JIT besagt allerdings nicht, dass kurzfristig terminierte Lieferungen abgewickelt werden sollen, in denen der Straßengüterverkehr mit kleineren Fahrzeugen bevorzugt wird. JIT bedeutet die Realisierung eines zeitlich mit höchster Zuverlässigkeit geplanten Organisations- und Liefersystems, wobei hohe Qualitätsanforderungen gestellt werden[347]:

- Es sind die Pufferlager mit sehr geringer zeitlicher Reichweite zu halten.

- Anstatt einer Qualitätskontrolle der angelieferten Einzelteile oder Module beim Empfänger ist i. d. R. mit dem Zulieferer ein gemeinsames Qualitäts-sicherungssystem aufzubauen, wodurch auch der Transport von fehlerhaften

---

[346] Als Beispiel können hierbei die Automobilwerke in Bremen, Regensburg und Mosel gebracht werden. Insbesondere durch die erheblichen Investitionen der Zulieferer kommt es hier zu neuen Abhängigkeitsverhältnissen. Ein Wechsel in den Geschäftsbeziehungen kann eine solche Standortwahl als ungünstig erscheinen lassen. Daher ist diese Form der besonders engen räumlichen Anbindung mehr als Ausnahmefall anzusehen, auch wenn hierdurch eine besonders enge logistische Vernetzung ermöglicht wird.

[347] Vgl. *Ruppert* (1997)

Teilen abnimmt; jeder Mengen- oder Qualitätsausfall kann zum Produktionsstillstand und zu erheblichen finanziellen Risiken führen.

- Es ist eine umfassende DV-Verbindung zwischen Abnehmer und Zulieferer erforderlich, die vom Online- Datenübertragungssystem für den Lieferabruf bis hin zur vollständigen kommunikativen Integration und Steuerung der Zulieferproduktion durch vom Abnehmer gesteuerte Impulse beim Produktionsrechner des Zulieferers reicht.

11.3.7 Aufbau einer logistischen Kette und logistischer Zielsysteme

Die **logistische Kette** ist als eine Zusammenfassung einzelner Prozesse im Unternehmen und seinem direkt mit der Leistungserstellung verbundenen Umfeld zu bereichsübergreifenden Organisations- und Informationseinheiten[348] zu interpretieren. Nach dem Prinzip, dass das „was nicht vermarktet werden kann, nicht hergestellt werden muss", beinhalten die Marktinformationen zunächst mögliche Verkaufszahlen des Vertriebs, die als Vergabewerte für die verschiedenen Dispositionen dienen: es werden Fertigungsprogramme, Kapazitäts- und Terminplanungen und Materialdispositionen ausgelöst. Die betrieblichen Leistungen werden erstellt und dem Abnehmer zugeführt. Die Ausrichtung an den Kundenbedürfnissen ist der Übergang vom Pusch- zum Pull-Prinzip. Die Art der Leistung, die Qualität, die Termintreue der Lieferung u. a. beeinflussen wiederum die Stellung des Unternehmens am Markt; damit ist die Kette geschlossen.

In der Abbildung 30 wird ein Beispiel einer logistischen Kette aus der Automobilindustrie veranschaulicht. Es wird hierbei deutlich, dass der Beschaffungsprozess des Automobilherstellers eng mit den Vormaterial-, Modul- und Systemlieferanten sowie den Logistikdienstleistern verbunden ist.

---

[348] Vg. *Pfohl* (1994); *Kuhn* (1995)

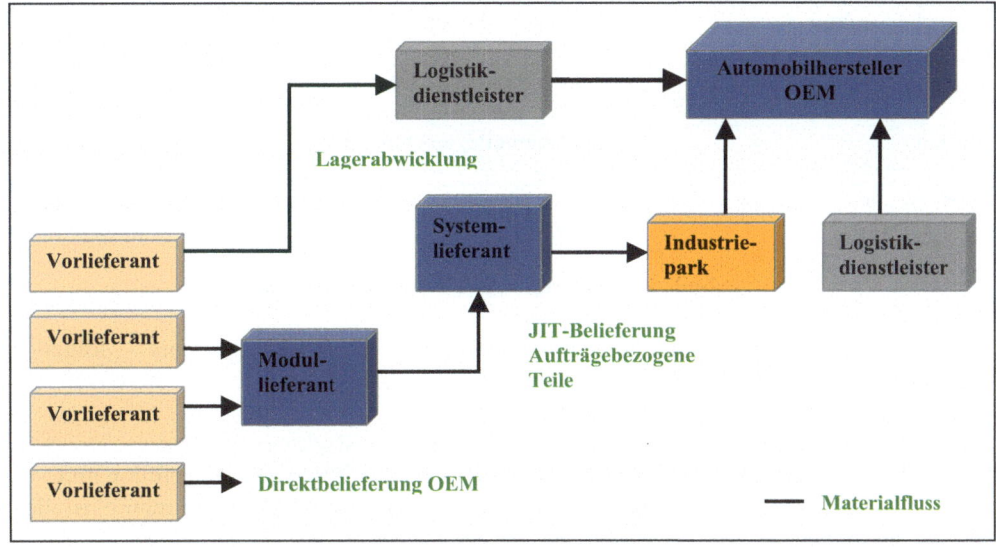

Abbildung 30: Logistische Kette am Beispiel der Automobilindustrie

Die logistische Kette verläuft in Unternehmen über die Produktionsstufen bis hin zu den Lieferanten, distributionsseitig bis hin zu den Kunden[349]. Von den Kunden aus ist die logistische Kette durch den *Nachfrageeffekt*, von der Lieferantenseite aus durch den *Versorgungseffekt* gekennzeichnet.

Die Tabelle 2 veranschaulicht wichtige Kennzeichnen und Merkmale einer logistischen Kette:

Kennzeichen	Beispiel
Akteure	Hersteller, Lieferanten, Spediteure, Großhändler, Verbraucher
Geografische Verteilung	Standorte, regionale Verteilung, globale Verteilung, Werke, Rohstofflager, Distributionszentren, Zwischen- und Endlager
Beschaffungsstruktur	Anzahl und Art der Lieferanten, Beschaffungs- und Versorgungsstrategie
Distributionsstruktur	Distributionsstufen, Warenlagerung und -verteilung, Distributionsstrategie
Entsorgungsstruktur	Wieder verwertbare Materialen, Wiederverwertungs- stufen und -verfahren
Materialfluss	Art der Transport- und Fördermittel
Zahlungsfluss	Art der elektronischen Zahlungsabwicklung
Fertigungsprinzip und -ablauf	Lagerfertigung, Programmfertigung, Steuerung von Lieferanten, auftragsneutrale Distribution

---

[349] Vgl. *Schulte* (1995)

Zeitliche Struktur	Auftragsdurchlaufzeit, Transportzeit, Liegezeit
Logistikleistung	Logistikqualität, Lieferzuverlässigkeit, Lieferflexibilität
Kosten	Kostenanteile, Kosten der Logistikleistung
Wirkungszusammenhang	Auswirkung von Maßnahmen (Bestandssenkung, Auswirkung von Kenngrößen, Bedarfsschwankungen)

Tabelle 2: Merkmale einer logistischen Kette

Hierbei verfolgt Logistik, als ein Teil des marktorientierten Managements[350], folgende kundenorientierte Ziele:

- Lieferservice als kundengerechte Gestaltung der Marktversorgung,
- Lieferbereitschaft als Fähigkeit, Kundenwünsche kurzfristig zu erfüllen und
- Lieferflexibilität als Fähigkeit, sich auf wesentliche Marktsituationen einstellen zu können.

Dabei sind auch die betriebswirtschaftlichen Zwänge zu berücksichtigen, wie z. B. Produktivität (als hohe und gleichmäßige Kapazitätsauslastung), Kapitalbindung durch kurze Durchlaufzeiten und niedrige Bestände.

Die wichtigsten Ziele sind im Folgenden zusammenzufassen:

- hohe Kapazitätsauslastung,
- kurze Durchlaufzeiten,
- niedrige Bestände,
- hohe Termintreue.

Die aktuellen Schwerpunkte wie niedrige Bestände, hohe Termintreue und kurze Durchlaufzeiten werden vor allem erreicht durch:

- Zeitverkürzungen entlang der logistischer Kette,
- Erhöhung der Lieferbereitschaft,
- produktionssynchrone Beschaffung und Lieferantenanbindung oder
- Verlagerung des Produktes der Auftragsspezifizierung in die Montagebereiche.

11.3.8 Gestaltung der Versorgungskette

In einer integrativen Sichtweise ist die Logistik nicht nur auf eine einzelne Unternehmung zu beziehen, sondern unternehmensübergreifend zu betrachten, wobei

---

[350] Vgl. *Bretzke* (1996)

auch von zwischenbetrieblicher Logistik gesprochen wird[351]. Bei dieser unternehmensübergreifenden (integrativen) Betrachtung werden dann die Lieferanten und die Abnehmer zu einer logistischen Kette zusammengefasst. Dadurch übernimmt die Logistik die Gestaltung gesamter Prozessketten von den Lieferanten bis zu den Abnehmern. Logistik umfasst hiermit die Aufgabe, den Güterfluss und den zugehörigen Informationsfluss innerhalb einer Unternehmung unternehmensübergreifend zu planen, zu steuern und zu kontrollieren.

Die Logistikkette wird aus rechtlich und organisatorisch selbstständigen Unternehmungen gebildet[352]. Dadurch entsteht die Mehrstufigkeit der Kette, wobei die gesamten Güter- und die dazugehörigen Informationsflüsse zwischen diesen Unternehmungen, etwa vom Rohstofflieferanten zum Produzenten über Groß- und/oder Einzelhändler abzustimmen sind.

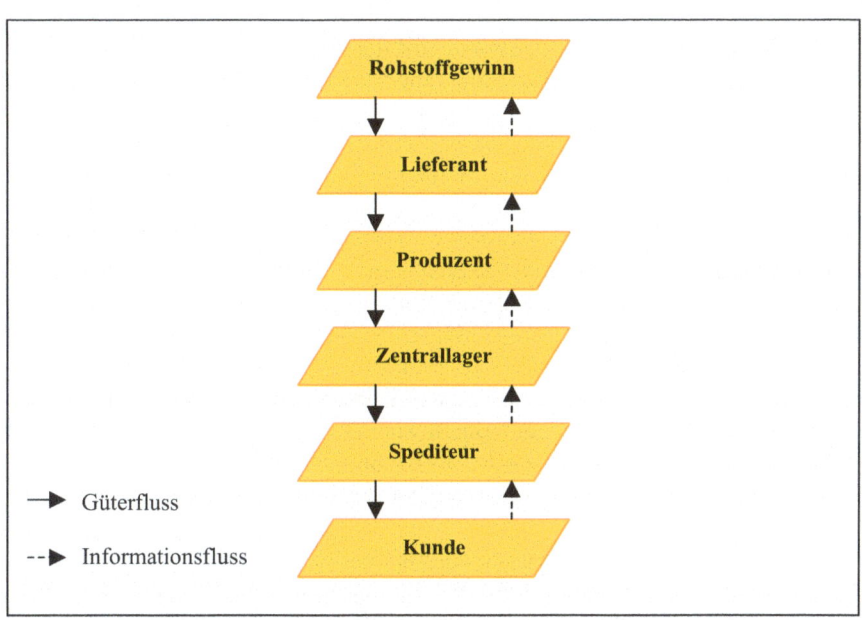

Abbildung 31: Beispiel für den Aufbau einer Versorgungskette

Ein entscheidender Unterscheid zwischen der „klassischen" Logistikkette und der Versorgungskette (so genannte Supply Chain) besteht darin[353], dass bei der „klassischen" Logistikkette die einzelnen Teilnehmer nach einzelwirtschaftlichen Entscheidungskalkülen aus ihrer isolierten Sicht entscheiden, während der Versorgungskette eine ganzheitliche Betrachtung der Logistikkette zugrunde liegt. Das bedeutet, dass die Wahrnehmung der einzelnen Teilnehmer auf eine Abstimmung der Güter- und Informationsflüsse aller Beteiligten abzielt. Es handelt sich dadurch um

---

[351] Vgl. *Bretzke* (1996)

[352] Vgl. *Wildemann* (2000)

[353] Vgl. *Cooper/Ellarm* (1993, S.16)

eine Kooperation aller Unternehmungen der unternehmensübergreifenden Wertschöpfungskette.

Der primäre Sachverhalt der Versorgungskette ist die Verknüpfung von Netzwerkpartnern, die als *Verknüpfungsmanagement* bezeichnet werden kann[354]. Die Gestaltung der Versorgungskette bedeutet, dass die unternehmensübergreifende Wertschöpfungskette keine Bruchkanten zwischen den Elementen aufweist, sondern wie aus „einem Guss" gestaltet ist. Alle Beteiligten denken und handeln wie ein Unternehmen, solange sie dem Netzwerk angehören."[355]

11.3.9 Entwicklung der Quick-Response-Logistik

Quick-Response-Logistik ist unmittelbar mit der Just-in-Time-Philosophie verbunden, die eine integrative Betrachtung über mehrere Wertschöpfungsstufen vorsieht[356]. Quick Response kann dadurch als eine Anwendung des Just-in-Time-Prinzips betrachtet werden, die eine Kooperationsform zwischen Industrie und Handel bildet, mit dem Ziel, den Warenfluss zu beschleunigen.

Mit der Entwicklung des Quick-Response- Systems wird das Ziel verfolgt, die Liefer- und Durchlaufzeiten im Logistikkanal zu minimieren und die tatsächliche Marktnachfrage möglichst bereits beim Endverbraucher in Echtzeit zu erfassen. Im Einzelhandel ist es artikelgenau mit Hilfe der elektronischen Datenkassen am *Point of Sale*[357] zu realisieren[358]. Vorteilhaft ist hierbei die informatorische Vernetzung vom Point of Sale (Scannerkassen) bis hin zu den Produktionsstätten, wobei der Handel den Produzenten die aktuellen Verkaufsdaten zur Verfügung stellt[359]. Hierdurch ist eine Verschiebung der „Informationsmacht" in Richtung Handel möglich, wodurch sich die Verhandlungsposition des Handels gegenüber der Industrie verbessert[360].

Hierbei ist unternehmensübergreifendes Bestandmanagement zu erwähnen[361]. Dies besagt, dass der Lagerbestand zu einer gemeinsamen Variablen der Beteiligten wird. Dabei muss eine unmittelbare Weitergabe von Bewegungs- und Inventurdaten auf der Zentrallager- und Outletebene einen automatischen Warennachschub gewährleisten[362]. Es wird einerseits der Bestellrhytmus der Handelsunternehmung mit der tatsächlichen

---

[354] Vgl. *Otto/Kotzab* (2001, S. 171)

[355] Vgl. *Scheer/Borowsky* (1999, S.7)

[356] Vgl. *Wildemann* (2000, S.75)

[357] Point of Sale bezeichnet die informationstechnologischen Aktivitäten an der Schnittstelle zwischen Handelsunternehmen und Kunde.

[358] Vgl. *Friedrich/Hinterhuber* (1999, S.2)

[359] Vgl. *Bretzke* (1995, S.523)

[360] Vgl. *Töpfer* (1996a, S.13)

[361] Vgl. *Vahrenkamp* (2000, S.117)

[362] Vgl. *Gleißner* (2000, S.171)

Nachfrage in Einklang gebracht. Andererseits überträgt die Handelsunternehmung die Kompetenz zur Lagerbestandsführung auf den Produzenten. Dies bedeutet, dass die Lieferanten für eine kontinuierliche Aufteilung der Lagerbestände der Kunden sorgen, ohne explizite Aufträge zu erteilen.

Dadurch wird vorausgesetzt, dass einerseits ein entsprechend umfangreiches Verkaufsvolumen gegeben ist und andererseits ein kontinuierlicher Austausch von Verkaufs- und Transportdaten zwischen den Beteiligten erfolgt. Darüber hinaus erscheint die Realisierung einer *Dauerniedrigpreisstrategie* zweckmäßig, um so Nachfrageschwankungen (beispielsweise Spitzenbedarfe, die durch Sonderangebote induziert werden) zu vermeiden. Mit der Dauerniedrigpreisstrategie wird versucht, den Güterstrom zu verstetigen. Somit wird das Ziel verfolgt, den automatischen Warennachschub zwischen den Produzenten und Handelsunternehmungen zu gewährleisten. In der Abbildung 32 wird der Aufbau eines Quick-Response-Systems betrachtet. Ausgangspunkt sind die Point-of-Sale-Daten (1), die artikelgenau in der Einzelhandelszentrale erfasst werden. Diese erfassten Daten werden an den Hersteller weitergeleitet (2). Sind die Güter erstellt, erfolgt die Auslieferung über ein dazwischengeschaltetes Distributionszentrum(3) an die Filialen(4).

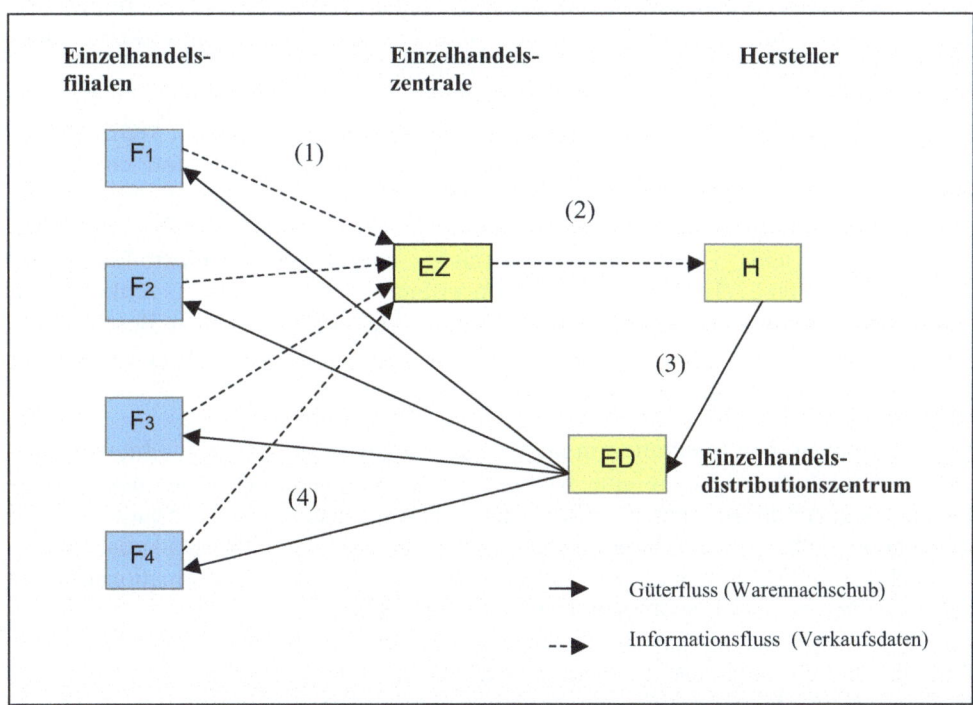

Abbildung 32: Aufbau des Quick-Response-Systems

12 Auswirkungen der Entwicklung von innovativen Logistikkonzeptionen auf die mittel- und osteuropäische Verkehrswirtschaft

12.1 Integrationserfordernisse

Der Strukturwandel in der verladenden Wirtschaft in MOE stellen die Akteure der Verkehrswirtschaft vor neuen Herausforderungen. Das Denken in der logistischen Kette sowie eine entsprechende Strukturierung der physischen Güterströme und der kommunikativen Verflechtungen gewinnen in MOE erheblich an Bedeutung. Die mittel- und osteuropäischen Verkehrsunternehmen müssen sich als ein Teil der Logistikkette in diese logistischen Konzeptionen sowohl von der physischen als auch von der kommunikativen DV-Seite her integrieren. Von ihnen als wird die mit der produktionssynchronen Beschaffung und kostenoptimalen Distribution verbundene hohe Flexibilität verlangt.

Die Konzentration der Industrie und des Handels auf ihre originären Tätigkeits-bereiche mit der Folge einer Ausgliederung zahlreicher vor- und nachgelagerter Funktionen verlangt von der mittel- und osteuropäischen Verkehrswirtschaft den Aufbau der wertschöpfungsattraktiven Geschäftsfelder. Insbesondere Speditionen sind gefordert, sich zum Logistikdienstleister zu entwickeln. Diese Entwicklung stellt allerdings erhebliche Ansprüche an sie. (vgl. Kapitel 12.2) .

Die neuen Logistikeffekte werden exogen auf die Verkehrswirtschaft in MOE wirken. Hierbei sind auch die Auswirkungen - die sich nicht verkehrsneutral entwickeln werden - auf Modal Split zu berücksichtigen. Die verkehrsmittelspezifische Logistikanforderung besteht in erster Linie in hoher und auf die speziellen Beschaffungs- und Distributionserfordernisse ausgerichteter Flexibilität. Das Vorbringen von Teilladungen hochwertiger Güter mit zeitkritischen Transportanforderungen, insbesondere bei der produktionssynchronen Beschaffung, bevorzugt den Straßengüterverkehr. Eisenbahn und Binnenschiff besitzen hierbei wesentlich geringere logistische Eignungen.

Außer der physischen Integration in komplexe Logistiknetze, spielen die Integrations- und Kommunikationssysteme eine wichtige Rolle. Vorauseilende Sendungsinforma-tionen, Realzeitinformationen über den Transportstatus der Sendung und Informationen über den Sendungszustand werden zu Basis-Qualitätsstandards. Hierbei ist auch ein DFÜ-Standard zu nennen, der problemlosen Informationstransfer zwischen allen an dem Logistiknetz Beteiligten ermöglicht.

Für die mittel- und osteuropäische Verkehrswirtschaft ergeben sich aus den Integrationserfordernissen folgende Anpassungsaktivitäten:

- Sicherung der logistisch geforderten und branchenspezifisch durchaus auf unterschiedlichem Anspruchsniveau liegenden physischen Anpassungsflexibilität;

© Springer Fachmedien Wiesbaden GmbH, ein Teil von Springer Nature 2005
G. Doborjginidze, *Analyse der Entwicklung intermodaler Logistik-Netzwerke in mittel- und osteuropäischen Ländern*, Edition KWV, https://doi.org/10.1007/978-3-658-24046-2_12

- Einordnung in die eine physische Logistikkette begleitenden Informations- und Kommunikationssysteme. Es ist hierbei ein kommunikativer Systemverbund herzustellen, welcher die Unternehmen der Verkehrswirtschaft einschließt. Realzeitinformationen als transportbegleitende und -vorauseilende Statusbeschreibungen setzen die Vorhaltung von leistungsfähigen DFÜ-Systemen sowie die Bereitschaft und Fähigkeit voraus, dem Kommunikationsstandard zu entsprechen und leistungsfähige Schnittstellen aufzubauen.

12.2 Logistische Optimierungsstrategien in der Speditionslogistik

Die Notwendigkeit der Entwicklung von innovativen Logistikstrategien in der Industrie und im Handel sowohl die europäischen Integrationsprozesse werden ihre Auswirkungen auf die Akteure der Verkehrswirtschaft in MOE haben. Hierbei sind in erster Linie die Speditionen gemeint, die am besten geeignet sind, als Logistikpartner der verladenden Wirtschaft auf dem Markt zu agieren.

Die Entwicklung neuer Strategien für die Speditionen in MOE, die am Leistungsprogramm ansetzen, ist in der **Spezialisierung** und **Leistungsprogrammerweiterung** zu sehen. Spezialisierung soll dabei keine Beschränkung auf eine bestimmte logistische Funktion bedeuten, sondern die Konzentration auf ein Segment des Marktes für logistische Dienstleistungen. Damit ist durchaus die Übernahme neuer logistischer Geschäftsfelder verbunden[363]. Hierbei ist es zur optimalen Gestaltung der logistischen Kette notwendig, dass sich die Speditionen verkehrsträgerneutral verhalten.

Die **Übernahme von komplexen logistischen Dienstleistungen**, bis hin zu kundenspezifischen Leistungspaketen im Sinne von Problemlösungen, ermöglicht den Speditionsunternehmen in MOE, sich von Wettbewerbern zu differenzieren und dem Preisdruck bei standardisierten Leistungen zu entziehen.

Mit der Erweiterung des Angebotspaketes muss aber auch die strategische Neuausrichtung der betrieblichen Funktionsbereiche der Logistikunternehmen einhergehen. Dies betrifft zunächst die Beschaffung von Vorleistungen[364]. Speditionen können diese Vorleistungen auch fremd beziehen.

Neben dem Güterfluss werden die Speditionen in MOE verstärkt herausgefordert, den **Informationsfluss** zu gewährleisten. Ebenso ist ein Informationsfluss zwischen dem Spediteur und dem Zulieferer von Leistungskomponenten auf der einen Seite und dem Kunden auf der anderen, notwendig. Um dies gewährleisten zu können, ist die *Entwicklung von Informations- und Kommunikationssystemen* erforderlich, deren

---

[363] Vgl. *Brezke* (1998 S. 396)

[364] Vgl. *Weber/Kummer* (1998)

Einsatz in der Praxis positive logistische und ökonomische Effekte bringt: Hierbei sind in erster Linie

- die Vernetzung der Versender/Empfänger und der Schnittstellen der Produktion,
- die Optimierung der Routenplanung,
- die Verbesserung der Disposition und
- die Organisation gebrochener Transportketten

zu nennen.

Die Speditionen müssen ihre Tätigkeit auf die Probleme der Kunden ausrichten. Folge davon wird die **Erstellung von Kundenspezifischen Leistungspaketen** sein. Diese werden sowohl auf bisherigen Märkten, als auch auf neuen Märkten - andere Regionen und Branchen - erbracht. Um dieses Ziel zu erreichen, sind die Entwicklung der Kooperationen und der Aufbau von speditionellen Netzwerken notwendig.

12.3 Entwicklungen im Schienengüterverkehr

Für die Eisenbahnunternehmen in MOE ergibt sich eine andere Situation als für die privatwirtschaftlich organisierten und überwiegend mittelständischen Speditions-unternehmen. Zum einen handelt es sich bei den Eisenbahnunternehmen um eine ganze Volkswirtschaft umspannende Monopolunternehmen[365]. Zum anderen entfalten sich die betriebstechnischen Vorteile der Bahn erst bei den großen Entfernungen im Streckenverkehr. Die Strategien der Bahn als öffentliches Unternehmen werden sich zum einen auf politische und zum anderen auf betriebswirtschaftliche Sachverhalte beziehen. Politisch muss die Bahn in MOE versuchen ihre Handlungsrahmen zu verbessern. Betriebswirtschaftlich muss die Verbesserung der Marktfähigkeit und der Produktivität im Vordergrund stehen.

Um die Marktfähigkeit zu steigern, müssen die mittel- und osteuropäischen Bahnen sich auf bestimmte Marktsegmente konzentrieren und daraus ein logistisches Produkt definieren. Die zukünftige Produktpalette soll hierbei vom klassischen Massengutverkehr als Ganzzugverkehr über konsolidierte Komplett- und Teilladungsverkehre mit hochwertigen Gütern bis zu Kleingut, Stückgut und Expressgut definiert werden.

Durch die Osterweiterung der EU werden die Transportentfernungen länger, so dass sich für die Bahnen in MOE insbesondere auch im Kombinierten Verkehr Vorteile Ergeben. Die logistischen Vorzüge[366] des kombinierten Verkehrs wie z. B.

---

[365] Vgl. *Deutsches Verkehrsforum* (2002)
[366] Es ist jedoch zu berücksichtigen, dass der KLV nur ab bestimmten Mindesttransportweiten abgewickelt werden muss. Bei derzeitigen Kostenstrukturen rechnet sich der KLV gesamtwirtschaftlich (unter

Schnelligkeit durch Nachtsprung, Nutzung der Behälter als Zwischenlager, Einsparung an Verpackung, Ver- und Entladung im Produktionsbereich, sind interessante Alternativen zum reinen Straßengüterverkehr.

Es kann auch der Einsatz von speziellen Logistikzügen - als Direktzüge im Linienverkehr - für einzelne Unternehmen der verladenden Wirtschaft praktiziert werden. Sie müssen jedoch auf die Zeitbedürfnisse der Verlader abgestimmt werden. Allerdings verlangen diese Logistikzüge zur Realisierung eines komplizierten Implementierungsprozesses das äußerst komplexe Fahrplan-/Trassensystem. Dabei werden häufig andere Schienenverkehre zeitlich verdrängt[367].

Die Schaffung dieser neuen Logistikprodukte sowie die Konzentration auf die Systemstärken der Bahn und die Verbesserung der Produktivität durch den Abbau nicht mehr nachgefragter Kapazitäten ist vor allem durch die verstärkte Zusammenarbeit der Bahnen in MOE zu realisieren.

12.4 Strategien und Maßnahmen zur Erhöhung der Standortattraktivität und der Wettbewerbsfähigkeit der Region MOE

Die Länder und die Regionen Mittel- und Osteuropas müssen genauso wie die Unternehmen ihre Strategien und Maßnahmen auf die Binnenmarktintegration ausrichten. Die Aufgabe der MOE-Staaten ist in der Realisierung des regionalen Marketings zu sehen. Die Aktivitäten von MOE-Ländern umfassen dabei:

- die Förderung des Images der Region,
- die Erhöhung der lokalen und regionalen Attraktivität,
- die aktive Förder- und Ansiedlungspolitik.

Von zentraler Bedeutung sind hierbei die Schaffung einer *logistischen Struktur* innerhalb der Region, sowie die verkehrliche und informatorische Anbindung an die europäischen Wirtschaftszentren. Die Regionen, die über günstige verkehrsgeographische Standortvorteile verfügen, müssen diese als Wettbewerbsvorteile für zu gewinnende oder bereits angesiedelte Unternehmen herausstellen.

Einbeziehung auch externer Kosten) erst ab 500 km Transportweite, einzelwirtschaftlich ab etwa 700 km. Kostenbedeutsam sind Umschlagvorgänge in den Terminals und der LKW- Zu-und-Ablauf.
[367] Vgl. *Aberle* (2000)

12.5 Maßnahmen zur Konsolidierung des Güterverkehrs

Die Konsolidierung des Güterverkehrs in Regionen MOEs kann in erster Linie durch die Entwicklung von leistungsfähigen logistischen Knoten realisiert werden. Die flankierenden Maßnahmen sind hierbei:

- logistisch optimale Dislozierung von Industrie- und Gewerbegebieten,

- Berücksichtigung von logistischen Dienstleistungssystemen und Schnittstellen in der Gewerbegebietsplanung.

12.5.1 Förderung logistisch relevanter regionaler und überregionaler Wirtschaftsbeziehungen, Dislozierung von Industrie- und Gewerbegebieten

Bei der Dislozierung von Industrie- und Gewerbegebieten sowie der Ansiedlung von Betrieben in MOE müssen logistische Anforderungen berücksichtigt werden. Die Standortwahl für die Produktion muss sich zunächst an regionalen Zielvorstellungen und Gegebenheiten orientieren[368]. Bei der Standortwahl von Industrie und Gewerbe ist ein Standort in der Nähe von Streckennetz zwar vorteilhaft, aber nicht unbedingt logistisch günstig[369]. Die Entwicklung innovativer Logistikstrategien erfordert die Bildung von Transportketten und eine hinreichende Anbindung an die überregionalen logistischen Netzwerke.

12.5.2 Transportkettenorientierte Ansiedlungsplanung

Die großen Unternehmen verfügen über ein mehr oder weniger dichtes Netz von Zulieferbetrieben. *Lean Management* als Unternehmensstrategie trägt dazu bei, dass feste Zulieferbeziehungen weiter zunehmen[370]. Zahlreiche Zulieferer treffen vor diesem Hintergrund ihre Standortentscheidungen neu. Da im Rahmen des regionalen Standortmanagements die Möglichkeiten einer abnehmenden Ansiedlung von Zulieferbetrieben kaum in Betracht gezogen werden, werden die Chancen einer logistischen Konsolidierung des Güterverkehrs in vielen Fällen vergeben.

Vor diesem Hintergrund muss bei der Entscheidung von Industrie- und Gewerbestandorten in MOEL und insbesondere einer gezielten Ansiedlungsplanung die Möglichkeit einer transportkettenorientierten Dislozierung von Zulieferbetrieben gezielt genutzt werden.

---

[368] Vgl. *Domschke/Drexl/Gzik/Roscher/Koch* (1985, S. 24)

[369] Vgl. *Amling* (1993)

[370] Vgl. *Weber/Kummer* (1998)

154

13 Schlussfolgerungen und Zusammenfassung

Gegenstand der vorliegenden Dissertation ist die Untersuchung der Entwicklung intermodaler Logistiknetzwerke in MOE. Hierfür wurde unter Berücksichtigung der ökonomischen und politischen Rahmenbedingungen die Situationsanalyse des mittel- und osteuropäischen Güterverkehrs vorgenommen. Insbesondere der Mangel an Verkehrsinfrastruktur und leistungsfähigen Verkehrsystemen wurde als Ursache einer Ineffizienz und Unwirtschaftlichkeit des Transport- und Logistikmarktes in MOE herausgearbeitet. Es wurde dargestellt, dass die Verkehrswirtschaft noch heute gegenüber der Globalisierung und Internationalisierung der Wirtschaft unvorbereitet ist und die Anforderungen der verladenden Wirtschaft an die logistischen Problemlösungen nicht befriedigen kann.

Ein Konzept intermodaler Logistiknetzwerke soll die Systemplanung des Güterverkehrs und der Logistik in mittel- und osteuropäischen Ländern unterstützten und zur Entwicklung der Optimierungsstrategien und Lösungen im Bereich der Verkehrswirtschaft beitragen.

Die Entwicklung dieses Konzeptes machte die definitorischen Abgrenzungen erforderlich. Es wurden die beteiligten Interessengruppen, die infrastrukturellen und organisatorischen Voraussetzungen sowie die Alternativen der innovativen Logistikstrategien und -konzepten dargestellt. Ein besonderes Gewicht lag hierbei auf den organisatorischen Gestaltungs- und Optimierungsstrategien.

Anschließend wurden die effizienzsteigernden Auswirkungen der Entwicklung von innovativen Logistikstrategien auf die mittel- und osteuropäische Verkehrswirtschaft abgebildet.

Nachfolgend werden einige Schlussfolgerungen als Zusammenfassung der vorliegenden Untersuchung dargestellt. Sie bilden die Grundlagen der Entwicklung intermodaler Logistiknetzwerke in MOE.

Schlussfolgerung 1: Die zunehmende wirtschaftliche Verflechtung Ost- und Westeuropas und die Internationalisierung der Märkte verlangt eine grundlegende Umstrukturierung und Neuorientierung der Transportmärkte in MOE. Der **Ausbau eines leistungsfähigen Verkehrssystems** gilt als eine wichtige Voraussetzung für die weitere Entwicklung der mittel- und osteuropäischen Wirtschaft.

Die große Herausforderung der mittel- und osteuropäischen Länder lautet, leistungsstarke Verkehrssysteme zu entwickeln und deren zukunftsorientierte Gestaltung zu gewährleisten. Hierbei ist das Güterverkehrwesen in Richtung eines integrierten Transportsystems zu entwickeln.

© Springer Fachmedien Wiesbaden GmbH, ein Teil von Springer Nature 2005
G. Doborjginidze, *Analyse der Entwicklung intermodaler Logistik-Netzwerke in mittel- und osteuropäischen Ländern*, Edition KWV, https://doi.org/10.1007/978-3-658-24046-2_13

Der Aufbau von integrierten Transportsystemen in MOE erfordert eine Verknüpfung der Verkehrsträger unter Ausnutzung der verkehrsspezifischen Vorteile zu den Logistiknetzen. Als besondere Aufgabe stellt sich zukünftig die Gestaltung und Koordination intermodaler Transportketten und ihre Einbindung in ein ganzheitliches Logistikkonzept.

Schlussfolgerung 2: Die internationale Arbeitsteilung der Wirtschaft erzeugt einen Integrations- und Koordinationsbedarf, der sich in wachsender Nachfrage nach logistischen Systemlösungen äußert. Im Zuge der wirtschaftlichen Integration Mittel- und Osteuropas in die Europäische Union macht sich die Veränderung logistischer Anspruchsprofile der Wirtschaft bemerkbar. Die sich entwickelnden Güterströme erfordern eine Koordination der Zusammenarbeit zwischen allen Beteiligten entlang der logistischen Kette. Eine besondere Aufgabe hierbei ist die **Entwicklung und Gestaltung intermodaler Logistiknetzwerke.**

Der Aufbau von Logistiknetzwerken hat heute eine wichtigere Bedeutung denn je für die produzierende und handelbetreibende Wirtschaft in MOE. Die Entwicklung der logistischen Netzwerke in diesen Ländern und ihre Anbindung an europaweite und interkontinentale Netzwerke gewährleistet, dass die Verlader alle Leistungen in der Logistikkette über alle Länder zeitkritisch und kosteneffizient aus einer Hand erhalten. Unterschiedliche Leistungen, Transportarten und Verkehrsträger werden miteinander verknüpft und auf die branchenindividuellen Anforderungsprofile abgestimmt. Synergieeffekte werden genützt und Reibungsverluste minimiert.

Die Aufgaben für die produzierende Wirtschaft in MOE sind die Konzentration auf ihre Kernkompetenzen und Verringerung der Fertigungstiefe. Die Unternehmen werden dadurch schlanker, sie werden nicht alle notwendigen Ressourcen zur Verfügung stellen können, um komplexe Produkte und Leistungen entwickeln zu können. Nur in einem logistischen Netzwerk besteht für diese Unternehmen die Möglichkeit, gemeinsam als schlagkräftige Einheit aufzutreten. Ein Netzwerk vereinigt scheinbare Gegensätze: die Eigenschaften kleiner, flexibler und selbständiger Unternehmen werden mit denen eines über vielfältige Ressourcen verfügenden Großunternehmens verknüpft. Das Aufbrechen von Strukturen und die Bildung von flexiblen Unternehmenseinheiten, die in einem Netzwerk miteinander verknüpft sind, bietet den Unternehmen in MOE die Möglichkeit, den europäischen und weltweiten Herausforderungen gerecht zu werden und Wettbewerbsvorteile am Markt zu realisieren.

Schlussfolgerung 3: Eine wichtige Voraussetzung für den Ausbau eines effizienten Verkehrs- und Logistiksystems in MOE ist die Verfügbarkeit **funktionierender Transportverbindungen und einer leistungsstarken Verkehrsinfrastruktur.** Die Leistungsfähigkeit der Verkehrsinfrastruktur gilt als regionaler und gesamtwirtschaftlicher Wachstumsfaktor für mittel- und osteuropäischen Länder.

Der Aufbau von leistungsstarker Verkehrsinfrastruktur hat eine besondere wirtschaftliche Bedeutung für MOE-Länder. Nicht nur Modernisierung der bestehenden Netze ist dringend erforderlich. Es müssen völlig neue Verkehrsverbindungen und leistungsfähige, integrationsfördernde Verkehrsnetze geschaffen werden. Die mit der EU-Osterweiterung erwarteten zunehmenden Verkehrströme werden nicht nur durch internationale Verkehrskorridore aufgenommen werden können, sondern werden auch zusätzliche Leistungsanforderungen an die regionalen Verkehrsnetze mittel- und osteuropäischer Staaten stellen.

Schlussfolgerung 4: Hinsichtlich der Entwicklung integrierter Güterverkehrssysteme in Mittel- und Osteuropa ist ein einheitliches Konzept mit der integrativen Wirkung erforderlich, das die Verknüpfung und die Interoperabilität der Netze und Verkehrsysteme gewährleistet. Damit steht die **Einbindung** des mittel- und osteuropäischen Verkehrssystems **in die Transeuropäischen Netze** im Vordergrund.

Die zunehmende wirtschaftliche Verflechtung und der daraus resultierende Güteraustausch zwischen MOE-Ländern und der EU erfordert durchgehende leistungsfähige Verbindungen über den gesamten Kontinent hinweg. Die Einbindung der MOE-Staaten in die Transeuropäischen Netze gewinnt vor dem Hintergrund der anstehenden EU-Erweiterung eine große Bedeutung.

Schlussfolgerung 5: Der Ausbau integrierter Logistiksysteme innerhalb der Logistiknetzwerke erfordert eine zukunftsorientierte Gestaltung der Verkehrssysteme. Integrierte Systeme, verstärkte Kooperation und Koordination der Verkehrsträger und Verkehrsleitsysteme sind gefragt. Als eine besondere Aufgabe stellen sich zukünftig die **Gestaltung und Koordination intermodaler Transportketten in MOE.**

Die Steigerung der Leistungsfähigkeit des mittel- und osteuropäischen Verkehrssystems ist vor allem in der effizienten Vernetzung der Verkehrsträger und der Bildung intermodaler Transportketten zu sehen. Die Rahmenbedingungen in MOE müssen so gestaltet werden, dass jeder Verkehrsträger die Teile der Transportkette übernimmt, die er gesamtwirtschaftlich am wirksamsten durchführen kann. Dies kann nur in einem intermodalen Transportsystem erfolgen, das die Integration bzw. Kombination mehrerer Verkehrsträger fordert.

Um gegenüber den unimodalen Verkehrsformen hinsichtlich Kosten, Schnelligkeit und Flexibilität, Service und Information wettbewerbsfähig zu werden, müssen intermodale Verkehre in MOE Innovationspotentiale freisetzen, Kosten minimieren und Systemnachteile durch zusätzliche Dienstleistungen kompensieren. Neben der Wirtschaftlichkeit des Einsatzes intermodaler Transportsysteme gelten als wesentliche Faktoren für MOE ein Entscheidungsmodell zur flexiblen Gestaltung der Transportketten und ein strukturiertes Konzept des Informationsflusses.

Schlussfolgerung 6: Die Entwicklung des Konzeptes intermodaler Logistiknetzwerke in MOE macht den Aufbau von **logistischen Knoten und ihre Einbindung in regionale und überregionale Logistiknetze** erforderlich.

Die zunehmende Arbeits- und Standortteiligkeit der Wirtschaft führt zu steigender Tendenz des Güteraustausches und zu den komplexen Transportketten. Bei den ständig steigenden Sendungsgrößen, die auf ihrem Transportweg die Sammlung, Verteilung und Umladung erfordern und damit nicht auf direktem, ungebrochenem Weg vom Versender zum Empfänger gelangen, sind die Verknüpfungspunkte zwischen Nah- und Fernverkehr bzw. zwischen verschiedenen Verkehrsträgern so zu gestalten, dass sowohl die betriebswirtschaftliche als auch die gesamtwirtschaftliche Effizienz gesteigert werden kann.

Der *Aufbau von logistischen Knoten wie Güterverkehrszentren* in MOE und ihre Einbindung in überregionale Verkehrsnetze stellt hierfür eine wichtige Voraussetzung dar. Die Entstehung von GVZ in MOE ermöglicht die Entwicklung der Schnittstellen zur Optimierung der Güterumschlags-, Lager-, Service- und Dienstleistungsfunktion.

Die Zusammenführung der verschiedenen Verkehrsträger wird unter Ausnutzung der verkehrsspezifischen logistischen Vorteile im Fern- und Nahverkehr eingesetzt. Durch ein bedarfsgerechtes, auf Industrie und Handel zugeschnittenes Dienstleistungs- angebot schaffen GVZ die Voraussetzung für leistungsfähige und kostenoptimale Transportketten in MOE.

Durch den Ausbau und die Vernetzung von GVZ wird im Fernverkehr der Einsatz zielreiner Ganzzüge oder Binnenschiff-/Flugverbindungen im Streckenverkehr ermöglicht und im Nahverkehr werden, durch vernünftiges Zusammenarbeiten von Anbietern und Nachfragern, leistungsfähige Versorgungs- und Entsorgungskonzepte, logistische Kooperationen aller beteiligten Unternehmen und koordinierte Tourenplanungen gewährleistet.

Schlussfolgerung 7: Eine effiziente Gestaltung komplexer logistischer Prozesse erfordert sach- und zeitgerechte Informationen, die durch die Übermittlung des Wissens dem Empfänger bei den Entscheidungen und Handlungen helfen. Das Denken und Handeln in Transportketten wird in seiner Effizienz durch die Nutzung von **rechnergestützten Informationssystemen** gefördert. **Verkehrstelematik** ist eine wesentliche Voraussetzung für die Entwicklung eines integrierten Gesamtverkehrssystems in MOE, in dem die Verkehrsträger stärker vernetzt und verknüpft werden und dadurch ihre Vorteile effizienter genutzt werden können

Durch den Aufbau von Telematiksystemen im mittel- und osteuropäischen Güterverkehr werden die Bereiche der physischen Abläufe und inner- und außerbetriebliche Informationsflüsse integriert und ein schnittstellenübergreifendes Funktionieren logistischer Abläufe gewährleistet. Durch die Rationalisierung der Logistikprozesse, die eng mit dem Einsatz von Informations- und Kommunikationssystemen verknüpft sind, können erhebliche Wertschöpfungspotentiale genutzt werden. Voraussetzung dafür ist, die Informationen schnell, in der richtigen Form und am richtigen Ort zur Verfügung zu stellen. In diesem Sinne ist die Entwicklung der Logistik in MOE ohne angemessene Systeme der Verkehrstelematik nicht vorstellbar.

Schlussfolgerung 8: Durch die zunehmende Globalisierung und internationale Arbeitsteilung werden die Industrie und der Handel in MOE herausgefordert, die prozessübergreifenden logistikrelevanten **Managementstrategien** und die **innovativen Logistikkonzepte zu entwickeln.**

Die Entwicklungen in der mittel- und osteuropäischen Wirtschaft und Produktion führen zu einer Spezialisierung und Bildung von geographisch weit verteilten Unternehmensbeziehungen. Eine enge Zusammenarbeit mehrerer Unternehmen setzt die anforderungsgerechte Gestaltung des unternehmensübergreifenden Logistiksystems voraus, um die verteilt erstellten Wertschöpfungsleistungen effizient zu verknüpfen. Die logistischen Lösungen der Zusammenarbeit zwischen Produzenten und Lieferanten in MOE verlangen neue Optimierungsstrategien.

Aufgrund der räumlich und zeitlich verteilten Wertschöpfung in Logistiknetzwerken kommt der Logistik besondere Bedeutung zu. Der Aufbau eines ganzheitlichen integrativen Logistiksystems erfordert von allen Akteuren ein unternehmensübergreifendes Systemdenken. Hierbei wird die Entwicklung der Managementstrategien und innovativen Logistikkonzepte gefragt.

Die Ansatzpunkte der Realisierung dieser unternehmensinternrelevanten Planungs- und Steuerungskonzepte - wie beispielsweise MPRII-Konzept, KANBAN und Just-in-Time - liegen in der Optimierung aller Teilelemente der logistischen Kette zur

Steigerung der Wettbewerbsfähigkeit durch die Flexibilität und Qualitätsverbesserungen mit höherem Kundennutzen und durch eine Durchsetzung von Rationalisierungspotentialen zur Kostensenkung.

Schlussfolgerung 9: Die Neuorientierung der verladenden Wirtschaft stellt die Verkehrs- und Logistikdienstleister in MOE vor neue Herausforderungen. Das Denken in der logistischen Kette sowie eine entsprechende **Strukturierung der physischen Güterströme und der kommunikativen Verflechtungen** gilt als entscheidender Faktor für die Entwicklung der mittel- und osteuropäischen Verkehrswirtschaft.

Veränderungen der Produktionssysteme in MOE und daraus resultierende verkürzte Produktlebens- und Innovationszyklen brauchen eine effiziente Gestaltung der schnellfunktionierenden und hochverfügbaren Logistiksysteme. Durch flexible, global und kooperativ geführte Netze wird die Verkehrswirtschaft in MOE herausgefordert, bei steigendem Güteraufkommen mit hohen Belieferungsfrequenzen und geringeren Sendungsgrößen noch engere Zeitfenster zu bedienen, um dadurch auch den steigenden Serviceanforderungen zu genügen.

Durch eine veränderte Verteilung der Aufgaben in der Logistikkette wird auch ihre Komplexität zunehmen. Zur Bewältigung dieser Komplexität, müssen die Logistikdienstleister in MOE sich spezialisieren, um eine hohe Wirtschaftlichkeit von Logistiknetzen gewährleisten zu können, indem die Leistungen Flexibilität, Zuverlässigkeit und Information an die Kundenbedarfe angepasst werden, und dabei trotzdem die Kosten niedrig gehalten werden.

Die Konzentration der produzierenden Wirtschaft auf ihre Kernbereiche, die eine Ausgliederung zahlreicher vor- und nachgelagerter Funktionen mit sich bringt, erfordert die Entwicklung von neuen wertschöpfungsattraktiven Logistikangeboten in der Verkehrswirtschaft. Insbesondere den Spediteuren wird es gelingen sich als Logistikpartner für die verladende Wirtschaft zu entwickeln.

Literaturverzeichnis

Aberle, G.: Transportwirtschaft, einzelwirtschaftliche und gesamtwirtschaftliche Grundlagen; 3. Auflage, München 2003

Aberle, G.: Risiken und Chancen für das Supply Chain Management, in: Pfohl H.-C. (Hrsg.).: Das „White Paper" der Europäischen Kommission zur Verkehrspolitik bis 2010; Berlin 2002

Aden, D.: Verkehrsunternehmen als logistische Dienstleister, in: Krampe, H., Lücke, H. J.: Grundlagen der Logistik - Einführung in Theorie und Praxis logistischer Systeme; München 1993, S. 181-228

Albach, H.: Strategische Allianzen, strategische Gruppen und strategische Familien, in: Zeitschrift für Betriebswirtschaft; Wiesbaden 1992, S. 663-670

Amling, F. J.: Industriestandort Bundesrepublik Deutschland. Standortqualität und internationale Wettbewerbsfähigkeit - Eine Zwischenbilanz zur aktuellen Standortdiskussion; Frankfurt/M/Berlin 1993

Amberg, M.: Prozessorientierte Informationssysteme. Methoden, Vorgehen und Werkzeuge zu ihrer effizienten Entwicklung; Berlin/Heidelberg 1999

Amice, L.: Logistics, prospective and business strategies in Europe: towards the emergence of geostrategic logistics, in: Moreno, M.; Kulwant, P: 3rd International Symposium on Logistics, 1997

Arnold, D., Rall, B.: Ein neues Umschlagsystem für Güterverkehrszentren im Vergleich mit aktuellen Konzepten, In: Innovative Umschlagsysteme an der Schiene; Düsseldorf VDI-Verlag, 1996, S. 198-207

Aschauer, D. A.: Is public expenditure productive? In: Journal of Monetary Economics; Jg., 23., Nr. 2, 1989, S.177-200

Aulinger, A.: Wissenskooperation - Eine Frage des Vertrauens, in: Engelhard, J. (Hrsg.); Sinz, E. J.: Kooperation im Wettbewerb. Neue Formen und Gestaltungskonzepte im Zeichen von Globalisierung und Informationstechnologie; Wiesbaden 1999, S. 90-111

Balasa. B.: Trade liberalisation and revealed comparative advantage; 1965, S. 99-123

Balcerowicz, : Der Erfolg einer radikalen, aber nicht dogmatischer Transformation, in: Neue Zürcher Zeitung, 24/25.04, 1993

Barth, G.: Mobilität durch Telematik - Informatik und Kommunikation für zukünftige Verkehrssysteme, in: Krönig, D.: Mobilität durch Telematik - Chancen für die Wirtschaftsstandorte Deutschland und Europa; Ulm 1997

Baumgarten, H.: Trends und Strategien in der Logistik: Die Entwicklung und die Zukunft der Logistik, in Baumgarten, H.: Logistik im E-Zeitalter; Frankfurt am Main 2001, S. 9-34

© Springer Fachmedien Wiesbaden GmbH, ein Teil von Springer Nature 2005
G. Doborjginidze, *Analyse der Entwicklung intermodaler Logistik-Netzwerke in mittel- und osteuropäischen Ländern*, Edition KWV, https://doi.org/10.1007/978-3-658-24046-2

Baumgarten, H.; Walter, S.: Trends und Strategien in der Logistik 2000; Berlin 2001

Bechtel, C., Jayaram, J.: Supply Chain Management: A Strategic Perspective, in: International Journal of Logistics Management, Vol 8, 1997, S. 15-34

Beck, R.: Monitor EU-Erweiterung, Nr. 9/2000; Deutsche Bank Research, Frankfurt am Main 2000

Beck, T.: Coopetition bei der Netzwerkorganisation, in Zeitschrift Führung + Organisation, 1998, S. 271-276

Beder, H.: Der Luftfrachtverkehr,in: Isermann, H.: Gestaltung von Logistiksystemen; 2 Auflage, Landsberg 1998, S. 124-138

Bellmann, K.: Produktion im Netzwerkverbund. Strategischer Faktor im globalen Wettbewerb, in: Nagel, K. (Hrsg.), Erben, E.: Produktionswirtschaft 2000. Perspektiven für die Fabrik der Zukunft; Wiesbaden 1999, S.195-213

Beyfuß, J.: Erfahrungen deutscher Auslandsinvestoren in Reformländer Mittel- und Osteuropas; 1996

Bolz, R.: Die Wirtschaft der osteuropäischen Länder an der Wende den 90er Jahren; 1990

Bradke, S.: Wirtschaftsreformen in Osteuropa; 1989

Bresser, R.: Kollektive Unternehmensstrategien, in: Zeitschrift für Betriebswirtschaft, 1989, S.545-564

Bretschger, L.: Dynamik der realwirtschaftlichen Integration am Beispiel der EU-Osterweiterung; Greifswald 1998

Bretztke, W. R.: Praktische Herausforderungen an das Logistikmanagement, in: Corsten, H. (Hrsg.), Reiß, M.: Handbuch Unternehmungsführung; Wiesbaden 1995, S.519-527

Bretztke, W. R.: Logistik, zwischenbetriebliche, in: Kern, W. (Hrsg.), Schröder, H.-H., Weber, W.: Handwörterbuch der Produktionswirtschaft; 2 Auflage, Stuttgart 1996

Bretztke, W. R.: Make or buy von Logistikdienstleistungen: Erfolgskriterien für eine Fremdvergabe logistischer Dienstleistungen, in: Isermann, H.: Logistik - Gestaltung von Logistiksystemen, 2 Auflage Landsberg 1998, S. 392-399

Broggi, M.: Logistik im Wandel der Zeit - Ursprung und Geschichte, in „Jahrbuch der Logistik" (Handelsblatt); 1990, S. 216-217

Bronk, H.: Anpassung an EU-Standards erforderlich – Die Verbesserung des Verkehrssystems als Voraussetzung für die Integration Polens in die EU, in: Internationales Verkehrswesen, Jg., 47, NR.9, 1995, S. 513-518

Browersox, D. J., Closs, J., Cooper, M. B.: Supply Chain Logistics Management; Boston 2002

Bundesamt für Güterverkehr: Jahresbericht 2000/2001; Köln 2002

Bundesverband Güterkraftverkehr und Logistik und Entsorgung: Jahresbericht; Frankfurt a. M. 2002

Bundesministerium für Verkehr, Bau- und Wohnungswesen: Telematik im Verkehr, Aktivitäten, Erfolge, Systeme und Dienste – Sachbericht; Berlin 2001

Busby, J. G.: Comments on the Morgenstern Model, in: Naval Research Logistics Quartely 2. Jg., 1955, in: Göpfert, I 1999, 1. Jg., Heft 1

Buscher, U.: Das Supply Chain Management, in: Zeitschrift für Planung, 10 Jg., 1999, S. 449-456

Buse, H. P.: Kooperationen, in: Betriebswirtschaftlehre der Mittel- und Kleinbetriebe, Größenspezifische Probleme und Möglichkeiten zu einer Lösung; Karlsruhe 1997a, S. 441-447

Buse, H. P.: Wandelbarkeit von Produktionsnetzen. Auswirkungen auf die Gestaltung des interorganisatorischen Logistiksystems, in: Vision Logistik - Logistik wandelbarer Produktionsnetze; Karlsruhe 1997b, S.69-137

Christopher, M.: Logistics and Supply Chain Management. Strategies for Redicing Costs Improving Services; London 1992

Cooper, J., Elarm, L. M.: Characteristics of Supply Chain Management and the Implications for Purchasing an Logistics Stategy, in: The International Journal of Logistics Management; 1993, S.13-24

Cooper, J., Browne, M., Peters, M.: European Logistics. Markets, Management and Strategy; Padsdow 1993

Corsten, H.: Produktionswirtschaft. Einführung in das industrielle Produktionsmanagement; München 1996

Corsten, H. (Hrsg): Entwurf eines Konzeptes zur EDV-gestützten Organisation von Variantenstücklisten, Nr. 25 der Schriften zum Produktionsmanagement; Kaiserslautern 1998

Corsten, H; Gössinger, R.: Dezentrale Koordination der Produktionsplanung und -steuerung als unternehmungsinterne Dienstleistung, in: Corsten, H. (Hrsg.), Schneider, H.: Wettbewerbsfaktor Dienstleistung; München 1999, S.225-282

Coyle, J. J, Bardi, E. J., Langley, C. J. Jr.: The Management of Business Logistics ; 5 Auflage, St. Paul 1992

Davis, T.: Effective Supply Chain Management, in: Sloan Management Review; 1993, S. 35-45

DE-Consult: Zu den Chancen und Risiken der EU-Osterweiterung für deutsche Verkehrsunternehmen, in: Die deutsche Verkehrswirtschaft und die Anforderungen an die EU-Osterweiterung; Berlin 2002.

Delfmann, W.: Logistik, in: Corsten, H., Reiss M.: Handbuch der Unternehmensführung, 1995, S. 505-517

Delfmann, W.: Organisation globaler Versorgungsketten, in: Glaser, H. (Hrsg.); Schröder, E. F; Werder, A.: Organisation im Wandel der Märkte; Wiesbaden 1998, S. 61-89

Delfmann, W.: Kernelemente der Logistik-Konzeption, in: Pfohl, H.-Chr. (Hrsg.): Logistikforschung. Entwicklungszüge und Gestaltungsansätze; Berlin 1999

Delfmann, W.: Kernelemente der Logistikkonzeption, in: Klaus, P., Krieger, W. (Hrsg.): Gablers Lexikon Logistik; 2. Auflage, Wiesbaden 2000, S. 322-326

Delfmann, W.: Prozessmanagement, in: Arnold, D., Isermann, H., Kuhn, A., Tempelmeier, H. (Hrsg.): Handbuch Logistik, Berlin 2002, S. D1-10 – D1-15

Deutsche Bundesbank: Zahlungsbilanzstatistik, 2002; Frankfurt a. M. 2002

Deutsche Bank Research: Monitor EU-Osterweiterung Nr. 5; Frankfurt a. M. 2001

Deutsches Verkehrsforum (Hrsg.): Der Transportmarkt im Wandel, Endbericht zur Delphi-Studie; Berlin 2002

Deutsches Verkehrsforum (Hrsg.): Die deutsche Verkehrswirtschaft und die Anforderungen an die Osterweiterung; Berlin 2002

Dichtl, E.: Orientierungspunkte für die Festlegung der Fertigungstiefe, in: Wirtschaftswissenschaftliches Studium; 1991, S. 54-59

Dietrich, H.: Entwicklung und Stand der Verkehrsbetriebslehre, in: Zeitschrift für Betriebswirtschaft, 56. Jg., Heft 1, 1986, S. 51-88

Dinges, M.: Supply Chain Management - Logistikrevolution oder alter Wein in neuen Schläuchen?, in: Information Management & Consulting 13. Jg., 1998, S 22-27

Diruf, G.: Computergestützte Informations- und Kommunikationssysteme der Unternehmenslogistik als Komponenten innovativer Logistikstrategien, in: Isermann, H.: Logistik - Gestaltung von Logistiksystemen; Landsberg 1998, S. 182-194

Domschke, W.: Logistik. Transport; 4. Auflage München 1995

Dubert, M.: Strategische Managemententwicklungsplanung – Konzeption und empirische Ergebnisse für den Bereich Logistik; Frankfurt a. M 1991

Duschek, S.: Kooperative Kernkompetenzen - Zum Management einzigartiger Netzwerkressourcen, in: Zeitschrift Führung + Organisation, 1998, S.230-236.

Eastern European Economics: Exchange Rate Flexibility? in:, Jg., 39, Nr. 6, 2001, S. 23-63.

Eccless, H. E.: Logistics - What is it? In: Naval Research Logistics Quartely 1. Jg., 1954, S. 5-15

ECMT Economic Research Committee: What role for the railways in Eastern Europe? in: CEMT/CS/RE(2001)13/FINAL, 2001 S. 3

Economist Intelligence Unit: The Automotive Industry in central und eastern Europe. Perspective to 2005; London 2001

Ehrentraut, N.; Schmidt, E.: Osteuropa – zur Entwicklung des ungarischen Verkehrswesens, in: Internationales Verkehrswesen, Jg., 46, Nr. 11, S. 630-639

Ellarm, L. M.: Supply Chain Management. The Industrial Organisation Perspective, in: Industrial Journal of Physikal Distribution & Logistics Management, Vol. 21, 1999, H1, S. 13-22

Engelsleben, T., Niebuer, A.: Logistik Begriff - Ursprung und Entwicklung, in: Jahrbuch der Logistik, 1997. S.22-23

Ester, B.: Benchmarks für die Ersatzteillogistik. Benchmarkformen, Vorgehensweise, Prozesse und Kennzahlen; Berlin 1997

EU-Kommission (Hrsg.): Transeuropäische Netze - Gruppe der persönlichen Beauftragten der Staatschefs, Bericht; Brüssel 1995

EU-Kommission: Die europäische Verkehrspolitik bis 2010. Weichenstellungen für die Zukunft; Kommission der Europäischen Gemeinschaften; Dokument COM (2001) 0370 (01)

Europäische Union, Arbeitsgruppe des Generalsekretariats Task-Force „Erweiterung": Verkehrspolitik und die Erweiterung der Europäischen Union, Themenpapier 44, Luxemburg 1999

European Bank for Reconstruction and Development: Transition Report 1996 – Infrastructure and savings; London 1996, S.46-61

European Bank for Reconstruction and Development: Transition Report 2001; London 2001

European Bank for Reconstruction and Development: Transition report 2002; London 2002

Eurostat: Panorama of European Business; Luxemburg 2000

Eurostat: Statistik kurz gefasst, Thema 2 - 3/2002. Die Entwicklung der Direktinvestitionen in den Beitrittsländern von 1995 bis 2000; Luxemburg 2002

Eurostat: Statistik kurz gefasst. Luftverkehr in den Beitrittsländer 1995-2001; Luxemburg 2002

Eurostat: Jahrbuch 2001; Luxemburg 2001

Eurostat: Jahrbuch 2002; Luxemburg 2002

Ewert, R., Wagenhofer, A.: Interne Unternehmensrechnung; 4. überarbeitete und erweiterte Auflage, Berlin 2000

Fabbe-Costes, N.: Une interprétation économique hétéroxode de la logistique d'entreprise, in : Fabbe-Costes, N. (Hrsg.) : Actes des premieres recontres internationales de la recherche en logistique; Marseille 1995, S. 41-59

Fischer, W; Dittrich, L.: Materialfluss und Logistik. Optimierungspotentiale im Transport- und Lagerwesen; Berlin 1997

Fogner, M.: Transeuropäische Netze – Auf dem Weg zu einer gesamteuropäischen Infrastrukturplanung? in: Internationales Verkehrswesen 46/1994, Heft 11, S. 621-629

Frank, S.: Erfolgreiche Gestaltung der Kostenrechnung. Determinanten und Wirkungen am Beispiel mittelständischer Unternehmen, 2000

Fraunhofer Institut Materialfluss und Logistik: Telematikeinsatz bei Car-Sharing-Systemen. Kurzdarstellung eines Projektes der Deutschen Gesellschaft für Logistik; 2000

Felsner, J.: Kriterien zur Planung von Logistik-Konzeptionen in Industrieunternehmen, 1983

Frese, E.: Organisationstheorie. Historische Entwicklung – Ansätze- Perspektiven; 2. Auflage, Wiesbaden 1992

Frese, E.: Grundlagen der Organisation. Konzept-Prinzipien-Strukturen; Wiesbaden 1998

Friedrich, S. A., Hinterhuber, H. H.: Wettbewerbsvorteile durch Wertschöpfungs-partnerschaft. Paradigmenwechsel in der Hersteller-Handels-Beziehung, in: das Wirtschaftsstudium, 01/1999, S. 2-8

Friedrich, S.A., Hinterhuber, H.H.: Wettbewerbsvorteile durch Wertschöpfungspartnerschaft. Paradigmenwechsel in der Hersteller/Handels-Beziehung, in: Wirtschaftswissenschaftliches Studium 28. Jg., 1999, S.2-8

Gatzweiler, H., Irmen, E., Janich, H.: Regionale Infrastrukturaustattung; Bonn 1991, S. 27-37

Gerum, E., Achenbach, W., Opelt, F.: Zur Regulierung der Binnenbeziehungen von Unternehmensnetzwerken. Ein Problemaufriss, in: Zeitschrift Führung+Organisation, 1998, S.266-270

Glaser, H.-O., Geiger, W., Rohde, V.: PPS Produktionsplanung und –steuerung. Grundlagen – Konzepte – Anwendungen; 2. Auflage, Wiesbaden 1992

Gleißner, H.: Logistikkooperation zwischen Industrie und Handel. Theoretische Konzepte und Stand der Realisierung; Göttingen 2000

Göpfert, I.: Logistik. Führungskonzeption. Gegenstand, Aufgaben und Instrumente des Logistikmanagements und –Controllings; München 2000

Grochla, E.: Grundlagen der Materialwirtschaft - Das materialwirtschaftliche Optimum im Betrieb; Stuttgart 1992

Griese J.; Sieber, P.: Virtualität bei Beratungs- und Softwarenhäusern, in: Winand, U. (Hrsg.), Nathusius, K.: Unternehmungsnetzwerke und virtuelle Organisationen; Stuttgart 1998, S.157-254

Grondjot, H.-H.: Flottenmanagement, in: Internationales Verkehrswesen, 3/2000, S. 95-96

Günther, H.-O., Tempelmeier, H.: Produktion und Logistik; 2 Auflage, Berlin 1997

Hahn, D.: Problemfelder des Supply Chain Management, in: 2000, S.9-19

Hansmann, A.: Produktivität steigern – Wettbewerbsfähigkeit verbessern, in: Internationales Verkehrswesen 1/2, 1998, S. 42-44

Heinemann, G.: Kooperative Effizienzstrategien im Absatzkanal - was der Handel bei ECR bedanken sollte, in: Thexis, 14. Jg., 1997, S.1-48

Heinsch, B.: Der Einfluss des öffentlichen Inputs Verkehrsinfrastruktur auf die Wettbewerbsfähigkeit einer Volkswirtschaft; 1986

Hellingrath, B.: Standards für Supply Chain, in: Logistik Heute, 21. Jg., 1999, H. 7/8 S.77-78

Helpman, E., Krugman, P. R.: Trade policy and market structure; 1989

Hoitsch, H.-J.: Produktionswirtschaft. Grundlagen einer industriellen Betriebswirtschaftslehre; München 1993

Homburg, C., Weber, J., Aust, R., Karlhaus, R.: Interne Kundenorientierung der Kostenrechnung. Ergebnisse der Koblenzer Studie, Schriftenreihe Advanced Controlling, 1998

Horstmann, S.: Vertikale Vertriebskooperationen in der Bekleidungswirtschaft. Eine Analyse innovativer Distributionskonzepte US-Amerikaner und deutscher Bekleidungshersteller; Frankfurt a. M. 1997, S.3-11.

Ihde, G. B.: Logistik, in: Grochla, E., Wittmann, W. (Hrsg.); Handwörterbuch der Betriebswirtschaft; 4. Auflage, Stuttgart 1974, S. 2524-2532

Ihde, G. B.: Die organisatorische Handhabung der Logistik; Stuttgart 1985, S.725-727

Ihde, G. B.: Von der Verkehrsbetriebslehre zu betriebswirtschaftlichen Logistik, in: Zeitschrift für Verkehrswissenschaft, 51 Jg., Heft 1, S. 3-16

Ihde, G. B.: Stand und Entwicklung der Logistik, in: Die Betriebswirtschaft (DBW), 47 Hg. 1987, H 6, S.703-716

Ihde, G. B.: Transport, Verkehr, Logistik: Gesamtwirtschaftliche Aspekte und einzelwirtschaftliche Handhabung; 2. Auflage; München 1991

Ihde, G. B.: Logistik, in: Bloech, J.; Ihde, G. B. (Hrsg): Vahlens Großes Logistiklexikon; München 1997, S.449-554

Ihde, G. B.: Transport, Verkehr, Logistik: Gesamtwirtschaftliche Aspekte und einzelwirtschaftliche Handhabung; 3. Auflage, München 2001

IPB Bank: Czech Trade Balance, in: Econimic Focus Report; Prag 2002

Intergovermental Commission TRACECA; Final Report (2003); 2003

International Air Transport Association: Anual Report 2003; Washington 2003

Isermann, H.: Logistik – Gestaltung von Logistiksystemen; 2. überarbeitende und erweiterte Auflage, Landsberg/Lech 1998

Isermann, H.: Grundlagen eines systemorientierten Logistikmanagements, in: Gestaltung von Logistiksystemen; 2. überarbeitende und erweiterte Auflage, Landsberg/Lech 1998, S.21-60

Jansen, R., Gruenberg, R.: Trends in der Kommissionierungstechnik, in: Zeitschrift für Logistik, 1992, Heft 1, S. 4-15

Jomini, A. H.: Abriss der Kriegskunst; Berlin 1881

Jodin, S., Möller, C.: Güterverkehrszentren unverzichtbar für große Logistiknetze, in: Deutsche Hebe- und Fördertechnik, 1999, Nr. 9. 10-13

Jünemann, R., Scheid, W. M.: Transport-, Lager- und Kommissioniersysteme für die 90er Jahre; Köln 1990

Kapoun, J.: Logistik ein moderner Begriff mit langer Geschichte, in: Zeitschrift für Logistik, 1983, S. 123

Kinnock, N.: Bericht der Kommissare Kinnock, N., Wulf-Mathies, M., Van den Broek, V. an die Kommission bezüglich der TINA; Brüssel 1999/01

Kivikari, U.: The Legacy of the Hansa. The Baltic Economic Region; Keuruu 1996, S. 11

Klaus, P.: Die dritte Bedeutung der Logistik, Nürnberger Logistik-Arbeitspapier, Nr. 3 Nürnberg 1993

Klaus, P.: Jenseits einer Funktionenlogistik: der Prozessansatz, in: Isermann, H. (Hrsg.): Logistik: Beschaffung, Produktion, Distribution; Landsberg 1994, S.330-349

Klaus, P.: Jenseits einer Funktionenlogistik: Der Prozessansatz, in: Isermann, H. (Hrsg.): Logistik. Gestaltung von Logistiksystemen; 2. Auflage, Landsberg/Lech 1998

Klaus, P.: Logistik als „Weltsicht" der Prozessansatz, in: Weber, J., Baumgarten, H. (Hrsg.): Handbuch Logistik. Management von Material- und Wahrensflussprozessen; Stuttgart 1999, S. 15-33

Klaus, P.: Logistik für die Managementpraxis, in: Klaus, P., Krieger, W. (Hrsg.): Gabler Lexikon Logistik; 2. Auflage, Wiesbaden 2000, S. XV-XVI

Kortschak, B. H.: Logistik – Controlling oder eigenständige betriebswirtschaftliche Konzeption, in: DBW 61. Jahrgang, Heft 6/2001, S.657-670

Kotzab, H.: Neue Konzepte der Distributionslogistik von Handelsunternehmen; Wiesbaden 1997, S.140-169

Kracke, R.: Güterverkehrs- und Verteilzentren, in: Isermann: Logistik: Gestaltung von Logistiksystemen, 1998, S. 441-453

Krampe, H; Lucke, H. J.: Grundlagen der Logistik- Einführung in Theorie und Praxis logistischer Systeme; München 1993

Krossak, A.: Sinnvolle Entwicklungen und verfehlte Ansätze – Erste Erfahrungen mit Güterverkehrszentren, in: Internationales Verkehrswesen, 1995, 47 Jg., S. 185-189

Kuglin, F. A.: Customer-Centered Supply Chain Management. A Link-by-Link Guide; 1998

Kuhn, A.: Prozessketten in der Logistik: Entwicklungstrends und Umsetzungsstrategien; Dortmund 1995

Kuhn, A., Hellingrath, B.: Supply Chain Management – Optimierte Zusammenarbeit in der Werstschöpfungskette, 1999

Kühne, R., Neumann, L.: Auswirkungen von telematischer Beeinflussung verkehrsinfrastruktureller Kapazitäten auf die volkswirtschaftliche Rentabilität von Projekten der Bundesverkehrswegeplanung – Zwischenbericht; 1998

Küpper, H.: Controlling. Konzeption, Aufgaben und Instrumente; 2. Auflage Stuttgart, 1997

Kutschker, M., Schmidt, S.: Netzwerke internationaler Unternehmungen, Nr. 64 der Diskussionsbeiträge der Wettbewerbswissenschaftlichen Fakultät Ingolstadt; Ingolstadt 1995

Laaser, C.F., Rüdiger S.: Verkehrsnetze im östlichen Ostseeraum, in: Welttrends Nr. 23, 1999

Landes, David S.: Wohlstand und Armut der Nationen: warum die einen reich und die anderen arm sind; Berlin 1999

Lewis, H. T., Culliton, J. W., Steel, J. D.: The Role of Air Freight in Physikal Distribution; Boston/Mass 1956

Lindblom, C.E.: The Science of "Muddling Through" in: Public Administration Review, Vol. 19, 1959 S. 201-211

Malone, T.W., Laubacher, R. J.: The Dawn of the E-Lance Economy, in: Scheer, A.-W. (Hrsg.), Nüttgens, M.: Electronic Business Engineering; Heidelberg 1999b, S.13-14

Mangold, K.: Deutschland im Zuge der Globalisierung, in: Ost-Westeuropa Verein (Hrsg.): Ost- und Mitteleuropa als Partner der deutschen Wirtschaft; Münster 2000, S. 29-40

Männel, B.: Netzwerke in der Zulieferindustrie; München 1996

Meyer, M.: Ökonomische Organisation der Industrie. Netzwerkarrangements zwischen Markt und Unternehmung; Wiesbaden 1995

Ministerium für Verkehr und Kommunikation Georgiens; Verkehrsbericht 2003; Tiflis 2003, S.37-39

Mokrani, C.: Einbindung innovativer Zukunftstechnologien in das Verkehrsmanagement, in: Internationales Verkehrswesen 10/2000, S. 44-49

Morgenstern, O.: Note on the Formulation of the Theory of Logistics, in Naval Research Logistics Quartely; 2. Jg., 1955, S.63-66

Morgenstern, O.: Note on the Formulation of the Theory of Logistics, in: Hossner, R.: Jahrbuch der Logistik, 1997

Müller-Stewens, G.: Auf dem Weg zur Virtualisierung der Prozessorganisation, in: Virtualisierung von Organisationen; Wiesbaden 1997, S.1-21

Otto, A.., Kotzab, H.: Der Beitrag des Supply Chain Management zum Management Supply Chains - Überlegungen zu einer unpopulären Frage, in: Zeitschrift für betriebswirtschaftliche Fohrschung, 53 Jg., 2001, S. 157-176

Pauli, B., Schindler, T.: Telematikdienste - Ein Ausweg aus dem drohenden Verkehrschaos? TU München 2001

Pfaffmann, E.: Ein Modell der vertikalen Keiretsu, in: Die Betriebswirtschaft, 1998 S. 451-466

Pfohl, H.-C.: Organisationsstrukturen im logistischen Gesamtsystem der Unternehmung, 1980

Pfohl, H.-C.: Logistikstrategien in Europa; Darmstadt 1990

Pfohl, H.-C.: Logistiksysteme – Betriebswirtschaftliche Grundlagen, 1991

Pfohl, H.-C.: Logistikmanagement in: Implementierung der Logistikkonzeption in und zwischen Unternehmen; Berlin 1994a, S.135-140

Pfohl, H.-C.: Interorganisatorische Probleme in der Logistikkette in: Management der Logistikkette. Kostensenkung, Leistungssteigerung, Erfolgspotential; Berlin 1994 S.227-231

Pfohl, H.-C.: Logistiksysteme, in: Wittmann/Werner/Köhner/Küpper/Wysocki: Handwörterbuch der Betriebswirtschaftslehre, 1993

Pfohl, H.-C.: Logistiksysteme. Betriebswirtschaftliche Grundlagen; 5 überarbeitete und ergänzte Auflage, Berlin, Heidelberg, New York 1996

Pfohl, H.-C.: Häusler, P.: Organisation der Logistik in den regionalen Produktionsnetzwerken, in: Handbuch der Logistik, 1999, S. 232-236

Pfohl, H.-C.; Buse, H. P.: Logistik in Unternehmensnetzwerken, in: Logistik Jahrbuch (Handelsblatt) 1997, S. 14-20

Pfohl, H.-C.: Supply Chain Management, in: Konzept, Trends, Strategien; Berlin 2000

Pfohl, H.-C.: Logistiksysteme. Betriebswirtschaftliche Grundlagen; 6. Auflage, Berlin 2000

Pfohl, H.-C.: Logistiksysteme. Betriebswirtschaftliche Grundlagen; 6. neu bearbeitete und aktualisierte Auflage, Berlin 2000

Philipps, P., Zackor, H.: Folgerungen aus europäischen F+E-Telematikprogrammen für Verkehrsysteme in Deutschland. Berichte der Bundesanstalt für Straßenwesen (Verkehrstechnik), Heft V77. Bergisch Gladbach 2000

Piller, F. T.: Mass Customization. Ein wettbewerbsstrategisches Konzept im Informationszeitalter; Wiesbaden 2000

Pohlmann, M.: Industrielle Netzwerke. Antagonistische Kooperationen an der Schnittstelle Beschaffung-/Zulieferung; München/Mering 1995

Polkowski, A.: Die Mittel- und Osteuropäische Länder auf dem Weg in die EU, in: HWWA-Wirtschaftsdienst 2001/II, S. 111-115

Poirier, C. C., Reiter, S. E.: Die optimale Wertschöpfungskette. Wie die Lieferanten, Produzenten und Handel bestens zusammenarbeiten; Frankfurt a.M./New York 1997

Porter M. E.: Wettbewerbsstrategie, in: Methode zur Analyse von Branchen und Konkurrenten; 7. Auflage; Frankfurt a. M./New York 1992

Prognos AG: Markt- und Potentialanalyse neuer integrierter Mobilitätsdienstleistungen in Deutschland. Untersuchung im Auftrag des BMBF; Basel 1999

Prognos AG: European Transport Report 2002, Berlin 2002.

Reiß, M: Unternehmertum in Netzwerken, in Netzwerk-Unternehmer. Fallstudien netzwerkintegrierter Spin-offs, Ventures, Start-ups und KMU; 2000a S.9

Reiß, M., Beck, T.C.: Mass Customization-Geschäfte: Kostengünstige Kundennähe durch zweigleisige Geschäftssegmentierung, in: Texis, 12 Jg., 1995, H. 3, S. 30-34

Renz, T.: Management in internationalen Unternehmensnetzwerken; Wiesbaden 1998

Riggers, B.: Value System Design - Unternehmenswertsteigerung durch strategische Unternehmensnetzwerke; Dissertation, St. Galen 1998

Ruppert, M.: Die Just-in-time-Belieferung aus Sicht der Zulieferindustrie, 1997

Sammerloggen, H. G.: Logistik-Geschichte - Moderner Begriff mit Vergangenheit - Der lange Weg vom Militärbegriff zum Instrument moderner Unternehmensführung, 1988, S. 6-9

Schäfer, C.: Facetten der Zeitdimension – Ansatzpunkte für die Entwicklung eines Zeitmanagementkonzeptes, in: Stölze, W., Gareis, K. (Hrsg.): Integrierte Management- und Logistikkonzepte; Wiesbaden 2002, S. 41-68

Schäfer, E.: Die Aufgabe der Absatzwirtschaft; 2 Auflage, Köln/Opladen 1950

Scheer, A.-W., Borowsky, R.: Supply Chain Management: Die Antwort auf neue Logistikanforderungen, in: Kopfer, H (Hrsg.), Bierwirht, C.: Logistik Management. Intelligente I+K Technologien; Berlin 1999, S.3-14

Schewardnadse, E.: Die neue Seidenstraße: Verkehrsweg ins 21 Jahrhundert, München 1999, S.7-15

Schmeck, H.: Wege zur Qualitätssicherung und mehr Umweltschutz, in: DVZ 26/27.06.1995

Schönsleben, P., Hieber, R.: Supply Chain Management-Software in: Management, Jg., 2000 H1/2, S. 18-24

Schräder, A.: Management virtueller Unternehmen. Organisatorische Konzeption und informationstechnische Unterstützung flexibler Allianzen; Frankfurt A. M./New York 1996

Schreyögg, G.: Unternehmensstrategie. Grundfragen einer Theorie strategischer Unternehmensführung; Berlin/New York 1984

Schulte, C.: Logistik - Wege zur Optimierung des Material- und Informationsflusses; München 1995

Schwanitz, R:: Auswirkungen der EU-Osterweiterung auf die neuen Länder, Bericht; 2000

Schwarz, P.: Morphologie von Kooperationen und Verbänden; Tübingen 1979

Secretariat of the ECE: Economic Survey of Europe; 2000

Seitz, H.: Infrastruktur, Besteuerung, und regionale Wirtschaftsentwicklung, in: Blein, U., Herrmann, H., Koller, M.: Regionalentwicklung und regionale Arbeitsmarktpolitik - Konzepte zur Lösung regionaler Arbeitsprobleme? Beiträge zur Arbeitsmarkt- und Berufsforschung Nr. 184, 1994, S. 140-170

Seuering, S., Schneidewind, U.: Kostenmanagement in der Wertschöpfungskette, in: Wildemann, H.: Supply Chain Management; München 2000, S. 227-232

Siegmann, J.: Eisenbahnseitige Erschließung von Güterverkehrszentren, in: Arnold, D., Isermann H., Kuhn, A., Tempelmeier, H.: Handbuch Logistik, 2002; Heidelberg, S. C 3-66 – C 3-67

Simacek, K.: Vendor Managed Inventory gesprochen (VMI) - oder wer in Zukunft disponieren sollte, in: Heydt, A. (Hrsg.).: Handbuch Efficient Consumer Response. Konzepte, Erfahrungen, Herausforderungen; München 1999, S. 129-134

Specht, D., Hellmich, K.: Management der Zulieferbeziehungen in dynamischen Produktionsnetzen, in: Wildemann, H. (Hrsg.).: Supply Chain Management; München 2000, S.89-115

Stabenau, H. P.: Entwicklung und Stand der Logistik, in: Klaus, P., Krieger, K. (Hrsg.): Gabler Lexikon Logistik; 2. Auflage; Wiesbaden 2000; S.127-131

Staber, U.: Steuerung von Unternehmensnetzwerken - Organisatorische Perspektiven und soziale Mechanismen, in: Sydow, J., Windeler, O.: Steuerung von Netzwerken; Opladen/Wiesbaden 2000, S. 61-82

Stahl, D.: Die organisatorische Gestaltung internationaler Speditionsnetzwerke, in: Internationales Verkehrswesen 47. Jg., S. 437-444

Staudt, E.: Kooperation als Erfolgsfaktor ostdeutscher Unternehmen. Ergebnisse einer empirischen Untersuchung zur Kooperationslandschaft in Ostdeutschland, in: Zeitschrift für Betriebswirtschaft, 65. Jg., 1995, S. 1209-1230

Steinmann, H., Schreyögg, G.: Management. Grundlagen der Unternehmensführung. Konzepte - Funktionen – Fallstudien; 4. überarbeitete und erweiterte Auflage, Wiesbaden 1997

Stölzle, W.: Industrial Relationships; München/Wien 1999

Straubhaar, T.: Standortbedingungen im globalen Wettbewerb, in: Biskup, R.: Globalisierung und Wettbewerb. Beiträge zu Wirtschaftspolitik Nr. 62, 1996, S. 217-239

Strelow, H.: Verkehrsinfrastruktur in der Europäischen Union und den mitteleuropäischen Beitrittsländern, 1990-1999; 2002

Sydow, J.: Strategische Netzwerke. Evolution und Organisation; Wiesbaden 1992

Sydow, J.: Netzwerkorganisation. Interne und externe Restrukturierung von Unternehmungen, in: Wirtschaftswissenschaftliches Studium, 24. Jg., 1995, S.629-634

Sydow, J., Winand, U.: Unternehmungsvernetzung und -virtualisierung: Die Zukunft unternehmerischer Partnerschaften, in: Winand, U. (Hrsg.), Nathusius, K.: Unternehmungsnetzwerke und virtuelle Organisationen; Stuttgart 1998, S. 11-31

Sydow, J., Windeler, A.: Management interorganisatorischer Beziehungen. Vertrauen, Kontrolle und Informationstechnik; Opladen 1994, S. 1-21

Sydow, J., Windeler, A.: Steuerung von und in Netzwerken - Perspektiven, Konzepte, vor allem aber offene Fragen, in: Sydow, J (Hrsg.), Windeler, A.: Steuerung von Netzwerken. Konzepte und Praktiken; Opladen/Wiesbaden 2000, S.1-24

Tan, K. C., Kannan, V. R.; Handfield, R. B.: Supply Chain Management: Supplier Performance and Firm Performance, in: International Journal of Purchasing & Materials Management, Vol. 34, 1998, S. 2-9

Tempelmeier, H.: Materiallogistik. Grundlagen der Bedarfs- und Losgrößenplanung in PPS-Systemen; 3. überarbeitete und erweiterte Auflage, Berlin 1995

Thommen, J. P.:Betriebswirtschaftslehre, 1989, S.136

Tietz, B.: Effiziente Kundenpolitik als Problem der Informationspolitik, in: Tommsdorf, V. (Hrsg.).: Handelsforschung 1995/1996. Informationsmanagement im Handel; Wiesbaden 1995, S. 175-188

Transport Infrastructure Needs Assessment: Schlussbericht, 1999

Töpfer, A.: Executive Summary, in: Efficient Consumer Response (ECR). Wie realistisch sind die versprochenen Vorteile? Ergebnisse 1. CPC Trend Forum; Mainz 1996, S.9-20

Ulrich, P., Fluri, E.: Management. Eine konzentrierte Einführung, 1995

United Nations Economic Commission for Europe: Economic survey of Europe in 1999-2000, 2001

Vahrenkamp, R.: Logistikmanagement; 4. Auflage, München/Wien 2000

Weber, J.: Logistikkostenrechnung, Berlin 1987

Weber, J.: Logistik als Koordinationsfunktion – Zur theoretischen Fundierung der Logistik, in: Zeitschrift für Betriebswirtschaft 8/1992, S. 877-895

Weber, J: Zur Bildung und Strukturierung spezieller Betriebswirtschaftslehren. Ein Beitrag zur Standortsbestimmung und weiteren Entwicklung, WHU Forschungspapier; 27/1994

Weber, J: Zur Bildung und Strukturierung spezieller Betriebswirtschaftslehren. Ein Beitrag zur Standortsbestimmung und weiteren Entwicklung, Die Betriebswirtschaft 56. Jg., 1996b, Heft 1, S.63-89

Weber, J.: Logistikkostenrechnung. Aufgaben, Abgrenzung und Elemente einer Kosten- und Leistungsrechnung für die Ligistik, in: Handbuch Logistik, 1996

Weber, J., Kummer, S.: Logistikmanagement – Führungsaufgaben zur Umsetzung des Flussprinzips im Unternehmen; Stuttgart 1994

Weber, J., Kummer, S.: Logistikmanagement; 2. Auflage, Stuttgart, 1998

Weber, J.: Stand und Logistikperspektiven des Logistik-Controlling, in: Arnold, D., Isermann, H., Kuhn, A., Tempelmeier H. (Hrsg.): Handbuch Logistik, Berlin 2002 S. D 5-1 D 5-12

Weber, J.: Logistikkostenrechnung. Kosten-, Leistungs- und Erlösinformationen zur erfolgsorientierten Steuerung der Logistik: 2. Auflage, Berlin 2002

Well, B.: Ressourcenmanagement in strategischen Netzwerken, in: Hinterhuber, H. H. (Hrsg.) Al-Ani, A., Handlbauer, G.: Das neue strategische Management. Elemente und Perspektiven einer zukunftsorientierten Unternehmensführung; Wiesbaden 1996, S. 159-185

Werkmann, G.: Strategie und Organisationsgestaltung; Frankfurt a. M./New York 1989

Werner, U.: Einführung in das Logistik-Management; Wiesbaden 1996, S. 20-27

Werner, H.: Strategisches Forschungs- und Entwicklungs-Controlling 1997, S. 150-162

Werner, H.: Supply Chain Management. Partnerschaft zwischen Lieferant und Kunde, in: Das Wirtschaftsstudium, 06/2000, S. 813-816

Wertz, B.: Management von Lieferanten-Produzenten-Beziehungen. Eine Analyse von Unternehmungsnetzwerken in der deutschen Automobilindustrie; Wiesbaden 2000

Wildemann, H.: Die Eisenbahn als logistischer Dienstleister, in: Krampe, H., Lucke, H. J.: Grundlagen der Logistik, 1993, S. 204-223

Wildemann, H.: Produktionssynchrone Beschaffung, 1989

Wildemann, H.: Logistik Prozessmanagement; 1. Auflage, München 1997

Wildemann, H.: Flexible Werkstattsteuerung nach KANBAN-Prinzipien; 1984, S.13-99

Wildemann, H.: Von Just-in-Time zu Supply Chain Management, in: Supply Chain Management, 2000; München, S.49-85

Wissenschaftlicher Beirat beim Bundesminister für Verkehr, Bau- und Wohnungswesen: Verkehrspolitische Handlungserfordernisse für den EU- Beitritt von MOE-Ländern, in: Zeitschrift für Verkehrswissenschaft, 72 Jg., Heft 1, 2001, S.1-24

Wolf, D.: Transportkette, in: Logistiklexikon Bloech, J., Ihde, G; München 1997

Zachcial, M.: Güterverkehrssysteme im Seeverkehr und in der Binnenschifffahrt, in: Isermann, H. (Hrsg.): Logistik. Gestaltung von Logistiksystemen; 2. Auflage, Landsberg/L. 1998, S. 137-151

Zäpfel, G.: Grundzüge des Produktions- und Logistikmanagement; Oldenbourg 1996

Zentes, J.: Effizienzsteigerungspotentiale kooperativer Logistikketten in der Konsumgüterwirtschaft, in: Isermann, H.(Hrsg.): Logistik. Gestaltung von Logistiksystemen; 2. Auflage, Landsberg/L. 1998, S. 429-440

Zimmermann, G.: Produktionsplanung variantenreicher Erzeugnisse mit EDV, 1998

Zundel, P.: Management von Produktions-Netzwerken. Eine Konzeption auf Basis des Netzwerk-Prinzips; Wiesbaden 1999

The manufacturer's authorised representative in the EU is Springer
Nature Customer Service Centre GmbH, Europaplatz 3, 69115 Heidelberg,
Germany. If you have any concerns regarding our products, please
contact ProductSafety@springernature.com

Printed and bound by CPI Group (UK) Ltd, Croydon, CR0 4YY
27/04/2026
02097564-0014